Jutta Arrenberg
Klausurwissen in Finanzmathematik

Jutta Arrenberg

Klausurwissen in Finanzmathematik

—

DE GRUYTER
OLDENBOURG

ISBN 978-3-11-059505-5
e-ISBN (PDF) 978-3-11-059511-6
e-ISBN (EPUB) 978-3-11-059283-2

Library of Congress Control Number: 2018943792

Bibliografische Information der Deutschen Nationalbibliothek
Die Deutsche Nationalbibliothek verzeichnet diese Publikation in der Deutschen
Nationalbibliografie; detaillierte bibliografische Daten sind im Internet über
http://dnb.dnb.de abrufbar.

© 2019 Walter de Gruyter GmbH, Berlin/Boston
Coverabbildung: ktsimage / iStock / Getty Images Plus; Axynia / iStock / Getty Images Plus
Druck und Bindung: CPI books GmbH, Leck

www.degruyter.com

MIX
Papier aus verantwor-
tungsvollen Quellen
FSC
www.fsc.org   FSC® C083411

Vorwort

Das Wissen in Finanzmathematik wird an Hochschulen in Form einer Klausur abgefragt. Aufgrund der Vielfalt der Themen ist eine gute Prüfungsvorbereitung notwendig, um eine gute Note zu erzielen. Dieses Buch übernimmt und begleitet diese Prüfungsvorbereitung. Es richtet sich an Studierende, die schon die Vorlesungen zur Finanzmathematik gehört haben, oder sich den Stoff im Selbststudium angeeignet haben, und jetzt kurz vor der Klausur stehen.

Das Buch umfasst 175 Aufgaben mit Lösungen zu finanzmathematischen Themen. Die Themen wie z. B. Bar- und Endwert, Laufzeit oder Jahreszins können sowohl einzeln als auch anhand thematisch vermischter Aufgaben geübt werden. Diese Aufteilung ermöglicht das Üben in kleinen Schritten.

Die Aufgaben stammen aus meiner über zwanzigjährigen Tätigkeit als Professorin für Mathematik an der Technischen Hochschule in Köln. Die Auswahl der Aufgaben erfolgte unter den beiden Aspekten, einerseits Grundlagen abzufragen und andererseits möglichst viele spezielle Fragen abzudecken.

Durch das langjährige Korrigieren der Klausuren zur Finanzmathematik habe ich einen Überblick erhalten, welche Fehler häufig auftreten. Die Tipps am Ende eines jeden Kapitels sollen helfen, diese Fehler zu vermeiden.

Sehr viel Wert (und Arbeit) wurde auf die Struktur und die Darstellung der Lösungswege gelegt. Die einzelnen Schritte wurden bewusst ausführlich gehalten, um den Nachvollzug und das Verständnis zu erleichtern. Wo es sinnvoll erschien, wurde ein zweiter Lösungsweg angegeben.

Eine umfangreiche Formelsammlung befindet sich im Anhang am Ende des Buches. Sie ist mit den Lösungen verknüpft und erhöht so den Lerneffekt.

Ich wünsche allen Leserinnen und Lesern frohes Schaffen und gutes Gelingen!

Köln, im Januar 2019   Jutta Arrenberg

https://doi.org/10.1515/9783110595116-201

Inhalt

Abkürzungs- und Symbolverzeichnis

Abkürzungen

a. E. d. J.   am Ende des Jahres
A-Betrag   Abschreibungsbetrag
GE   Geldeinheit
JA   Jahresanfang
JE   Jahresende
p. a.   pro anno/pro Jahr
Verz.   Verzinsung

Symbole

a Abschreibungssatz einer geometrisch-degressiven Abschreibung
A Annuität am Ende des Jahres einer Annuitäten-Tilgung
A_k Annuität am Ende des k-ten Jahres
B_0 Anschaffungswert eines Wirtschaftsguts
B_k (Rest-)Buchwert am Ende des k-ten Jahres
C_0 Anschaffungskosten/Herstellungskosten
C_k Periodenüberschuss am Ende des k-ten Jahres
i jährlicher Zinssatz
i^* interner jährlicher Zinssatz
$\gamma, \gamma_1, \gamma_2$ Jahresbruchteile
k Anzahl der vollen Jahre, die in der Laufzeit n enthalten sind/Zwischenjahr
K_0 Barwert/Startkapital/Anfangskapital/Kapitalwert
K_k Kapital am Ende des k-ten Jahres
K_n Endwert/Endguthaben
m Anzahl der Zeitperioden pro Jahr/Anzahl der unterjährigen Rentenzahlungen innerhalb eines Jahres
n Laufzeit in Jahren
p jährlicher Zinsfuß
q jährlicher Zinsfaktor
r jährliche Rentenrate bei nachschüssiger Zahlweise
r' jährliche Rentenrate bei vorschüssiger Zahlweise
r_j nachschüssige Jahresersatzrente
r_u Rentenrate bei nachschüssiger unterjähriger Zahlweise
r'_u Rentenrate bei vorschüssiger unterjähriger Zahlweise
R_0 Rentenbarwert
R_n Rentenendwert
t Tilgungssatz im ersten Jahr
T Tilgung am Ende des Jahres einer Raten-Tilgung
T_k Tilgung am Ende des k-ten Jahres
Z_k Zinsen am Ende des k-ten Jahres

https://doi.org/10.1515/9783110595116-202

1 Einleitung

Die Finanzmathematik berührt viele Fragen der Praxis. Aus Unkenntnis wird das Beantworten solcher Fragen oft als trivial eingestuft, weil das Rechnen neben den vier Grundrechenarten lediglich Potenzieren und Logarithmieren umfasst. Jedoch sind das Erkennen, welche der vielen Formeln anzuwenden ist, die Entscheidung, welche Zahlen für die Variablen in der Formel eingesetzt werden müssen, und die Eingabe, wie der Term in einen Taschenrechner einzutippen ist, häufige Fehlerquellen, die nur durch längeres Üben vermieden werden können.

Diese einzelnen Schritte zum Lösen einer Aufgabe sind in Abbildung 1.1 dargestellt.

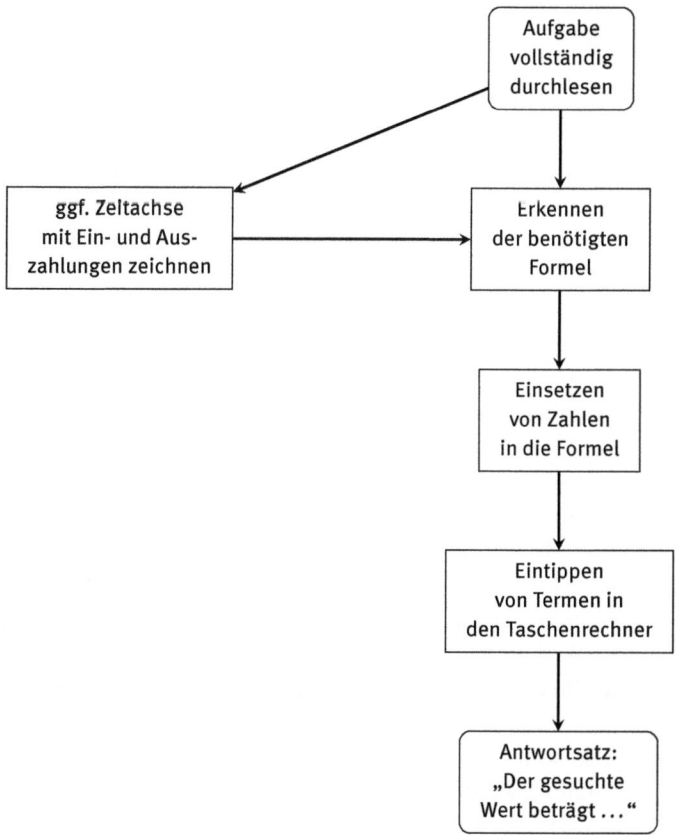

Abb. 1.1: Drei Schritte zur Lösung.

https://doi.org/10.1515/9783110595116-001

1.1 Aufbau des Buches

Das Buch ist in acht Kapitel gegliedert. Nach dem einleitenden ersten Kapitel folgen im zweiten Kapitel Aufgaben zu verschiedenen **Zinsmodellen**. Aufgaben zur **Rentenrechnung** werden im dritten Kapitel behandelt. Im vierten Kapitel stehen Aufgaben zur **Tilgungsrechnung**. Aufgaben zur **Investitionsrechnung** befinden sich im fünften Kapitel. Dem folgt das sechste Kapitel mit Aufgaben zu **Abschreibungsverfahren**. Im siebten Kapitel befinden sich schließlich **vermischte Aufgaben**. Am Ende eines jeden Kapitels werden **Tipps** zu dem jeweiligen Themengebiet gegeben. Sämtliche **Lösungen** sind im achten Kapitel nachzulesen. Eine ausführliche **Formelsammlung** befindet sich im Anhang am Ende des Buches.

In den Kapiteln 2 bis 6 sind die einzelnen Themengebiete zunächst geordnet (z. B. nach Bar- und Endwerten, Laufzeiten, Zinsen), bevor dann am Ende thematisch vermischte Aufgaben gestellt werden. Diese Aufteilung ermöglicht das Üben in kleinen Schritten.

Erfolgt ein Lösungsschritt gemäß einer Formel aus der Formelsammlung, so ist **Nummer der Formel**, um die es sich handelt, bei jeder Lösung vermerkt. In der Klausur dürfen die Lösungswege durchaus in größeren Schritten angegeben werden.

1.2 Bearbeitungshinweise

Jede Aufgabe enthält einen **Schwierigkeitsgrad** in den Stufen einfach, mittelschwer, schwer. Beim Schreiben einer Klausur ist fast jeder nervös. Insofern ist es wichtig, gerade schwere Aufgaben zu üben. Der Schwierigkeitsgrad soll Ihnen anzeigen, wie nah oder wie weit entfernt Sie vom Lernziel sind.

Oft berichten Studierende nach einer Klausur, sie hätten alle Aufgaben lösen können und seien nur deshalb durch die Klausur gefallen, weil sie mehr Zeit zum Lösen benötigt hätten. Deshalb ist bei jeder Lösung die **Bearbeitungszeit** angegeben. Die Zeitangabe dient der Orientierung und Selbstkontrolle. Es reicht also nicht, eine Aufgabe lösen zu können, sondern die Aufgabe muss in der angegebenen Zeit gelöst werden. Messen Sie deshalb bei jeder Aufgabe Ihre Bearbeitungszeit.

Teilaufgaben, die mit (a), (b), (c) usw. nummeriert sind, können in beliebiger Reihenfolge bearbeitet werden. Sind jedoch Teilaufgaben mit den Ziffern (1), (2), (3) usw. nummeriert, so sollte bei der Bearbeitung dieser Aufgabe die Reihenfolge der Teilaufgaben eingehalten werden.

Fehlt die Angabe, mit welchem **Verzinsungsmodell** eine Aufgabe zu bearbeiten ist, so ist die nachschüssige Verzinsung (Formel 2) zu unterstellen.

1.3 Tipps für die Klausur

Lesen Sie vor der Bearbeitung die Aufgabe einmal vollständig durch. Achten Sie währenddessen darauf, **was** genau gefragt ist.

Sehr hilfreich bei verschachtelten oder aufeinanderfolgenden Fragestellungen ist es, eine **Zeitachse** mit allen Ein- und Auszahlungen zu zeichnen (siehe z. B. Aufgabe 3.2). Das Zeichnen kostet in der Klausur zwar ein wenig Zeit, aber diese investierte Zeit ermöglicht eine schnellere Berechnung der Lösung. Bei der Zeitachse schreiben Sie bitte unter die Achse die Jahre und zwar in der Mitte zwischen zwei Jahres-Trennstrichen (nicht direkt unter einen Trennstrich!).

Können Sie in einer Klausur nicht weiterrechnen, weil Ihnen ein **Zwischenergebnis** fehlt, so nehmen Sie irgendeinen plausiblen Wert an, indem Sie schreiben: „Annahme: Der Wert beträgt … ", und rechnen mit diesem angenommenen Wert in der Hoffnung weiter, noch die Folgepunkte zu erhalten.

Suchen Sie in der Klausur keine **Rechenfehler**, sondern versuchen Sie, möglichst viele Aufgaben zu bearbeiten. Häufig beruht ein Rechenfehler darauf, dass eine Zahl aus der Aufgabenstellung falsch übernommen wurde. Rechnen Sie auch keine **Probe**. Manche Prüflinge verrechnen sich erst bei der Probe und streichen infolgedessen eine richtige Lösung durch.

Ist eine Klausuraufgabe als Frage (erkennbar am Fragezeichen am Ende des Satzes) formuliert, so ist für die volle Punktzahl ein **Antwortsatz** erforderlich.

Versuchen Sie, in einer Klausur möglichst die **Ruhe** zu bewahren. Zeigen Sie, was Sie alles gelernt haben.

2 Zinsmodelle

2.1 Bar- und Endwerte

Aufgabe 2.1   (Schwierigkeitsgrad: mittelschwer)
Es bestehen folgende Zahlungsverpflichtungen:

Tab. 2.1: Tabelle zu Aufgabe 2.1.

Fälligkeitsdatum	Betrag
31.07.2016	30 000 €
31.03.2018	20 000 €
31.05.2021	10 000 €

Diese Zahlungsverpflichtungen sollen umgeschuldet werden durch zwei gleich große Rückzahlungen am 31.07.2016 und am 31.12.2020. Wie hoch sind zu einem Jahreszins von 2,1 % diese beiden Zahlungen
(a) bei linearer Verzinsung? (Bewertungsstichtag 31.07.2016)
(b) bei relativ gemischter Verzinsung? (Bewertungsstichtag 31.07.2016)

Aufgabe 2.2   (Schwierigkeitsgrad: schwer)
Ein Unternehmen hat gegenüber einem Kunden die folgenden drei Forderungen:

Tab. 2.2: Tabelle zu Aufgabe 2.2.

Fälligkeitsdatum	Betrag
31.03.2016	35 000 GE
30.09.2017	50 000 GE
31.12.2019	25 000 GE

(a) Die Wirtschaftsprüfung schlägt vor, die drei Forderungen mit dem Barwert in der Bilanz auszuweisen. Mit welchem Betrag geht dann die Summe der drei Forderungen in die Bilanz zum 31.12.2014 ein? Verwenden Sie bei Ihren Berechnungen die relativ gemischte Verzinsung und gehen Sie von einem nominellen Jahreszins von 3,5 % aus. (Bewertungsstichtag 31.12.2014)
(b) Am 30.06.2014 wird eine Änderung der Zahlungsmodalitäten vereinbart. Dem Schuldner soll mehr Zeit zur Rückzahlung gegeben werden. Die Rückzahlung erfolgt nun in zwei Beträgen zum 31.12.2018 und zum 31.12.2020. Dabei soll die zweite Zahlung dreimal so hoch sein wie die erste Zahlung. Bestimmen Sie beide Beträge,

https://doi.org/10.1515/9783110595116-002

wenn der Bewertungsstichtag der 30.06.2014 ist. Verwenden Sie bei Ihren Berechnungen die relativ gemischte Verzinsung und gehen Sie von einem nominellen Jahreszins von 3,5 % aus.

Aufgabe 2.3 (Schwierigkeitsgrad: mittelschwer)
Es bestehen folgende Zahlungsverpflichtungen:

Tab. 2.3: Tabelle zu Aufgabe 2.3.

Fälligkeitsdatum	Betrag
31.07.2016	30 000 €
31.03.2018	20 000 €
31.05.2021	10 000 €

Diese Zahlungsverpflichtungen sollen umgeschuldet werden durch zwei gleich große Rückzahlungen am 31.07.2016 und am 31.12.2020. Wie hoch sind zu einem Jahreszins von 2,1 % diese beiden Zahlungen bei konformer Verzinsung?

Aufgabe 2.4 (Schwierigkeitsgrad: einfach)
Ein Kapital von 100 000 GE wird am 17.01.2016 zu einem Jahreszins von 3,6 % angelegt. Auf welchen Betrag wächst das Kapital bis zum 11.05.2018 bei
(a) relativ gemischter Verzinsung an?
(b) bankmäßig gemischter Verzinsung an?
(c) täglicher Verzinsung zum relativen Zins an?
(d) konformer Verzinsung an?

Aufgabe 2.5 (Schwierigkeitsgrad: mittelschwer)
Frau X. hat aufgrund einer Bonuszahlung ihres Arbeitgebers am 19.12.2014 einen Betrag von 10 000 € zur Verfügung. Sie überlegt, was sie mit dem Geld machen soll. Ihre Bank bietet ihr eine Spareinlage mit einem Jahreszins von 1,7 % an.
(a) Welchen Betrag hätte Frau X. bei diesen Konditionen am 14.03.2017 zur Verfügung, wenn man von der relativ gemischten Verzinsung ausgeht?
(b) Frau X. legt das Geld zu den oben genannten Konditionen bei relativ gemischter Verzinsung an. Kann sie damit zwei Großausgaben, eine am 06.04.2016 in Höhe von 5 000 € und eine am 14.03.2017 in Höhe von 5 350 €, vollständig finanzieren? (Bewertungsstichtag 19.12.2014)
(c) Bearbeiten Sie die Aufgabenteile (a) und (b) für den Fall, dass die relativ gemischte Verzinsung durch die konforme Verzinsung ersetzt wird.

Aufgabe 2.6 (Schwierigkeitsgrad: schwer)

Jemand hat zum 31.12.2009 bei einer Bank ein Giro-Konto eröffnet. Die Guthabenzinsen betragen in allen Jahren konstant 1,5 % pro Jahr, die Überziehungszinsen konstant 9,6 % pro Jahr. In den Jahren 2009 bis 2012 gab es folgende Kontobewegungen:

Tab. 2.4: Tabelle zu Aufgabe 2.6.

Fälligkeitsdatum	Zahlung	Betrag
31.12.2009	Einzahlung	2 000 €
31.03.2010	Einzahlung	5 000 €
31.01.2011	Abhebung	10 000 €
31.03.2012	Einzahlung	4 000 €

Berechnen Sie die Kontostände jeweils zum Ende (31.12.) der Jahre 2010, 2011 und 2012. Verwenden Sie als Zinsmodell die monatliche Verzinsung mit Zinseszins zum relativen Zinssatz.

Aufgabe 2.7 (Schwierigkeitsgrad: mittelschwer)

Bei relativ gemischter Verzinsung zu 4 % pro Jahr besteht die folgende Zahlungsverpflichtung:

Tab. 2.5: Tabelle zu Aufgabe 2.7.

Fälligkeitsdatum	Betrag
31.03.2014	1 000 Euro
31.08.2015	2 000 Euro
31.12.2018	3 000 Euro

Die Schulden sollen zurückgezahlt werden durch

(1) eine einmalige Zahlung am 31.07.2013. Wie hoch ist die einmalige Rückzahlung, wenn der Bewertungsstichtag der 31.07.2013 ist?

(2) zwei gleich hohe Beträge am 31.03.2014 und am 31.12.2018. Wie hoch sind die beiden Beträge, wenn der Bewertungsstichtag der 31.07.2013 ist?

(3) eine Zahlung über 2 500 Euro am 31.05.2017 und eine Restzahlung am 31.12.2018. Wie hoch ist die Restzahlung, wenn der Bewertungsstichtag der 31.07.2013 ist?

Aufgabe 2.8 (Schwierigkeitsgrad: einfach)

Einem Händler wird eine Antiquität zum Kauf angeboten. Der Händler kalkuliert, die Antiquität nach zwei Jahren für 75 € wieder verkaufen zu können. Welchen Betrag darf der Händler maximal für den Ankauf aufwenden, wenn er eine Rendite (einen Zins) von mindestens 20 % p. a. erzielen möchte?

Aufgabe 2.9 (Schwierigkeitsgrad: mittelschwer)
Die Geschäftsführung möchte gerne anlässlich des Vorhabens, in zwei Jahren neue Investoren zu überzeugen, sich an dem Unternehmen zu beteiligen, bestehende Kredit-Schulden abbauen. Es soll geprüft werden, ob finanziell eine Änderung der Rückzahlung von drei bestehenden Krediten durch einen einmaligen Betrag möglich ist.

Die Gelegenheit dazu bietet sich am Ende des Jahres 2013, weil dann dem Unternehmen aus einer früher getätigten (Geld-)Anlage von damaligen Gewinnen ein hoher Betrag zur Verfügung stehen wird.

Das Unternehmen hatte nämlich mit (Zins-)Wirkung ab dem 02.09.2010 eine Summe von 800 000 € zu folgenden Zins-Konditionen (relativ gemischte Verzinsung) angelegt:

Tab. 2.6: Tabelle zu Aufgabe 2.9.

Jahr	Jahreszins
2010	4 % p. a.
2011	3 % p. a.
2012	2 % p. a.
2013	2 % p. a.

(1) Diese Finanzanlage kann am Ende des Jahres 2013 aufgelöst werden (das Jahr 2013 zählt noch als ganzes Zinsjahr), um die Rückzahlung der Kredite durchführen zu können. Welcher Betrag würde dann am Ende des Jahres 2013 ans Unternehmen ausgezahlt werden?

(2) Sie werden gebeten zu ermitteln, durch welchen einmaligen Betrag am Ende des Jahres 2013 drei bisher vereinbarte Kredit-Rückzahlungen ersetzt werden könnten, und ob der dann aus der (Geld-)Anlage zur Verfügung stehende Betrag dazu ausreicht.

Ersetzt werden sollen die drei folgenden Zahlungen (Zinsfuß 5 % p. a., relativ gemischte Verzinsung, Bewertungsstichtag 31.12.2013) von:

Tab. 2.7: Tabelle zu Aufgabe 2.9.

Fälligkeitsdatum	Betrag
30.06.2013	200 000 €
31.12.2013	300 000 €
31.12.2016	400 000 €

Aufgabe 2.10 (Schwierigkeitsgrad: mittelschwer)
Bei einer Bank wurde am 31.03.2011 ein Kredit über 50 000 € zu einem nominellen Jahreszins von 3,1 % bei vierteljährlicher Verzinsung zum relativen Zins aufgenommen. Der Kredit soll am 31.12.2015 zurückgezahlt werden.
(1) Wie hoch ist der Rückzahlungsbetrag am 31.12.2015?
(2) Angenommen vorzeitig werden 20 000 € am 31.03.2013 und 10 000 € am 31.12.2013 zurückgezahlt. Wie hoch ist dann die Restzahlung am 31.12.2015?

Aufgabe 2.11 (Schwierigkeitsgrad: einfach)
Ein Unternehmen finanziert eine Erweiterungsinvestition mit einem Kredit, dessen Zinssatz flexibel vereinbart wird, d. h. der Zinssatz wird monatlich überprüft und je nach Entwicklung der Kapitalmärkte angepasst. Die Laufzeit des Kredits beträgt drei Jahre. Die Verzinsung wird als monatliche Verzinsung zum relativen Zins vereinbart. Die aufgenommene Schuld und die aufgelaufenen Zinsen werden am Ende der Laufzeit komplett zurückgezahlt. Zusammengefasst ergibt sich:

Tab. 2.8: Tabelle zu Aufgabe 2.11.

Auszahlung der Kreditsumme:	01.09.2011
Auszahlungsbetrag:	1 000 000 €
Anfänglicher Zinssatz:	4,92 % p. a.
Monatliche Zahlung:	0 €
Tilgung der Schuld:	31.08.2014
Zahlung der aufgelaufenen Zinsen:	31.08.2014

(a) Wie hoch ist der Betrag, den das Unternehmen an die Bank am 31.08.2014 zu zahlen hat, wenn sich der flexible Zinssatz im Zeitraum 01.09.2011 bis 31.08.2014 nicht ändert?
(b) Wie hoch ist der Betrag, den das Unternehmen an die Bank am 31.08.2014 zu zahlen hat, wenn sich der flexible Zinssatz zum 01.01.2013 auf 5,04 % p. a. und zum 01.12.2013 auf 5,28 % p. a. erhöht?

Aufgabe 2.12 (Schwierigkeitsgrad: einfach)
Ein Unternehmen bekommt von seiner Bank das folgende Angebot für eine Geldanlage:

Tab. 2.9: Tabelle zu Aufgabe 2.12.

Anlagevolumen:	100 000 €	
Verzinsung:	Monatliche Verzinsung zum relativen Zins	
Zinskonditionen:	1. Jahr:	2 % p. a.
	2. bis 5. Jahr:	3 % p. a.
	6. bis 10. Jahr:	4 % p. a.

Wie hoch ist der Betrag, den das Unternehmen am Ende des zehnten Jahres von seiner Hausbank ausgezahlt bekommt?

Aufgabe 2.13 (Schwierigkeitsgrad: einfach)
Eine Kundin möchte einen Betrag von 10 000 € für vier Jahre zu nachschüssiger Verzinsung mit Zinseszins anlegen. Sie erhält von ihrer Bank das folgende Angebot:

Tab. 2.10: Tabelle zu Aufgabe 2.13.

Jahr	Zinsen
1	0,7 %
2	1,5 %
3	2,0 %
4	2,0 %

Welches Kapital ergibt sich nach vier Jahren?

Aufgabe 2.14 (Schwierigkeitsgrad: einfach)
Ein Unternehmen bekommt von seiner Hausbank das folgende Angebot für eine Geldanlage:

Tab. 2.11: Tabelle zu Aufgabe 2.14.

Anlagevolumen:	100 000 €	
Verzinsung:	Jährlich vorschüssige Verzinsung mit Zinseszins	
Zinskonditionen:	1. Jahr:	5 % p. a.
	2. bis 5. Jahr:	6 % p. a.
	6. bis 10. Jahr:	7 % p. a.

Wie hoch ist der Betrag, den das Unternehmen am Ende des zehnten Jahres von seiner Hausbank ausgezahlt bekommt?

Aufgabe 2.15 (Schwierigkeitsgrad: mittelschwer)
Eine Aktiengesellschaft nimmt zur Finanzierung einer neuen Produktionsstätte bei ihrer Hausbank einen Kredit in Höhe von 1 000 000 GE auf. Dieser Betrag wird am 01.04.2002 ausgezahlt. Die erste Rückzahlung in Höhe von 300 000 GE erfolgt am 01.07.2005 und die zweite Rückzahlung in Höhe von 500 000 GE am 01.07.2007. Die letzte Rückzahlung soll am 01.07.2009 erfolgen. Es wird ein jährlicher Zins von 5 % vereinbart. Den Berechnungen wird die relativ gemischte Verzinsung zugrunde gelegt.

In welcher Höhe ist die Restzahlung zum 01.07.2009 zu leisten? Wählen Sie als Bewertungsstichtag den 01.07.2009.

Aufgabe 2.16 (Schwierigkeitsgrad: mittelschwer)

Eine Aktiengesellschaft nimmt zur Finanzierung einer neuen Produktionsstätte bei ihrer Hausbank einen Kredit in Höhe von 1 000 000 GE auf. Dieser Betrag wird am 01.04.2002 ausgezahlt. Die erste Rückzahlung in Höhe von 300 000 GE erfolgt am 01.07.2005 und die zweite Rückzahlung in Höhe von 500 000 GE am 01.07.2007. Es wird ein jährlicher Zins von 5 % vereinbart. Den Berechnungen wird die relative gemischte Verzinsung zugrunde gelegt.

Die Aktiengesellschaft kommt aufgrund von Turbulenzen an den Kapitalmärkten zum Jahresende 2008 in ernsthafte finanzielle Schwierigkeiten. Zur Vermeidung der Zahlungsunfähigkeit schlägt die Hausbank folgende Modalitäten vor:
– Die Hausbank verzichtet auf 30 % der am 31.12.2008 bestehenden Schuld.
– Die restlichen 70 % der am 31.12.2008 bestehenden Schuld werden in zwei gleich hohen Beträgen zum 30.09.2010 und 30.11.2010 zurückgezahlt.

Wie hoch sind die beiden gleich hohen zum 30.09.2010 und 30.11.2010 zu zahlenden Beträge? Wählen Sie als Bewertungsstichtag den 31.12.2008.

Aufgabe 2.17 (Schwierigkeitsgrad: einfach)

Ein Unternehmen hat gegenüber einer Bank die folgenden Zahlungsverpflichtungen:

Tab. 2.12: Tabelle zu Aufgabe 2.17.

Fälligkeitsdatum	Betrag
31.01.2007	20 000 €
30.11.2007	10 000 €
31.05.2008	15 000 €
31.12.2008	12 000 €

Das Unternehmen ist in Liquiditätsschwierigkeiten und bittet die Bank um Zahlungsaufschub. Es einigt sich mit der Bank auf einen einheitlichen Zahlungstermin für die gesamten Zahlungsverpflichtungen: den 31.12.2009. Allerdings berechnet die Bank für den Zahlungsaufschub Zinsen mit einem Nominalzins von 6 % p. a. Wie hoch ist der am 31.12.2009 zu zahlende Betrag, wenn eine
(a) monatliche Verzinsung zum relativen Zins vereinbart wird?
(b) lineare Verzinsung vereinbart wird? (Bewertungsstichtag: 31.12.2009)
(c) relativ gemischte Verzinsung vereinbart wird? (Bewertungsstichtag: 31.12.2009)

Aufgabe 2.18 (Schwierigkeitsgrad: einfach)

Ein Kleinunternehmer hat am 31.03.2003 einen Kredit über 24 000 € bei relativ gemischter Verzinsung zu 5,6 % p. a. aufgenommen. In den Jahren 2003 und 2004 erfolgen keine Rückzahlungen. Wie hoch ist die Schuld am 31.12.2004?

Aufgabe 2.19 (Schwierigkeitsgrad: mittelschwer)

Ein Unternehmen hat gegenüber einer Bank die folgenden Zahlungsverpflichtungen:

Tab. 2.13: Tabelle zu Aufgabe 2.19.

Fälligkeitsdatum	Betrag
31.01.2007	20 000 €
30.11.2007	10 000 €
31.05.2008	15 000 €
31.12.2008	12 000 €

Das Unternehmen ist in Liquiditätsschwierigkeiten. In das Unternehmen steigt ein neuer Kapitalgeber ein und bittet die Bank um Zahlungsaufschub. Der neue Kapitalgeber bietet der Bank an, am 28.02.2007 zunächst 15 000 € zu zahlen. Der Rest der Schulden soll dafür am 30.06.2010 in einem Betrag gezahlt werden. Wie hoch ist dieser Betrag, wenn von einer relativen gemischten Verzinsung ausgegangen wird? Die Bank berechnet für den Zahlungsaufschub Zinsen mit einem Nominalzins von 6 % p. a. (Bewertungsstichtag: 30.06.2010)

Aufgabe 2.20 (Schwierigkeitsgrad: mittelschwer)

Ein Unternehmen hat gegenüber einem Kunden die folgenden drei Forderungen:

Tab. 2.14: Tabelle zu Aufgabe 2.20.

Fälligkeitsdatum	Betrag
31.03.2006	35 000 GE
30.09.2007	50 000 GE
31.12.2009	25 000 GE

Am 30.06.2004 wird eine Änderung der Zahlungsmodalitäten vereinbart. Dem Schuldner soll mehr Zeit zur Rückzahlung gegeben werden. Die Rückzahlung erfolgt nun in zwei Beträgen zum 31.12.2008 und zum 31.12.2010. Dabei soll die zweite Zahlung dreimal so hoch sein wie die erste Zahlung. Bestimmen Sie beide Beträge, wenn der Bewertungsstichtag der 30.06.2004 ist. Verwenden Sie bei Ihren Berechnungen die relativ gemischte Verzinsung und gehen Sie von einem nominellen Jahreszins von 3,5 % aus.

Aufgabe 2.21 (Schwierigkeitsgrad: einfach)

Eine Zahlungsverpflichtung besteht aus zwei zukünftigen Zahlungen: 150 000 GE fällig nach fünf Jahren und 100 000 GE fällig nach sieben Jahren. Für die Ablösung der Zahlungsverpflichtung werden drei Alternativen vorgeschlagen:

(1) eine sofortige Zahlung

(2) eine einzige Zahlung am Ende des vierten Jahres

(3) zwei gleich große Zahlungen am Ende des 2. und 4. Jahres

Welcher Betrag ist jeweils zu zahlen, wenn 6 % Zinseszins (nachschüssige Verzinsung) pro Jahr berechnet werden?

2.2 Laufzeiten

Aufgabe 2.22 (Schwierigkeitsgrad: einfach)

Bei einer Bank wurde am 31.03.2011 ein Kredit über 50 000 € zu einem nominellen Jahreszins von 3,1 % bei vierteljährlicher Verzinsung zum relativen Zins aufgenommen. Der Kredit soll am 31.12.2015 zurückgezahlt werden.

Nach wie vielen vollen Quartalen übersteigt die Schuld erstmals den Betrag von 55 000 €?

Aufgabe 2.23 (Schwierigkeitsgrad: einfach)

Ein Unternehmen finanziert eine Erweiterungsinvestition mit einem Kredit, dessen Zinssatz flexibel vereinbart wird, d. h. der Zinssatz wird monatlich überprüft und je nach Entwicklung der Kapitalmärkte angepasst. Die Laufzeit des Kredits beträgt drei Jahre. Die Verzinsung wird als monatliche Verzinsung zum relativen Zins vereinbart. Die aufgenommene Schuld und die aufgelaufenen Zinsen werden am Ende der Laufzeit komplett zurückgezahlt. Zusammengefasst ergibt sich:

Tab. 2.15: Tabelle zu Aufgabe 2.23.

Auszahlung der Kreditsumme:	01.09.2011
Auszahlungsbetrag:	1 000 000 €
Anfänglicher Zinssatz:	4,92 % p. a.
Monatliche Zahlung:	0 €
Tilgung der Schuld:	31.08.2014
Zahlung der aufgelaufenen Zinsen:	31.08.2014

(a) Am Ende welchen Monats übersteigt die Schuld erstmalig den Wert von 1 150 000 €, wenn sich der flexible Zinssatz im Zeitraum 01.09.2011 bis 31.08.2014 nicht ändert?

(b) Am Ende welchen Monats übersteigt die Schuld erstmalig den Wert von 1 150 000 €, wenn sich der flexible Zinssatz zum 01.01.2013 auf 5,04 % p .a. und zum 01.12.2013 auf 5,28 % p. a. erhöht?

Aufgabe 2.24 (Schwierigkeitsgrad: mittelschwer)

Eine Kundin möchte einen Betrag von 10 000 € für vier Jahre anlegen. Sie erhält von ihrer Bank das folgende Angebot:

- Die Bank legt den Betrag extern (bei einer Lebensversicherung) an.
- Die Kundin erhält nach vier Jahren einen Betrag von 10 358 € zurück. Alternativ kann eine lebenslängliche jährlich vorschüssige Rente in Höhe von 640,92 € gewählt werden, erste Rentenauszahlung ist fällig genau vier Jahre nach der Anlage.

Wie lange muss die Kundin den Zeitpunkt der Geldanlage überleben, damit sich die Wahl der lebenslänglichen jährlich vorschüssigen Rente lohnt? Verwenden Sie als Rechnungszins 2,25 % p. a.

Aufgabe 2.25 (Schwierigkeitsgrad: mittelschwer)
Ein Unternehmen bekommt von seiner Bank das folgende Angebot für eine Geldanlage:

Tab. 2.16: Tabelle zu Aufgabe 2.25.

Anlagevolumen:	100 000 Euro	
Verzinsung:	Monatliche Verzinsung zum relativen Zins	
Auszahlung:	Die Auszahlung des Anlagebetrages inklusive Zinsen erfolgt nach zehn Jahren.	
Zinskonditionen:	1. Jahr:	2 % p. a.
	2. bis 5. Jahr:	3 % p. a.
	6. bis 10. Jahr:	4 % p. a.

Am Ende des wie vielten Monats übersteigt bei diesem Angebot das Guthaben des Unternehmens erstmalig den Betrag von 110 000 Euro?

Aufgabe 2.26 (Schwierigkeitsgrad: mittelschwer)
Ein Unternehmen bekommt von seiner Hausbank das folgende Angebot für eine Geldanlage:

Tab. 2.17: Tabelle zu Aufgabe 2.26.

Anlagevolumen:	100 000 €	
Verzinsung:	Jährlich vorschüssige Verzinsung mit Zinseszins	
Auszahlung:	Die Auszahlung des Anlagebetrages inklusive Zinsen erfolgt nach zehn Jahren.	
Zinskonditionen:	1. Jahr:	5 % p. a.
	2. bis 5. Jahr:	6 % p. a.
	6. bis 10. Jahr:	7 % p. a.

Am Ende welchen Jahres übersteigt bei diesem Angebot das Guthaben des Unternehmens erstmalig den Betrag von 165 000 Euro?

2.3 Zinsen

Aufgabe 2.27 (Schwierigkeitsgrad: schwer)
Frau X. hat aufgrund einer Bonuszahlung ihres Arbeitgebers am 19.12.2014 einen Betrag
von 10 000 € zur Verfügung. Sie überlegt, was sie mit dem Geld machen soll und macht
eine Modellrechnung. Angenommen sie bekommt für die ersten beiden Jahre, d. h.
vom 19.12.2014 bis zum 19.12.2016, einen Jahreszins von 1,75 %.
Welchen Jahreszins müsste sie ab 19.12.2016 vereinbaren, wenn sie am 14.03.2017 einen
Betrag von 10 400 € angespart haben möchte und die Verzinsung dem Prinzip der
relativ gemischten Verzinsung folgt?

Aufgabe 2.28 (Schwierigkeitsgrad: schwer)
Jemand hat zum 31.12.2009 bei einer Bank ein Giro-Konto eröffnet. Die Guthabenzinsen
betragen in allen Jahren konstant 1,5 % pro Jahr. Der Zinssatz der Überziehungszinsen
ist im relevanten Zeitraum konstant. In den Jahren 2009 bis 2012 gab es folgende
Kontobewegungen:

Tab. 2.18: Tabelle zu Aufgabe 2.28.

Fälligkeitsdatum	Zahlung	Betrag
31.12.2009	Einzahlung	5 000 €
30.06.2010	Einzahlung	7 000 €
30.06.2011	Einzahlung	8 000 €
31.03.2012	Abhebung	24 000 €

Zum Ende des Jahres 2012 sind 319,80 € als Überziehungszinsen an die Bank zu zahlen.
Wie hoch ist der jährliche nominelle Zinssatz für die Überziehungszinsen. Verwenden
Sie als Zinsmodell die monatliche Verzinsung mit Zinseszins zum relativen Zinssatz.

Aufgabe 2.29 (Schwierigkeitsgrad: einfach)
Bei einer Bank wurde am 31.03.2011 ein Kredit über 50 000 € zu einem nominellen
Jahreszins von 3,1 % bei vierteljährlicher Verzinsung zum relativen Zins aufgenommen.
Der Kredit soll am 31.12.2015 zurückgezahlt werden.
    Wie hoch ist der effektive Jahreszins? (Geben Sie bitte den Effektivzins in Prozent
mit vier Nachkommastellen an.)

Aufgabe 2.30 (Schwierigkeitsgrad: schwer)
Ein Unternehmen finanziert eine Erweiterungsinvestition mit einem Kredit, dessen
Zinssatz flexibel vereinbart wird, d. h. der Zinssatz wird monatlich überprüft und je
nach Entwicklung der Kapitalmärkte angepasst. Die Laufzeit des Kredits beträgt drei
Jahre. Die Verzinsung wird als monatliche Verzinsung zum relativen Zins vereinbart.

Die aufgenommene Schuld und die aufgelaufenen Zinsen werden am Ende der Laufzeit komplett zurückgezahlt. Zusammengefasst ergibt sich:

Tab. 2.19: Tabelle zu Aufgabe 2.30.

Auszahlung der Kreditsumme:	01.09.2011
Auszahlungsbetrag:	1 000 000 €
Anfänglicher Zinssatz:	4,92 % p. a.
Monatliche Zahlung:	0 €
Tilgung der Schuld:	31.08.2014
Zahlung der aufgelaufenen Zinsen:	31.08.2014

Das Unternehmen geht davon aus, dass der flexible Zinssatz erstmalig zum 01.01.2013 auf 5,04 % p. a. steigt. Mit einer zweiten Erhöhung rechnet es am 01.12.2013. Wie hoch darf diese zweite Erhöhung maximal sein, damit die Zahlung des Unternehmens an die Bank zum 31.08.2014 den Betrag 1 165 000 € nicht übersteigt?

Aufgabe 2.31 (Schwierigkeitsgrad: schwer)
Ein Bauherr finanziert einen Teil einer neuen Immobilie mit einem Kredit, der beim Verkauf einer anderen Immobilie getilgt werden soll. Mit seiner Bank vereinbart er einen Kredit mit einer maximalen Laufzeit von einem Jahr und einem flexiblen Zinssatz, der je nach Entwicklung der Kapitalmärkte jeden Monat angepasst werden muss. Die Zinsen werden jeweils am Ende eines Monats an die Bank gezahlt. Zusammengefasst ergibt sich:

Tab. 2.20: Tabelle zu Aufgabe 2.31.

Auszahlung der Kreditsumme:	01.06.2021
Auszahlungsbetrag:	100 000 €
Anfänglicher Zinssatz:	4,32 % p. a.
Zinszahlung:	Monatlich nachschüssig
Tilgung:	Bei Verkauf der Immobilie, spätestens am 31.05.2022

(1) Wie hoch sind die monatlichen Zinszahlungen bei linearer Verzinsung, wenn sich der flexible Zinssatz im Zeitraum 01.06.2021 bis 31.05.2022 nicht ändert und der Kredit erst am 31.05.2022 getilgt wird?

(2) Wie hoch ist die Summe aller Zinszahlungen bei linearer Verzinsung, wenn sich der flexible Zinssatz im Zeitraum 01.06.2021 bis 31.05.2022 nicht ändert und der Kredit erst am 31.05.2022 getilgt wird?

(3) Wie hoch ist die Summe aller Zinszahlungen, wenn sich der flexible Zinssatz zum 01.01.2022 auf 4,56 % p. a. und zum 01.04.2022 auf 4,92 % p. a. erhöht und der Kredit erst am 31.05.2022 getilgt wird?

Aufgabe 2.32 (Schwierigkeitsgrad: schwer)
Für eine Kreditaufnahme erhält jemand von einer Bank zwei Angebote:

Tab. 2.21: Tabelle zu Aufgabe 2.32.

	Angebot 1	Angebot 2
Auszahlungstag:	31.01.2022	31.05.2022
Kreditsumme:	100 000 €	101 500 €
Zinszahlung:	Monatlich nachschüssig	Monatlich nachschüssig
Zinsen von 01.02.2022 bis 31.05.2022:	360 €	–

Für welches der beiden Angebote ist bei linearer Verzinsung vorteilhafter, wenn bei Annahme von Angebot 1 die im Zeitraum 01.02.2022 bis 31.05.2022 gesparten Zinszahlungen an die Bank zu einem Jahreszins von 2 % angelegt werden können?

Aufgabe 2.33 (Schwierigkeitsgrad: schwer)
Für eine Kreditaufnahme erhält jemand von einer Bank zwei Angebote:

Tab. 2.22: Tabelle zu Aufgabe 2.33.

	Angebot 1	Angebot 2
Auszahlungstag:	31.01.2022	31.05.2022
Kreditsumme:	100 000 €	101 500 €
Zinszahlung:	Monatlich nachschüssig	Monatlich nachschüssig
Zinsen von 01.02.2022 bis 31.03.2022:	380 €	–
Zinsen von 01.04.2022 bis 31.05.2022:	410 €	–

Für welches der beiden Angebote ist bei linearer Verzinsung vorteilhafter, wenn bei Annahme von Angebot 1 die im Zeitraum 01.02.2022 bis 31.05.2022 gesparten Zinszahlungen an die Bank zu einem Jahreszins von 2 % angelegt werden können?

Aufgabe 2.34 (Schwierigkeitsgrad: einfach)
Eine Kundin möchte einen Betrag von 10 000 € für vier Jahre anlegen. Sie erhält von ihrer Bank das folgende Angebot:
– Der Betrag wird zu jährlich nachschüssigen Zinseszinsen angelegt.
– Die Bank gewährt im ersten Jahr 0,7 % Zinsen, im zweiten 1,5 % Zinsen und im dritten und vierten Jahr jeweils 2 % Zinsen.

Wie hoch ist jährliche Effektivzins binnen der vier Jahre?

Aufgabe 2.35 (Schwierigkeitsgrad: mittelschwer)
Ein Unternehmen bekommt von seiner Bank das folgende Angebot für eine Geldanlage:

Tab. 2.23: Tabelle zu Aufgabe 2.35.

Anlagevolumen:	100 000 Euro	
Verzinsung:	Monatliche Verzinsung zum relativen Zins	
Auszahlung:	Die Auszahlung des Anlagebetrages inklusive Zinsen erfolgt nach zehn Jahren.	
Zinskonditionen:	1. Jahr:	2 % p. a.
	2. bis 5. Jahr:	3 % p. a.
	6. bis 10. Jahr:	4 % p. a.

Wie hoch ist der effektive Jahreszins binnen der zehn Jahre?

Aufgabe 2.36 (Schwierigkeitsgrad: einfach)
Eine Kundin möchte einen Betrag von 10 000 € für vier Jahre anlegen. Welcher gleichbleibende Zinssatz wäre bei jährlicher nachschüssiger Verzinsung anzusetzen, damit der eingezahlte Betrag nach vier Jahren auf 10 358 € anwachsen kann?

Aufgabe 2.37 (Schwierigkeitsgrad: schwer)
Ein Unternehmen bekommt von seiner Hausbank das folgende Angebot für eine Geldanlage:

Tab. 2.24: Tabelle zu Aufgabe 2.37.

Anlagevolumen:	100 000 €	
Verzinsung:	Jährlich vorschüssige Verzinsung mit Zinseszins	
Auszahlung:	Die Auszahlung des Anlagebetrages inklusive Zinsen erfolgt nach zehn Jahren.	
Zinskonditionen:	1. Jahr:	5 % p. a.
	2. bis 5. Jahr:	6 % p. a.
	6. bis 10. Jahr:	7 % p. a.

(a) Wie hoch ist der Effektivzins, d. h. welcher gleichbleibende Zinssatz führt nach zehn Jahren bei jährlicher nachschüssiger Verzinsung zum gleichen Betrag?
(b) Das Unternehmen möchte das Angebot annehmen. Es besteht jedoch auf einer Änderung der Zinssätze im ersten und zehnten Jahr. Wie hoch sind diese beiden Zinssätze, wenn der in Teilaufgabe (a) berechnete Betrag ausgezahlt werden soll und der Zinssatz im zehnten Jahr doppelt so hoch sein soll wie im ersten Jahr?

Aufgabe 2.38 (Schwierigkeitsgrad: schwer)

Eine Aktiengesellschaft nimmt zur Finanzierung einer neuen Produktionsstätte bei ihrer Hausbank einen Kredit in Höhe von 1 000 000 GE auf. Dieser Betrag wird am 01.04.2002 ausgezahlt. Die erste Rückzahlung in Höhe von 300 000 GE erfolgt am 01.07.2005 und die zweite Rückzahlung in Höhe von 500 000 GE am 01.07.2007. Es wird ein jährlicher Zins von 5 % vereinbart. Den Berechnungen wird die relative gemischte Verzinsung zugrunde gelegt.

Der Finanzvorstand der Aktiengesellschaft freut sich, dass die Hausbank 30 % der am 31.12.2008 bestehenden Schuld erlassen will. Die restlichen 70 % der am 31.12.2008 bestehenden Schuld möchte der Finanzvorstand aber am 30.06.2010 mit einem Betrag in Höhe von 373 000 GE begleichen. Welchem jährlichen Zinssatz entspricht dies für den Zeitraum 31.12.2008 bis 30.06.2010? Wählen Sie als Bewertungsstichtag den 31.12.2008.

Aufgabe 2.39 (Schwierigkeitsgrad: einfach)

Ein Klein-Sparer legt 2 000 € mit jährlich steigenden Zinsen und Zuschlag der Zinsen und Zinseszinsen jeweils am Ende des Jahres über sieben Jahre an. Die jährliche Verzinsung verläuft wie folgt: 1. Jahr 3,25 %, 2. Jahr 4,25 %, 3. Jahr 4,75 %, 4. Jahr 5,2 %, 5. Jahr 5,75 %, 6. Jahr 6,25 % und 7. Jahr 6,5 %.

Mit welchem einheitlichen Zinssatz müsste das Anfangskapital von 2 000 € verzinst werden, damit der Sparer nach sieben Jahren über dasselbe Endkapital verfügen könnte?

2.4 Vermischte Fragestellungen

Aufgabe 2.40 (Schwierigkeitsgrad: schwer)

Ein Kapital von 50 000 € wird zu einem nominellen Jahreszins von 1,9 % angelegt.
(a) Berechnen Sie das Endkapital nach fünf Jahren bei
    (1) linearer Verzinsung.
    (2) nachschüssiger Verzinsung.
    (3) quartalsweiser Verzinsung zum relativen Zins.
    (4) stetiger Verzinsung.
(b) Am Ende eines welchen Jahres übersteigt das Kapital erstmalig den Wert 52 920 €? Beantworten Sie diese Frage für die vier Zinsmodelle aus Teilaufgabe (a).

Aufgabe 2.41 (Schwierigkeitsgrad: mittelschwer)

Die Wucher-Kredit GmbH verleiht Kapital zu einem nominellen Jahreszinsfuß von 20 %, wobei sie die anfallenden Kreditzinsen am Ende eines jeden Vierteljahres der Schuld zuschlägt (unterjährige Verzinsung zum relativen Zins). Ein Privatmann hat bei dieser Gesellschaft am 30.06.2013 ein Darlehen über 100 000 € aufgenommen, das er am 31.12.2017 zurückzahlen muss.
(1) Wie hoch ist der effektive Jahreszinsfuß dieses Darlehens?

(2) Wie hoch ist der Betrag, den der Privatmann am Ende der Laufzeit an die Wucher-Kredit-GmbH zurückzahlen muss?

(3) Nach wie vielen vollen Jahren übersteigen die Schulden des Privatmanns zum ersten Mal die 200 000 € Grenze?

(4) Angenommen dem Privatmann fließen am 30.09.2015 aus unbekannter Quelle 50 000 € zu, die er unmittelbar an die Wucher-Kredit-GmbH weitergibt, um seinen Rückzahlungsbetrag am 31.12.2017 zu reduzieren. Wie hoch werden seine Schulden am Ende der Laufzeit dann noch sein?

Aufgabe 2.42   (Schwierigkeitsgrad: mittelschwer)
Bei monatlicher Verzinsung zum relativen Zins nimmt eine Privatperson bei einer Bank die folgenden drei Kredite zu einem nominellen Jahreszins von 2,31 % auf:

Tab. 2.25: Tabelle zu Aufgabe 2.42.

Fälligkeitsdatum	Betrag
31.01.2015	2 000 €
31.03.2016	3 000 €
31.05.2018	4 000 €

(1) Wie hoch ist der effektive Jahreszins?

(2) Wie hoch ist der Schuldenstand am 31.12.2018?

(3) Am Ende eines welchen Monats übersteigt der Schuldenstand erstmals den Wert von 5 200 €?

(4) Am 31.10.2017 werden 5 000 € eingezahlt. Wie hoch ist der Kontostand am 31.12.2018?

Aufgabe 2.43   (Schwierigkeitsgrad: mittelschwer)
Auf einem Konto mit 2,1 % nominellem Jahreszins befinden sich folgende Zahlungsvorgänge:

Tab. 2.26: Tabelle zu Aufgabe 2.43.

Fälligkeitsdatum	Zahlung	Betrag
31.12.2014	Einzahlung	10 000 €
31.05.2016	Abhebung	8 000 €
31.10.2017	Einzahlung	2 000 €

(1) Wie hoch ist der Kontostand am 31.10.2017 bei
   (a) relativ gemischter Verzinsung? (Bewertungsstichtag 31.10.2017)
   (b) monatlicher Verzinsung zum relativen Zins?

(c) konformer Verzinsung?

(2) Am Ende eines welchen Monats nach der letzten Einzahlung liegt der Kontostand erstmals über 4 397,90 € bei
  (a) relativ gemischter Verzinsung? (Bewertungsstichtag 31.10.2017)
  (b) monatlicher Verzinsung zum relativen Zins?
  (c) konformer Verzinsung?

Aufgabe 2.44 (Schwierigkeitsgrad: mittelschwer)
Der Betrag von 1 000 Euro wird zwölf Jahre lang zu einem nominellen Jahreszins von 1,2 % auf einem Konto angelegt.

(1) Wie hoch ist das Guthaben am Ende der Laufzeit bei
  (a) linearer Verzinsung?
  (b) jährlich nachschüssiger Verzinsung mit Zinseszins?
  (c) vierteljährlicher Verzinsung mit Zinseszins zum relativen Zins?

(2) Wie hoch ist in den zwölf Jahren der effektive Jahreszins (d. h. der Jahreszins, der nach zwölf Jahren zu nachschüssiger Verzinsung mit Zinseszins zum selben Guthaben führen würde) bei
  (a) linearer Verzinsung?
  (b) jährlich nachschüssiger Verzinsung mit Zinseszins?
  (c) vierteljährlicher Verzinsung mit Zinseszins zum relativen Zins?

(3) Die ursprünglich geplante Laufzeit von zwölf Jahren wird verkürzt. Wann beträgt der Kontostand erstmals mindestens 1 100 Euro bei
  (a) linearer Verzinsung?
  (b) jährlich nachschüssiger Verzinsung mit Zinseszins?
  (c) vierteljährlicher Verzinsung mit Zinseszins zum relativen Zins?

Aufgabe 2.45 (Schwierigkeitsgrad: mittelschwer)
Ein Sparer legt 20 000 Euro bei seiner Bank am 31.03.2006 an bei vierteljährlicher Verzinsung zum relativen Zins und einem nominellen Jahreszins von 4 %. Im Laufe der Jahre kommt es zu folgenden Kapitalbewegungen:

Tab. 2.27: Tabelle zu Aufgabe 2.45.

Fälligkeitsdatum	Zahlung	Betrag
31.12.2006	Einzahlung	3 000 Euro
30.09.2008	Abhebung	4 000 Euro
31.03.2009	Abhebung	5 000 Euro
30.06.2010	Einzahlung	2 000 Euro

(a) Wie hoch ist die effektive Verzinsung, die der Sparer pro Jahr erhält?
(b) Über welches Guthaben könnte der Sparer am 31.12.2010 verfügen?

(c) Am Ende welchen Quartals übersteigt das Guthaben des Sparers zum ersten Mal den Betrag von 25 000 Euro?

Aufgabe 2.46 (Schwierigkeitsgrad: einfach)
Ein Schuldner hat bei relativer gemischter Verzinsung mit 6 % Jahreszinsen folgende Zahlungsverpflichtungen:

Tab. 2.28: Tabelle zu Aufgabe 2.46.

Fälligkeitsdatum	Betrag
31.03.2008	40 000 €
31.12.2010	60 000 €
31.12.2011	20 000 €

Statt diesen Zahlungsverpflichtungen möchte der Schuldner:
(1) seine Schuld mit einer einmaligen Zahlung am 01.01.2008 zurückzahlen. Wie hoch ist der einmalige Rückzahlungsbetrag? Bewertungsstichtag ist der 01.01.2008.
(2) 20 000 € am 01.01.2008 zurückzahlen und nach vier Jahren die verbleibende Restschuld. Wie hoch ist der Rückzahlungsbetrag nach vier Jahren? Bewertungsstichtag ist der 01.01.2008.
(3) die gesamte Schuld in drei gleich großen Beträgen am 01.01.2009, am 01.07.2010 und am 01.04.2011 zurückzahlen. Wie hoch werden diese Rückzahlungsbeträge sein? Bewertungsstichtag ist der 01.01.2008.

Aufgabe 2.47 (Schwierigkeitsgrad: einfach)
Ein Sparer legt am 31.03.2006 bei seiner Bank 10 000 € bei vierteljährlicher Verzinsung zum relativen Zins und einem nominellen Jahreszins von 3,5 % an.
(1) Wie hoch ist die effektive Verzinsung, die der Sparer pro Jahr erhält?
(2) Über welches Guthaben könnte der Sparer am 31.12.2009 verfügen?
(3) Nach wie vielen Quartalen übersteigt das Guthaben des Sparers zum ersten Mal den Betrag von 11 000 €?
(4) Angenommen der Sparer hätte das Guthaben nicht einfach bis zum 31.12.2009 bei der Bank liegen gelassen, sondern es wäre zu den folgenden Kapitalbewegungen gekommen:

Tab. 2.29: Tabelle zu Aufgabe 2.47.

Fälligkeitsdatum	Zahlung	Betrag
30.06.2007	Einzahlung	5 000 €
30.09.2008	Abhebung	2 000 €
31.03.2009	Abhebung	1 000 €

Über welches Guthaben hätte der Sparer dann am 31.12.2009 verfügen können bei nach wie vor vierteljährlicher Verzinsung zum relativen Zins und einem nominellen Jahreszins von 3,5 %?

Aufgabe 2.48 (Schwierigkeitsgrad: mittelschwer)
Bei einem Privatverleiher wurden zweimal 8 000 € ausgeliehen, zunächst am 28.02.2003 und dann am 30.06.2004. Die Konditionen sind bankmäßig gemischte Verzinsung bei einem Jahreszins von 9,6 %.
(1) Welcher Betrag wäre insgesamt am 31.08.2007 zurückzuzahlen?
(2) Welche Zwischenrückzahlung am 31.12.2005 würde die Rückzahlung am 31.08.2007 auf 16 000 € reduzieren?
(3) Nach wie vielen Tagen im Jahr 2006 ist die Schuld auf 20 000 € angestiegen?

Aufgabe 2.49 (Schwierigkeitsgrad: einfach)
Ein Klein-Sparer legt 2 000 € in 90-Tage-Festgelder mit einer Laufzeit von fünf Jahren bei seiner Hausbank, die ihm derzeit eine nominelle jährliche Verzinsung von 5,5 % anbietet, an. Nach jeweils 90 Tagen (vierteljährliche Verzinsung zum relativen Zins) werden die Zinsen dem Konto gutgeschrieben.
(a) Über welchen Betrag kann der Klein-Sparer nach fünf Jahren verfügen?
(b) Wie hoch ist der Effektivzins?

2.5 Tipps

Die in diesem Buch behandelten Zinsmodelle lassen sich zum einen unterteilen in diejenigen Modelle, für die es Zinsen auf Zinsen gibt, und in das Zinsmodell, für das es keine Zinsen auf Zinsen gibt. Eine andere Unterteilung richtet sich danach, ob in den Zinsmodellen nur für volle Jahre Zinsen berechnet werden oder ob auch unterjährig Zinsen anfallen (siehe Abbildung 2.1).
   Bar- und Endwerte: Für jedes Zinsmodell steht in den Formeln 1 bis 11, wie der Endwert K_n in Abhängigkeit vom Barwert K_0 berechnet wird. In Klausuraufgaben ist das Zinsmodell, das unterstellt werden soll, angegeben. Fehlt diese Angabe, so ist die (übliche) nachschüssige Verzinsung aus den Formeln 2 und 3 gemeint.
   Die Schwierigkeit, die nach dem Erkennen der zutreffenden Formel auftaucht, ist, die Laufzeiten zwischen dem Tag der Wertstellung und dem Tag der Fälligkeit der Beträge richtig abzuzählen. Dazu ist eine Zeitachse, auf der die Beträge eingetragen werden, enorm hilfreich.
   Laufzeiten: Die Laufzeit einer linearen Verzinsung ergibt sich aus Formel 1 wie folgt:

$$n = \frac{\frac{K_n}{K_0} - 1}{i}$$

Bei den übrigen Zinsmodellen ist ein Logarithmus erforderlich, um eine Laufzeit berechnen zu können. Z. B. bei einer stetigen Verzinsung ergibt sich die Laufzeit aus Formel 11 wie folgt:

$$n = \frac{\ln \frac{K_n}{K_0}}{i}$$

Eine Besonderheit, die leicht übersehen wird, betrifft die Laufzeit einer unterjährigen Verzinsung zum relativen Zins. Wird z. B. jedes Quartal verzinst, d. h. $m = 4$ aus Formel 6 und beträgt die Laufzeit fünf Jahre und sieben Monate, so wird in den fünf Jahren 20-mal verzinst und in den sieben Monaten genau zweimal. Das liegt daran, dass in sieben Monaten nur zwei volle Quartale enthalten sind, sodass die Laufzeit $5\frac{7}{12}$ Jahre:

$$n = 5 + \frac{6}{12} = 5{,}5 \text{ Jahre}$$

beträgt. Der siebte Monat bleibt unverzinst. Berücksichtigt wird diese Besonderheit in der Angabe: $n \cdot m \in \mathbb{N}$. Machen wir für $n \cdot m$ die Probe:

$$\left(5 + \frac{7}{12}\right) \cdot 4 = 22{,}\overline{3} \notin \mathbb{N} \text{ und}$$

$$\left(5 + \frac{6}{12}\right) \cdot 4 = 22 \in \mathbb{N}$$

Der Exponent $n \cdot m$ in Formel 6 muss also eine natürliche Zahl sein.

Zinsen: Der Jahreszinssatz i einer linearen Verzinsung ergibt sich aus Formel 1 wie folgt:

$$i = \frac{\frac{K_n}{K_0} - 1}{n}$$

Der Jahreszinssatz i einer stetigen Verzinsung ergibt sich aus Formel 11 wie folgt:

$$i = \frac{\ln \frac{K_n}{K_0}}{n}$$

Bei den übrigen Zinsmodellen ist eine Wurzel erforderlich, um einen Jahreszins berechnen zu können. Z. B. bei einer vorschüssigen Verzinsung ergibt sich der Jahreszinssatz i aus Formel 4 wie folgt:

$$i = 1 - \sqrt[n]{\frac{K_0}{K_n}}$$

Die z. B. 7. Wurzel aus 1 000 berechnet sich wie folgt (siehe [4, Kapitel 7.1]):

$$\sqrt[7]{1\,000} = 1\,000^{\frac{1}{7}} = 2{,}682696$$

In Abbildung 2.1 sind die verschiedenen Zinsmodelle in einer Übersicht zusammengestellt.

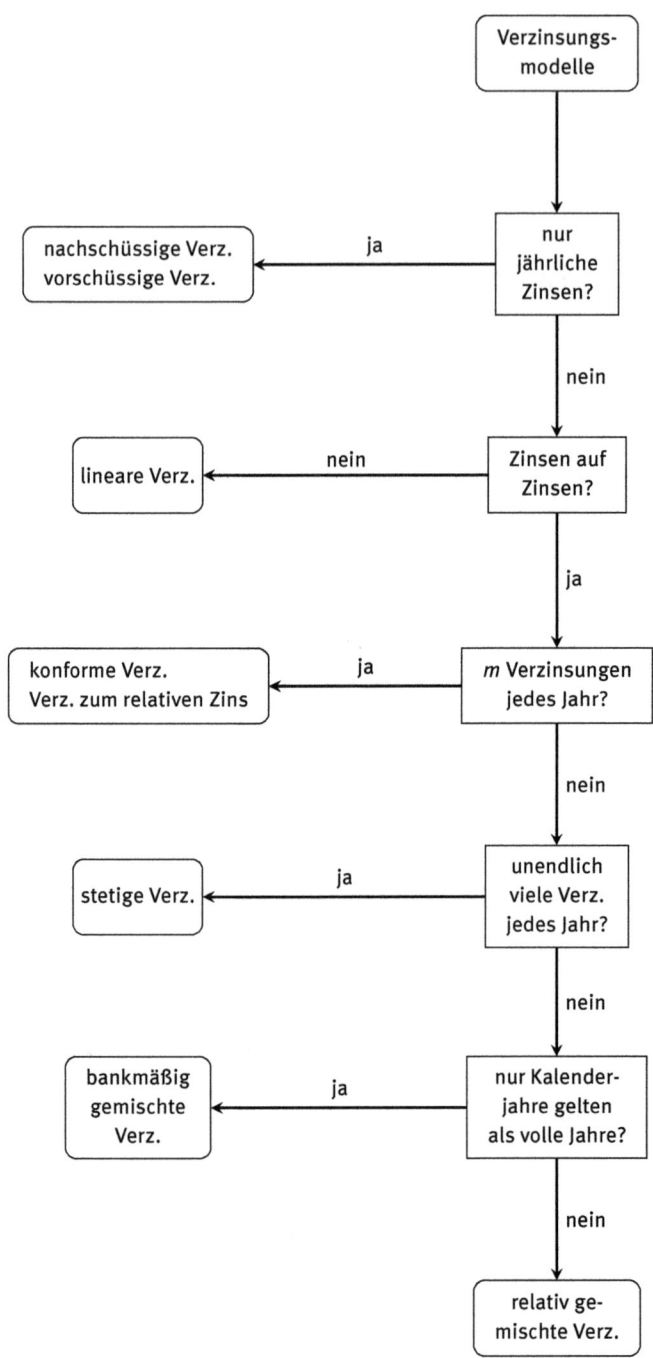

Abb. 2.1: Zinsmodelle.

3 Rentenrechnung

3.1 Bar- und Endwerte

Aufgabe 3.1 (Schwierigkeitsgrad: schwer)

Frau X. erhält von ihrer Versicherung das Angebot, ihre laufende Lebensversicherung vor Ablauf des Vertrages aufzulösen. Der Lebensversicherungsvertrag aus dem Jahr 1958 enthält folgende Konditionen:

Tab. 3.1: Tabelle zu Aufgabe 3.1.

Beginn der Einzahlungen:	01.01.1959
Vereinbarte monatliche Versicherungsprämie:	1 Deutsche Mark (DM)
Zahlweise:	Monatlich nachschüssig
Garantiezins:	3 % p. a.

Die Versicherung bietet Frau X. an, die Lebensversicherung am 31.12.2014 aufzulösen und ihr 1 075 Euro auszuzahlen. Würde Frau X. das reguläre Ende der Versicherung abwarten, so würde die Versicherung ihr am 31.12.2018 einen Betrag in Höhe von 1 250 Euro auszahlen.

(1) Rechnen Sie die Monatsprämie von DM in Euro um. Verwenden Sie dabei die Umrechnung: 1 Euro entspricht 1,95883 DM. Runden Sie das Ergebnis - wie bei Geldbeträgen üblich - auf zwei Stellen hinter dem Komma.

(2) Berechnen Sie den Barwert der Versicherungsprämien (in Euro) zum 01.01.1959, wenn Frau X. bis zum 31.12.2018 in die Lebensversicherung einbezahlen würde. Verwenden Sie als Rechnungszins den o.g. Garantiezins von 3 % p. a.

(3) Frau X. beendet die Versicherung am 31.12.2014 und lässt sich den Betrag 1 075 Euro auszahlen. Berechnen Sie den Endwert aller gezahlten Versicherungsprämien in Euro. Verwenden Sie als Rechnungszins den o.g. Garantiezins von 3 % p. a.

(4) Frau X. beendet die Versicherung am 31.12.2014 und lässt sich den Betrag 1 075 Euro auszahlen. Beurteilen Sie, ob die Entscheidung von Frau X. ökonomisch sinnvoll ist. Berechnen Sie dazu für einen Jahreszins von 1 %:

   (a) den Endwert der im Zeitraum 01.01.2015 bis 31.12.2018 noch ausstehenden Prämienzahlungen.

   (b) den auf den 31.12.2018 aufgezinsten Auszahlungsbetrag (31.12.2014: 1 075 Euro). Vergleichen Sie zur Beurteilung der Entscheidung von Frau X. die Summe dieser beiden Beträge mit dem möglichen Auszahlungsbetrag zum 31.12.2018. Ist die Entscheidung von Frau X. ökonomisch sinnvoll?

Unterstellen Sie für unterjährige Renten die relativ gemischte Verzinsung.

https://doi.org/10.1515/9783110595116-003

Aufgabe 3.2 (Schwierigkeitsgrad: einfach)

Jemand zahlt sechzehn Jahre lang jeweils am Jahresende 2 500 € ein. Welchen Betrag darf er zum Ende des 16. Jahres abheben, damit er sofort anschließend 20-mal zum Jahresende 2 500 € abheben kann? (Zins 4, 5 % p. a.)

Aufgabe 3.3 (Schwierigkeitsgrad: einfach)

Ein Unternehmen nimmt zur Finanzierung einer Maschine bei einer Bank einen Kredit zu folgenden Konditionen auf:

Tab. 3.2: Tabelle zu Aufgabe 3.3.

Kreditsumme:	100 000 €
Auszahlungsdatum des Kredits:	01.01.2012
Jahreszins:	2,88 %
Monatlich nachschüssige Zahlung an die Bank für Tilgung und Zinsen:	800 €

(1) Muss das Unternehmen die Zahlungen an die Bank länger als zehn Jahre, d. h. über den 31.12.2021 hinaus leisten? Beantworten Sie diese Frage, indem Sie den Barwert der Zahlungen der ersten zehn Jahre berechnen und diesen mit der Kreditsumme vergleichen.

(2) Das Unternehmen leistet am 31.12.2013 eine Sonderzahlung in Höhe von 18 000 € an die Bank. Bearbeiten Sie Teilaufgabe (1) unter Berücksichtigung dieser Sonderzahlung.

Unterstellen Sie für unterjährige Renten die relativ gemischte Verzinsung.

Aufgabe 3.4 (Schwierigkeitsgrad: einfach)

Einem Unternehmen wird zur Finanzierung einer Investition von seiner Hausbank das folgende Kreditangebot unterbreitet:

Tab. 3.3: Tabelle zu Aufgabe 3.4.

Kreditvolumen:	100 000 €
Jahreszins:	4,20 %
Zinsmodell:	Relativ gemischte Verzinsung
Monatlich nachschüssige Zahlung an die Bank:	600 €

Wie groß ist bei dem Angebot die nach zehn Jahren verbleibende Restschuld?

Aufgabe 3.5 (Schwierigkeitsgrad: einfach)

Eine Person spart vier Jahre monatlich nachschüssig 400 EUR auf einem Konto an. Die Bank gewährt einen Jahreszins von 3,8 %.

Welchen Betrag hat die Person nach vier Jahren auf ihrem Konto? Unterstellen Sie für unterjährige Renten die relativ gemischte Verzinsung.

Aufgabe 3.6 (Schwierigkeitsgrad: einfach)
Einem Unternehmen wird zur Finanzierung einer Investition von seiner Hausbank das folgende Kreditangebot unterbreitet:

Tab. 3.4: Tabelle zu Aufgabe 3.6.

Kreditvolumen:	100 000 €
Jahreszins:	3,67%
Zinsmodell:	Relativ gemischte Verzinsung
Monatlich nachschüssige Zahlung an die Bank:	600 €

Wie groß ist bei dem Angebot die nach fünf Jahren verbleibende Restschuld?

Aufgabe 3.7 (Schwierigkeitsgrad: mittelschwer)
Zur Finanzierung seines Studiums nimmt ein Studierender einen Kredit bei einer Bank auf. Mit diesem Kredit möchte er die Studiengebühren in Höhe von 500 € pro Semester und seine anfallenden Lebenshaltungskosten begleichen. Der Kredit ist wie folgt ausgestaltet:

Tab. 3.5: Tabelle zu Aufgabe 3.7.

Monatliche Auszahlungen:	550 €
Erste Auszahlung:	01.10.2006
Zinsen:	5,1 % p. a.
Laufzeit:	Vier Jahre

Der Rückzahlungsbeginn ist frühestens zwölf Monate nach der letzten Auszahlung. Es besteht Flexibilität in der Rückzahlungshöhe. Außerplanmäßige Rückzahlungen in der Tilgungsphase sind möglich und kostenfrei.

Der Studierende möchte 20 Jahre lang vierteljährlich nachschüssig 450 € zurückzahlen, wobei die erste Rate am 31.12.2012 fällig wird. Die Restschuld soll durch eine Einmalzahlung am 30.09.2012 zurückgezahlt werden. Der Zins beträgt nach wie vor 5,1 % p. a. Wie hoch ist die Einmalzahlung am 30.09.2012? Unterstellen Sie für unterjährige Renten die relativ gemischte Verzinsung.

Aufgabe 3.8 (Schwierigkeitsgrad: mittelschwer)
Die Geschäftsführerin einer GmbH schließt zur Altersvorsorge eine Rentenversicherung bei einem Versicherungsunternehmen ab. Die Geschäftsführerin zahlt jährlich 3 000 €

ein, die erste Einzahlung erfolgt am 35. Geburtstag, die letzte Einzahlung soll an ihrem 65. Geburtstag erfolgen.

(a) Welches Kapital hat sich durch diese Einzahlungen am 65. Geburtstag der Geschäftsführerin bei dem Versicherungsunternehmen angesammelt, wenn von einem Zins von 5,3 % p. a. ausgegangen wird? (In dem Zins von 5,3 % sind enthalten Garantiezins, Überschussbeteiligung und das von der Versicherung übernommene Risiko.)

(b) Aufgrund der schlechten Lage auf dem Kapitalmarkt teilt das Versicherungsunternehmen der Geschäftsführerin mit, dass in den ersten zehn Jahren der Einzahlungsphase mit einer Verzinsung von 5,3 % p. a. kalkuliert werden kann, in den restlichen Jahren der Einzahlungsphase der Zins allerdings auf 4,9 % p. a. abgesenkt werden muss. Welches Kapital hat sich am 65. Geburtstag der Geschäftsführerin durch die Einzahlungen bei dem Versicherungsunternehmen angesammelt?

Aufgabe 3.9   (Schwierigkeitsgrad: schwer)

Eine Beamtin, die ein monatlich vorschüssiges Gehalt von 4 000 € bezieht, wird nach ihrer Pensionierung davon 75 % als monatlich vorschüssiges Ruhegehalt bekommen.

(a) Welchen Barwert hat diese Ruhegehaltszahlung, wenn davon ausgegangen wird, dass die Beamtin die Zahlungen genau zehn Jahre erhält und ein Jahreszins von 4 % zugrunde gelegt wird?

(b) Berechnen Sie den Barwert der Ruhegehaltszahlung, wenn von dem monatlich vorschüssigen Gehalt von 4 000 € nach der Pensionierung nur 70 % als Ruhegehalt gewährt werden (monatlich vorschüssig, Laufzeit zehn Jahre, Jahreszins 4 %).

(c) Berechnen Sie den Barwert der Ruhegehaltszahlung, wenn nach der Pensionierung für das erste Jahr 75 %, für das zweite Jahr 74 %, für das dritte Jahr 73 %, für das vierte Jahr 72 %, für das fünfte Jahr 71 % und für das sechste bis zehnte Jahr 70 % des derzeitigen Gehaltes von 4 000 € gewährt werden (monatlich vorschüssig, Laufzeit zehn Jahre, Jahreszins 4 %).

Unterstellen Sie für unterjährige Renten die relativ gemischte Verzinsung.

Aufgabe 3.10   (Schwierigkeitsgrad: einfach)

Einem Immobilienhändler wird in Köln ein Hochhaus zum Kauf angeboten. Der Kaufpreis liegt bei 10 Mio. Euro. Es ist davon auszugehen, dass das Hochhaus noch für 25 Jahre genutzt werden kann, bevor es (ohne Kosten) abgerissen werden muss. Der Jahreszins liegt bei 3 %.

Eine Familie möchte im Zuge des möglichen Eigentümerwechsels des Hochhauses gerne die selbst genutzte Wohnung kaufen. Die Familie zahlt eine Miete von 1 000 Euro am Ersten eines jeden Monats und bietet 300 000 Euro für die derzeit gemietete Wohnung. Ist das Angebot aus Sicht des Verkäufers lukrativ, so dass sich ein Verkauf der Wohnung finanziell lohnt?

Aufgabe 3.11 (Schwierigkeitsgrad: einfach)
Zu 6 % Zinsen p. a. soll ein Darlehn aufgenommen werden. Das Darlehn ist binnen zwanzig Jahren zurückzuzahlen. Für die Rückzahlung des Darlehns können am Ende eines jeden Monats 1 500 € aufgebracht werden. Die erste Rückzahlung ist fällig einen Monat nach Darlehnsaufnahme. Wie hoch ist der Darlehnsbetrag? Unterstellen Sie für unterjährige Renten die relativ gemischte Verzinsung.

3.2 Laufzeiten

Aufgabe 3.12 (Schwierigkeitsgrad: einfach)
Ein Unternehmen nimmt zur Finanzierung einer Maschine bei einer Bank einen Kredit zu folgenden Konditionen auf:

Tab. 3.6: Tabelle zu Aufgabe 3.12.

Kreditsumme:	100 000 €
Auszahlungsdatum des Kredits:	01.01.2012
Jahreszins:	2,88 %
Monatlich nachschüssige Zahlung an die Bank für Tilgung und Zinsen:	800 €

(1) Wie viele Jahre muss das Unternehmen alle zwölf Monatszahlungen in voller Höhe leisten?
(2) Wie hoch ist die Restschuld am Ende des Jahres, in dem das Unternehmen letztmalig alle zwölf Monatszahlungen in voller Höhe zu leisten hat?
(3) Das Unternehmen möchte die Restschuld, die sich in Teilaufgabe (2) ergibt, mit einer vorgezogenen - aber dafür niedrigeren - Zahlung am 31.12.2013 begleichen. Wie hoch muss diese Zahlung sein?

Unterstellen Sie für unterjährige Renten die relativ gemischte Verzinsung.

Aufgabe 3.13 (Schwierigkeitsgrad: einfach)
Eine Person spart vier Jahre monatlich nachschüssig 400 EUR auf einem Konto an. Die Bank gewährt einen Jahreszins von 3,8 %.
   Wie lange kann die Person (ausgehend vom Ende der Ansparphase) monatlich vorschüssig 606,06 EUR abheben? Der Jahreszins betrage wiederum 3,8 %. Unterstellen Sie für unterjährige Renten die relativ gemischte Verzinsung.

Aufgabe 3.14 (Schwierigkeitsgrad: mittelschwer)
Ein Kleinunternehmer hat am 31.03.2003 einen Kredit über 24 000 € bei relativer gemischter Verzinsung zu 5,6 % p. a. aufgenommen. Der Vertrag über die Tilgungsmodalitäten sieht wie folgt aus:

- In den Jahren 2003 und 2004 zahlt er gar nichts.
- In den Jahren 2005 und 2006 begleicht er mit vorschüssigen Monatsraten nur die anfallenden Jahreszinsen.
- Ab 01.01.2007 zahlt er dann monatlich vorschüssig 300 € bis zur endgültigen Tilgung der Schuld.

(1) Wie oft sind ab 01.01.2007 volle vorschüssige Monatsraten zu zahlen?
(2) Wie hoch ist die Restschuld am 31.12.2015?

Aufgabe 3.15 (Schwierigkeitsgrad: mittelschwer)
Zur Finanzierung seines Studiums nimmt ein Studierender einen Kredit bei einer Bank auf. Mit diesem Kredit möchte er die Studiengebühren in Höhe von 500 € pro Semester und seine anfallenden Lebenshaltungskosten begleichen. Der Kredit ist wie folgt ausgestaltet:

Tab. 3.7: Tabelle zu Aufgabe 3.15.

Monatliche Auszahlungen:	550 €
Erste Auszahlung:	01.10.2006
Zinsen:	5,1 % p. a.
Laufzeit:	Vier Jahre

Der Studierende entscheidet sich, mit der Rückzahlung zwei Jahre zu warten und dann vierteljährlich nachschüssig 450 € zurückzuzahlen, wobei die erste Rate am 31.12.2012 fällig wird. Der Zins beträgt nach wie vor 5,1 % p. a.
(1) Wie viele Jahre werden Rückzahlungsraten in voller Höhe geleistet?
(2) Wie hoch ist die Restschuld am Ende des letzten Jahres, in dem Rückzahlungsraten in voller Höhe geleistet wurden?

Unterstellen Sie für unterjährige Renten die relativ gemischte Verzinsung.

Aufgabe 3.16 (Schwierigkeitsgrad: einfach)
Eine Studentin gewinnt im Lotto 25 189 €. Sie möchte sich diesen Lottogewinn nicht sofort, sondern zwecks Finanzierung ihres Studiums als monatlich nachschüssige Rente auszahlen lassen. Die erste Monatsrate wird einen Monat nach Erhalt des Lottogewinns ausgezahlt. Die Studentin geht bei ihren Überlegungen von einer Reststudiendauer von fünf Jahren und einem Zins von 3,25 % pro Jahr aus.
   Wie viele Jahre (ohne Beachtung der Reststudienzeit) wäre aus dem Lottogewinn eine monatlich nachschüssige Rente in Höhe von 500 € finanzierbar? Unterstellen Sie für unterjährige Renten die relativ gemischte Verzinsung.

Aufgabe 3.17 (Schwierigkeitsgrad: einfach)
Es wird ein Kredit zu 6 % Zinsen p. a. über 10 000 € aufgenommen, der mit 800 €
jeweils am Quartalsende zurückzahlt werden soll. Die erste Rückzahlung ist fällig drei
Monate nach Kreditaufnahme.
　　Wie viele volle Rückzahlungsbeträge sind zu leisten? Unterstellen Sie für unterjährige Renten die relativ gemischte Verzinsung.

Aufgabe 3.18 (Schwierigkeitsgrad: einfach)
Jemand zahlt zehn Jahre lang jeweils zum Jahresende 2 500 € ein. Wie oft kann er
anschließend den gleichen Betrag jeweils wieder am Ende des Jahres abheben (die
erste Abhebung liegt ein Jahr nach der letzten Einzahlung), wenn die Bank einen Zins
von 4,5 % p. a. gewährt?

3.3 Renten

Aufgabe 3.19 (Schwierigkeitsgrad: mittelschwer)
Gegeben sei die folgende Rente:

Tab. 3.8: Tabelle zu Aufgabe 3.19.

Laufzeit:	Zehn Jahre
Zahlweise:	Jährlich vorschüssig
Datum der ersten Rentenrate:	01.01.2014
Rentenrate:	1 500 €
Jahreszins:	4,3 %

Diese Rente soll umgewandelt werden
(a) in eine fünf Jahre lang monatlich nachschüssig zu zahlende Rente, erste Rentenrate
　　fällig am 31.01.2014.
(b) in eine sieben Jahre lang halbjährlich vorschüssig zu zahlende Rente, erste Ren
　　tenrate fällig am 01.01.2016.

Wie hoch ist jeweils die Höhe der Rentenrate? Unterstellen Sie für unterjährige Renten
die relativ gemischte Verzinsung.

Aufgabe 3.20 (Schwierigkeitsgrad: mittelschwer)
Eine Firma kalkuliert bei einem Jahreszins von 4,2 % verschiedene Finanzierungsmodelle zur Anschaffung eines neuen Kopierers für 20 000 €.
(1) Wie hoch wären fünf gleich hohe jährliche Zahlungen, erste Rate ist fällig beim
　　Erwerb des Kopierers?

(2) Wie hoch wären vorschüssige Monatszahlungen über fünf Jahre, erste Zahlung ist fällig beim Erwerb des Kopierers?

(3) Angenommen es würden sechs Jahre lang jeweils zu Beginn eines Quartals 800 € zurückgezahlt, erste Zahlung wäre fällig beim Erwerb des Kopierers. Im siebten und achten Jahr würden Zahlungen ausgesetzt. Wie hoch wäre dann die Restschuld am Ende des achten Jahres?

Unterstellen Sie für unterjährige Renten die relativ gemischte Verzinsung.

Aufgabe 3.21   (Schwierigkeitsgrad: einfach)
Eine mit 9 % p. a. zu verzinsende Schuld in Höhe von 200 000 Euro soll vom Ende des ersten Jahres an durch jährliche Zahlungen in Höhe von 20 000 Euro zurückgezahlt werden.

Wie hoch wären monatlich vorschüssige Rückzahlungsbeträge bei nach wie vor 9 % Jahreszinsen ausgefallen? (Erster monatlicher Rückzahlungsbetrag fällig bei Kreditaufnahme.) Unterstellen Sie für unterjährige Renten die relativ gemischte Verzinsung.

Aufgabe 3.22   (Schwierigkeitsgrad: einfach)
Einem Unternehmen werden zur Finanzierung einer Investition von seiner Hausbank das folgende Kreditangebot unterbreitet:

Tab. 3.9: Tabelle zu Aufgabe 3.22.

Kreditvolumen:	100 000 €
Jahreszins:	4,20 %
Zinsmodell:	Relativ gemischte Verzinsung
Monatlich nachschüssige Zahlung an die Bank:	600 €

Wie hoch müsste im Angebot der monatlich nachschüssig an die Bank zu zahlende Betrag sein, damit der Kredit nach zehn Jahren zurückgezahlt ist?

Aufgabe 3.23   (Schwierigkeitsgrad: mittelschwer)
Eine Person spart vier Jahre monatlich nachschüssig 400 EUR auf einem Konto an. Die Bank gewährt einen Jahreszins von 3,8 %.

(a) Welchen Betrag kann die Person fünf Jahre lang (ausgehend vom Ende der Ansparphase) monatlich vorschüssig von dem Konto abheben? Der Jahreszins betrage wiederum 3,8 %.

(b) Welchen Betrag kann die Person fünf Jahre lang (ausgehend vom Ende der Ansparphase) monatlich vorschüssig von dem Konto abheben, wenn sie zusätzlich zwei Jahre nach Ende der Ansparphase 5 000 EUR für eine Sonderanschaffung abhebt? Der Jahreszins betrage wiederum 3,8 %.

Unterstellen Sie für unterjährige Renten die relativ gemischte Verzinsung.

Aufgabe 3.24 (Schwierigkeitsgrad: einfach)
Eine Person möchte sich durch monatlich nachschüssige Einzahlungen auf ein Sparkonto - Einzahlungszeitraum 01.01.2010 bis 31.12.2029 - eine private Altersversorgung finanzieren. Das am 31.12.2029 angesparte Kapital soll 200 000 GE betragen. Gehen Sie bei allen nachfolgenden Berechnungen von einem Rechnungszins von 4 % p. a. aus.

Berechnen Sie die monatlichen Einzahlungen, wenn diese über den kompletten Zeitraum 01.01.2010 bis 31.12.2029 konstant sind. Unterstellen Sie für unterjährige Renten die relativ gemischte Verzinsung.

Aufgabe 3.25 (Schwierigkeitsgrad: schwer)
Eine Person möchte sich durch monatlich nachschüssige Einzahlungen auf ein Sparkonto - Einzahlungszeitraum 01.01.2010 bis 31.12.2029 - eine private Altersversorgung finanzieren. Das am 31.12.2029 angesparte Kapital soll 200 000 GE betragen. Gehen Sie bei allen nachfolgenden Berechnungen von einem Rechnungszins von 4 % p. a. aus.

Vom 01.01.2010 bis 31.12.2019 sind die monatlichen Einzahlungen konstant. Am 01.01.2020 sollen die monatlichen Einzahlungen um 2 % erhöht und dann bis 31.12.2029 die erhöhten Beträge eingezahlt werden. Wie hoch sind die monatlichen Einzahlungen im Zeitraum 01.01.2010 bis 31.12.2019 und wie hoch sind sie im Zeitraum 01.01.2020 bis 31.12.2029, damit die private Altersversorgung am 01.01.2030 ausfinanziert ist? Unterstellen Sie für unterjährige Renten die relativ gemischte Verzinsung.

Aufgabe 3.26 (Schwierigkeitsgrad: schwer)
Eine Person möchte sich durch monatlich nachschüssige Einzahlungen auf ein Sparkonto - Einzahlungszeitraum 01.01.2010 bis 31.12.2029 - eine private Altersversorgung finanzieren. Das am 31.12.2029 angesparte Kapital soll 200 000 GE betragen. Gehen Sie bei allen nachfolgenden Berechnungen von einem Rechnungszins von 4 % p. a. aus.

Vom 01.01.2010 bis 31.12.2019 betragen die monatlichen Einzahlungen 520 GE. Am 01.01.2020 sollen die monatlichen Einzahlungen erhöht und dann bis 31.12.2029 die erhöhten Beträge eingezahlt werden. Um wie viel Prozent müssen die monatlichen Einzahlungen am 01.01.2020 erhöht werden, damit die private Altersversorgung am 01.01.2030 ausfinanziert ist? Unterstellen Sie für unterjährige Renten die relativ gemischte Verzinsung.

Aufgabe 3.27 (Schwierigkeitsgrad: schwer)
Frau A. möchte bei 2 % Jahreszinsen durch vorschüssig monatliche Einzahlungen auf einen Neuwagen ansparen. Der Neuwagen soll am 31.12.2012 zu einem Preis von 20 000 Euro erworben werden. Frau A. rechnet damit, für den Verkauf ihres Gebrauchtwagens ebenfalls am 31.12.2012 noch 5 200 Euro zu erhalten. Diese 5 200 Euro möchte sie vollständig für den Neuwagenkauf verwenden.

(1) Wie hoch sind die monatlichen Einzahlungen, wenn die erste Einzahlung am 01.01.2010 erfolgen soll und die letzte monatliche Einzahlung am 01.12.2012?
(2) Im Jahr 2010 zahlt Frau A. die in Teilaufgabe (1) berechneten monatlichen Beträge ein. Am 31.12.2010 muss sie jedoch unvorhergesehen 1 000 Euro aus dem bisher

Ersparten abheben. Wie hoch müssen in den beiden Jahren 2011 und 2012 ihre monatlichen Einzahlungen ausfallen?

(3) In den beiden Jahren 2010 und 2011 zahlt Frau A. die in Teilaufgabe (1) berechneten monatlichen Beträge ein. Am 31.12.2011 gewinnt sie unverhofft 650 Euro im Lotto, die sie auf dieses Sparkonto einzahlt. Wie hoch müssen im Jahr 2012 ihre monatlichen Einzahlungen sein?

Unterstellen Sie für unterjährige Renten die relativ gemischte Verzinsung.

Aufgabe 3.28 (Schwierigkeitsgrad: mittelschwer)
Ein Handwerker A. hat seinen Betrieb aus Altersgründen zum 01.01.2007 an einen jungen Nachfolger B. übergeben. Für die Übergabe des Geschäfts wird ein Kaufpreis in Form einer monatlich nachschüssigen Rente in Höhe von 2 000 GE geleistet. Die Rente beginnt mit der Januarzahlung für das Jahr 2007 und endet mit der Dezemberzahlung für das Jahr 2011. Gehen Sie bei allen nachfolgenden Berechnungen von einem Rechnungszins von 5 % p. a. aus.

Aufgrund der Wirtschaftskrise kann B. die Rentenzahlungen ab 01.01.2009 nicht mehr in voller Höhe leisten. Er schlägt A. die folgenden veränderten Zahlungsbedingungen vor: Anstelle der noch ausstehenden Rentenzahlungen soll eine wertgleiche, bis Ende 2014 laufende monatlich nachschüssige Rente gezahlt werden. Wie hoch sind diese monatlichen Zahlungen? Unterstellen Sie für unterjährige Renten die relativ gemischte Verzinsung.

Aufgabe 3.29 (Schwierigkeitsgrad: schwer)
Ein Handwerker A. hat seinen Betrieb aus Altersgründen zum 01.01.2007 an einen jungen Nachfolger B. übergeben. Für die Übergabe des Geschäfts wird ein Kaufpreis in Form einer monatlich nachschüssigen Rente in Höhe von 2 000 GE geleistet. Die Rente beginnt mit der Januarzahlung für das Jahr 2007 und endet mit der Dezemberzahlung für das Jahr 2011. Gehen Sie bei allen nachfolgenden Berechnungen von einem Rechnungszins von 5 % p. a. aus.

Aufgrund der Wirtschaftskrise kann B. die Rentenzahlungen ab 01.01.2009 nicht mehr in voller Höhe leisten. Er schlägt A. die folgenden veränderten Zahlungsbedingungen vor: Anstelle der noch ausstehenden Rentenzahlungen soll eine monatlich nachschüssige Rente wie folgt gezahlt werden:
- monatliche Zahlungen bis Ende Dezember 2011
- Höhe der monatlichen Zahlungen im Jahr 2009: 1 900 GE
- Erhöhung der monatlichen Zahlungen zum 01.01.2010 um $100 \cdot x$ %
- nochmalige Erhöhung der monatlichen Zahlungen zum 01.01.2011 um $100 \cdot x$ %

Berechnen Sie den Prozentsatz x unter der Annahme, dass die ursprünglichen und die neuen Rentenzahlungen wertgleich sind. Unterstellen Sie für unterjährige Renten die relativ gemischte Verzinsung.

Aufgabe 3.30 (Schwierigkeitsgrad: einfach)
Ein Kunde mit geringem Eigenkapital nimmt einen Kredit in Höhe von 200 000 €
zu 5,1 % Jahreszins auf. Der Kreditvertrag sieht vor, dass bis zur einmaligen Kredit-
Rückzahlung der Kunde lediglich die Kreditzinsen zahlt.
   Wie hoch sind monatlich nachschüssige Zahlungen der Kreditzinsen? Unterstellen
Sie für unterjährige Renten die relativ gemischte Verzinsung.

Aufgabe 3.31 (Schwierigkeitsgrad: mittelschwer)
Ein Kunde mit geringem Eigenkapital nimmt einen Kredit in Höhe von 200 000 € auf.
Der Kreditvertrag sieht vor, dass bis zur einmaligen Kredit-Rückzahlung nach 20 Jahren
der Kunde lediglich die Kreditzinsen zahlt. Für die einmalige Kredit-Rückzahlung
verpflichtet die Bank den Kunden, eine Kapital-Lebensversicherung zu 4,9 % Zinsen
p. a. abzuschließen. Die einmalige Kredit-Rückzahlung soll nach zwanzig Jahren durch
die dann fällige Kapital-Lebensversicherung erfolgen.
   Wie hoch sind monatlich nachschüssige Einzahlungen in die Kapital-Lebensversicherung? Unterstellen Sie für unterjährige Renten die relativ gemischte Verzinsung.

Aufgabe 3.32 (Schwierigkeitsgrad: einfach)
Ein Kleinunternehmer hat am 31.03.2003 einen Kredit über 24 000 € bei relativ gemischter Verzinsung zu 5,6 % p. a. aufgenommen. In den Jahren 2003 und 2004 erfolgen
keine Rückzahlungen. In den Jahren 2005 und 2006 begleicht der Kleinunternehmer
mit vorschüssigen Monatsraten nur die anfallenden Jahreszinsen. Wie hoch sind die
Zahlungen zu Beginn eines jeden Monats der Jahre 2005 und 2006? Unterstellen Sie
für unterjährige Renten die relativ gemischte Verzinsung.

Aufgabe 3.33 (Schwierigkeitsgrad: einfach)
Die Geschäftsführerin einer GmbH schließt zur Altersvorsorge eine Rentenversicherung
bei einem Versicherungsunternehmen ab. Die Geschäftsführerin zahlt jährlich 3 000 €
ein, die erste Einzahlung erfolgt am 35. Geburtstag, die letzte Einzahlung soll an ihrem
65. Geburtstag erfolgen. Für die Auszahlungsphase sieht die Rentenversicherung eine
monatliche nachschüssige Zahlweise vor, wobei die erste Rentenauszahlung einen
Monat nach der letzten Einzahlung erfolgen soll. Welche monatliche Rentenzahlung
ergibt sich daraus bei 5,3 % Jahreszinsen, wenn von einer Rentenauszahlung von
zwanzig Jahren ausgegangen wird? Unterstellen Sie für unterjährige Renten die relativ
gemischte Verzinsung.

Aufgabe 3.34 (Schwierigkeitsgrad: einfach)
Eine Studentin gewinnt im Lotto 25 189 €. Sie möchte sich diesen Lottogewinn nicht sofort, sondern zwecks Finanzierung ihres Studiums als monatlich nachschüssige Rente
auszahlen lassen. Die erste Monatsrate wird einen Monat nach Erhalt des Lottogewinns
ausgezahlt. Die Studentin geht bei ihren Überlegungen von einer Reststudiendauer
von fünf Jahren und einem Zins von 3,25 % pro Jahr aus.
(a) Berechnen Sie die nachschüssige Monatsrente.

(b) Wie hoch wäre die monatlich nachschüssige Rente, wenn die Studentin für einen Autokauf am Ende des zweiten Jahres 6 500 € einplanen und nur den Restbetrag in eine fünfjährige Rentenzahlung umwandeln möchte?

(c) Die Studentin entscheidet sich für die nachschüssige Monatsrente aus Teilaufgabe (a), und wendet dafür den kompletten Lottogewinn auf. Nach zwei Jahren ändert die Bank ihre Konditionen und senkt den Zins von 3,25 auf 3 % pro Jahr ab. Wie hoch sind jetzt die nachschüssigen Monatsraten für die letzten drei Jahre?

Unterstellen Sie für unterjährige Renten die relativ gemischte Verzinsung.

Aufgabe 3.35 (Schwierigkeitsgrad: einfach)
Welche monatlich vorschüssigen Einzahlungen sind zu leisten, um am Ende des Jahres den Jahresbetrag von 2 500 € zu erreichen? (Zins 4,5 % p. a.) Unterstellen Sie für unterjährige Renten die relativ gemischte Verzinsung.

Aufgabe 3.36 (Schwierigkeitsgrad: einfach)
Zu 6 % Zinsen p. a. wird ein Darlehn in Höhe von 180 000 € aufgenommen. Das Darlehn ist binnen zwanzig Jahren zurückzuzahlen. Wie hoch ist der jeweilige Rückzahlungsbetrag zu Beginn eines Monats, wenn die erste Rückzahlung fällig ist bei Darlehnsaufnahme? Unterstellen Sie für unterjährige Renten die relativ gemischte Verzinsung.

3.4 Vermischte Fragestellungen

Aufgabe 3.37 (Schwierigkeitsgrad: schwer)
Ein Auto hat einen Kaufpreis von 14 000 €.

(a) Ein Kunde mietet das Auto zu folgenden Konditionen:

Tab. 3.10: Tabelle zu Aufgabe 3.37.

Zahlung	Betrag	Fälligkeitstermin
Anzahlung	5 500 €	Sofort
Monatsraten	60 €	Über vier Jahre, erste Rate fällig einen Monat nach Anzahlung

(1) Wie hoch ist bei einem Jahreszins von 2,5 % der Barwert der Zahlungen?

(2) Nach vier Jahren möchte der Kunde das vorher gemietete Auto zu seinem Restwert kaufen. Wie hoch muss der Restwert nach vier Jahren bei einem Jahreszins von 2,5 % sein, damit der Barwert aller Zahlungen dem ehemaligen Kaufpreis von 14 000 € entspricht?

(b) Angenommen das Auto soll binnen sechs Jahren mit vorschüssigen Monatsraten abbezahlt werden. Wie hoch müssen diese Monatsraten bei 2,5 % Jahreszins sein, um dem Kaufpreis von 14 000 € zu entsprechen?

Unterstellen Sie für unterjährige Renten die relativ gemischte Verzinsung.

Aufgabe 3.38 (Schwierigkeitsgrad: schwer)
Der Autohändler A bietet bei 0,9 % Jahreszins für einen Ratenkauf eines VW T6 das folgende Finanzierungsmodell an:

Tab. 3.11: Tabelle zu Aufgabe 3.38(a).

Zahlung	Betrag	Fälligkeitstermin
Anzahlung	4 000 Euro	Sofort
Monatsraten	562 Euro	Über vier Jahre, erste Rate fällig sofort
Restzahlung	34 707,90 Euro	Nach vier Jahren

(a) Wie hoch dürfte bei einem Barkauf der Verkaufspreis höchstens sein, damit der Barkauf günstiger wäre als das Finanzierungsmodell?
(b) Der Autohändler B bietet für den gleichen Wagen ebenfalls bei 0,9 % Jahreszins das folgende Finanzierungsmodell an:

Tab. 3.12: Tabelle zu Aufgabe 3.38(b).

Zahlung	Betrag	Fälligkeitstermin
Anzahlung	5 000 Euro	Sofort
Quartalsraten	–	Über fünf Jahre, erste Rate fällig sofort
Restzahlung	35 000 Euro	nach fünf Jahren

Wie hoch müssen die Quartalsraten bemessen sein, damit die Finanzierungsmodelle der beiden Händler gleichwertig sind, d .h. dieselben Barwerte haben? Unterstellen Sie für unterjährige Renten die relativ gemischte Verzinsung.
Hinweis: Gehen Sie davon aus, dass sich der Barwert des Angebots von Händler A auf 63 994,43 Euro beläuft.

Aufgabe 3.39 (Schwierigkeitsgrad: schwer)
Zu Beginn der Jahre 2019, 2022 und 2026 möchte eine Familie jeweils 10 000 Euro ihren Kindern als Ausbildungsbeihilfe zur Verfügung stellen. Für dieses Vorhaben werden ab 01.01.2013 bis 31.12.2025 vorschüssige (gleich hohe) Monatsbeträge auf ein Konto eingezahlt. Die drei Ausbildungsbeihilfen der Jahre 2019, 2022, 2026 werden von diesem Konto abgehoben. Der Zins beträgt 5 % (p. a.).

(1) Wie hoch müssen die vorschüssigen Monatsbeträge sein?

(2) Berechnen Sie den Kontostand am 31.12.2018.

(3) Berechnen Sie den Kontostand am 31.12.2021.

Unterstellen Sie für unterjährige Renten die relativ gemischte Verzinsung.

Aufgabe 3.40 (Schwierigkeitsgrad: schwer)

Jemand zahlt bei 4 % Zinsen p. a. im Zeitraum vom 01.01.2010 bis 31.12.2015 jeweils zu Beginn eines Monats 200 € und im Zeitraum vom 01.01.2016 bis 31.12.2018 jeweils zu Beginn eines Quartals 750 € auf ein Konto ein.

(1) Wie hoch ist der Kontostand am 31.12.2015?

(2) Wie hoch ist das Guthaben am 31.12.2018?

(3) Wie oft kann er anschließend eine regelmäßige jährliche vorschüssige Rente über 2 000 € beziehen, deren erster Betrag fällig ist am 01.01.2021?

Unterstellen Sie für unterjährige Renten die relativ gemischte Verzinsung.

Aufgabe 3.41 (Schwierigkeitsgrad: schwer)

Für einen Hauskauf wurde am 01.01.2017 ein Kredit über 150 000 € aufgenommen. Für die Kreditrückzahlung werden vorschüssige Monatsraten über 15 Jahre zu 2,2 % Jahreszinsen vereinbart. Die erste Monatsrate ist fällig am 01.01.2017.

(a) Wie hoch sind die vorschüssigen monatlichen Rückzahlungen?

(b) Wie hoch sind die Restschuld am 31.12.2026?

(c) Am 01.01.2027 erfolgt eine außerplanmäßige Rückzahlung in Höhe von 30 000 €. Anschließend werden weiterhin die unter Teilaufgabe (a) berechneten monatlichen Rückzahlungen geleistet.

(1) An welchem Tag erfolgt dann die Zahlung der letzten vollen Monatsrate? (Begründung!)

(2) Wie hoch ist die Restschuld am 31.12.2028?

Unterstellen Sie für unterjährige Renten die relativ gemischte Verzinsung.

Aufgabe 3.42 (Schwierigkeitsgrad: schwer)

Auf einem Konto werden zu 0,8 % Jahreszins folgende Kontobewegungen verbucht:

Tab. 3.13: Tabelle zu Aufgabe 3.42.

Zahlung	Betrag	Fälligkeitstermin
Einzahlung	10 000 GE	01.01.2017
Auszahlung	100 GE	Monatlich vorschüssig in den Jahren 2019, 2020, 2021
Einzahlung	500 GE	Vierteljährlich nachschüssig in den Jahren 2024 und 2025

(a) Wie hoch ist der Kontostand am

(1) 31.12.2021?

      (2) 31.12.2025?
(b) Wie viele volle Jahre lang können anschließend ab dem 01.01.2028 jährlich vor-schüssig 900 GE entnommen werden?

Unterstellen Sie für unterjährige Renten die relativ gemischte Verzinsung.

Aufgabe 3.43 (Schwierigkeitsgrad: mittelschwer)
Zu einem Jahreszins von 1,2 % werden in den Jahren 2015, 2016, 2017, 2018, 2019, 2020 jeweils am Ende des Jahres 5 000 € eingezahlt.
(a) Wie hoch ist der Rentenendwert der Einzahlungen?
(b) Ab Beginn des Jahres 2022 wird anschließend jeweils zu Beginn eines Jahres der volle Betrag von 4 000 € abgehoben, der Jahreszins beträgt weiterhin 1,2 %.
    (1) Wie viele Jahre lang kann der volle Betrag von 4 000 € abgehoben werden?
    (2) Wie hoch ist der Kontostand ein Jahr nach der letzten vollen Abhebung?

Aufgabe 3.44 (Schwierigkeitsgrad: mittelschwer)
Auf ein Konto werden folgende Beträge eingezahlt:

Tab. 3.14: Tabelle zu Aufgabe 3.44.

Fälligkeitsdatum	Betrag
31.12.2013	10 000 Euro
31.12.2015	20 000 Euro
31.12.2016	30 000 Euro

Aus diesen Einzahlungen soll eine jährliche Rente über 5 000 Euro finanziert werden, erste Rentenauszahlung ist fällig am 01.01.2020. Der Jahreszins beträgt 1,2 %.
(1) Wie hoch ist der Barwert der Rente?
(2) Wie oft kann die volle Jahresrente ausgezahlt werden?
(3) Wie hoch ist das Restguthaben ein Jahr nach der letzten vollen Auszahlung?

Aufgabe 3.45 (Schwierigkeitsgrad: schwer)
Für den Kauf eines Kleinwagens besteht zu 4 % Zinsen p. a. das folgende Finanzie-rungsmodell:

Tab. 3.15: Tabelle zu Aufgabe 3.45.

Zahlung	Betrag	Fälligkeitstermin
Sofortzahlung	8 000 €	Sofort
Quartalsraten	250 €	Über drei Jahre, erste Rate fällig sofort
Restzahlung	3 000 €	Nach Ablauf von drei Jahren

(a) Wie hoch muss bei 4 % Zinsen p. a. der Kaufpreis des Wagens sein, damit das Finanzierungsmodell günstiger ist als der Barkauf?

(b) Wie hoch wären statt der Quartalsraten vorschüssige Monatsraten zu 4 % Jahreszins über drei Jahre?

(c) Der Käufer entscheidet sich für das Finanzierungsmodell. Unvorhergesehen möchte der Käufer zu Beginn des dritten Jahres nach Erwerb des Pkw seine noch ausstehenden Schulden mit einer Einmalzahlung vorzeitig zurückzahlen. Wie hoch ist diese Zahlung zu Beginn des dritten Jahres, wenn die Zinsen weiterhin 4 % p. a. betragen?

Unterstellen Sie für unterjährige Renten die relativ gemischte Verzinsung.

Aufgabe 3.46 (Schwierigkeitsgrad: schwer)
Frau X. möchte ihre Rente, die ihr durch vierzehn vorschüssige Jahresbeträge von 17 200 € zukommen soll, in eine nachschüssige Jahresrente über elf Jahre umwandeln. Die Zinsen betragen 5 % p. a.

(1) Wie hoch ist der Barwert der 14-jährigen vorschüssigen Rente?

(2) Wie hoch sind die neuen Jahresauszahlungen?

(3) Wie hoch wären monatlich vorschüssig ausgezahlte Beträge über diese elf Jahre?

(4) Welchen Betrag könnte Frau X. sofort abheben, wenn die zu Beginn eines jeden Monats fälligen Beträge über diese elf Jahre nur 1 600 € betragen sollen?

Unterstellen Sie für unterjährige Renten die relativ gemischte Verzinsung.

Aufgabe 3.47 (Schwierigkeitsgrad: schwer)
Für den Erwerb eines Pkw stehen zwei verschiedene Finanzierungsmodelle zur Auswahl:

Tab. 3.16: Tabelle zu Aufgabe 3.47, Modell A.

Zahlung	Betrag	Fälligkeitstermin
Sofortzahlung	5 000 Euro	Sofort
Monatsraten	300 Euro	Über drei Jahre, erste Monatsrate fällig bei Sofortzahlung
Restzahlung	4 200 Euro	Am Ende des 3. Jahres

Tab. 3.17: Tabelle zu Aufgabe 3.47, Modell B.

Zahlung	Betrag	Fälligkeitstermin
Sofortzahlung	3 000 Euro	Sofort
Quartalsraten	750 Euro	Über vier Jahre, erste Quartalsrate fällig bei Sofortzahlung
Restzahlung	8 000 Euro	Am Ende des 4. Jahres

(a) Wie hoch ist der Barwert des Finanzierungsmodells A bei 12,1 % Jahreszinsen?

(b) Wie hoch ist der Barwert des Finanzierungsmodells B bei 12,1 % Jahreszinsen?

(c) Welches der beiden Modelle A oder B ist bei 12,1 % Jahreszinsen vorteilhafter? (Begründung!)

(d) Der Interessent entscheidet sich für das Modell B. Für die Restzahlung aus dem Modell B nach vier Jahren in Höhe von 8 000 Euro möchte er von Anfang an vier Jahre lang am Ende eines jeden Monats Geld ansparen. Wie viel Euro muss er bei 1,8 % Jahreszinsen monatlich einzahlen, um die Restzahlung davon begleichen zu können?

Unterstellen Sie für unterjährige Renten die relativ gemischte Verzinsung.

Aufgabe 3.48   (Schwierigkeitsgrad: schwer)
Jemand zahlt in den Jahren 2000 bis einschließlich 2010 monatlich vorschüssig 200 €
auf ein Konto ein bei einem Jahreszins von 4 %. Am 31.12.2006 erfolgt eine zusätzliche
Einzahlung in Höhe von 20 000 €.

(1) Wie hoch ist das Guthaben am 31.12.2010?

(2) Ab dem 01.01.2011 werden zu Beginn eines jeden Monats 1 000 € abgehoben. In welchem Jahr erfolgt die letzte volle monatliche Abhebung?

(3) Welcher Betrag könnte aus dem angesparten Guthaben ab dem 01.01.2011 zehn Jahre lang am Ende eines Vierteljahres abgehoben werden?

(4) Unerwartet wird am 01.01.2012 ein Betrag abgehoben, der die geplanten viertel-jährlichen Abhebungen aus Teilaufgabe (3) von da an auf 1 200 € reduziert. Wie groß ist der entnommene Betrag?

Unterstellen Sie für unterjährige Renten die relativ gemischte Verzinsung.

Aufgabe 3.49   (Schwierigkeitsgrad: schwer)
Ein Unternehmen kauft eine Maschine auf Raten. In den Ratenzahlungen ist ein Zins
von 7 % pro Jahr enthalten.

(1) Das Unternehmen vereinbart, auf die Dauer von sieben Jahren jährlich nachschüs-sig Kaufpreisraten von je 4 000 GE zu zahlen. Wie hoch ist der Kaufpreis der Ma-schine?

(2) Da Liquiditätsschwierigkeiten auftreten, wird das folgende Umschuldungsmodell erörtert: Das Unternehmen setzt vier Jahre mit der Zahlung aus und zahlt anschlie-ßend drei Jahre lang entsprechend höhere nachschüssige Jahresraten. Wie hoch sind diese?

(3) Ein anderes Umschuldungsmodell ist das folgende: Das Unternehmen setzt vier Jahre mit der Zahlung aus und zahlt danach jährlich nachschüssig 4 000 GE für eine entsprechend längere Zeit.

   (a) Wie viele volle Jahresraten sind zu zahlen?

   (b) Wie hoch ist die Restzahlung, wenn sie ein Jahr nach der letzten vollen Jahres-rate fällig sein soll?

Aufgabe 3.50 (Schwierigkeitsgrad: schwer)
Für den Erwerb eines Pkw stehen zwei verschiedene Finanzierungsmodelle bei 5,2 %
Jahreszinsen zur Auswahl:

Tab. 3.18: Tabelle zu Aufgabe 3.50, Modell A.

Zahlung	Betrag	Fälligkeitstermin
Sofortzahlung	4 000 Euro	Sofort
Quartalsraten	900 Euro	Über zwei Jahre,
		Erste Quartalsrate fällig drei Monate nach Sofortzahlung
Restzahlung	3 000 Euro	Am Ende des 2. Jahres

Tab. 3.19: Tabelle zu Aufgabe 3.50, Modell B.

Zahlung	Betrag	Fälligkeitstermin
Sofortzahlung	3 000 Euro	Sofort
Monatsraten	200 Euro	Über drei Jahre, erste Monatsrate fällig bei Sofortzahlung
Restzahlung	4 000 Euro	Am Ende des 3. Jahres

(a) Wie hoch ist der Barwert des Finanzierungsmodells A?
(b) Beurteilen Sie anhand der Berechnung des Barwerts des Finanzierungsmodells B,
    welches Modell vorteilhafter ist.
(c) Der Interessent entscheidet sich für das Modell B. Für die Restzahlung aus dem
    Modell B nach drei Jahren in Höhe von 4 000 Euro möchte er von Anfang an drei
    Jahre lang am Ende eines jeden Monats Geld ansparen. Wie viel Euro muss er bei
    5,2 % Jahreszinsen monatlich einzahlen, um die Restzahlung davon begleichen zu
    können?

Unterstellen Sie für unterjährige Renten die relativ gemischte Verzinsung.

Aufgabe 3.51 (Schwierigkeitsgrad: schwer)
Auf ein Konto erfolgte am 31.12.2007 bei 4 % Jahreszins eine Einzahlung, so dass in den
Jahren 2010 bis 2020 (einschließlich) vierteljährlich vorschüssig 2 000 Euro abgehoben
werden können.
(1) Wie hoch war die Einzahlung am 31.12.2007?
(2) Unerwartet müssen am 31.12.2015 von diesem Konto 20 000 Euro abgehoben wer-
    den. Dafür entfallen die vierteljährlichen vorschüssigen Entnahmen im Jahr 2015.
    Wie hoch fallen jetzt die vierteljährlichen vorschüssigen Entnahmen in den Jahren
    2016 bis 2020 (einschließlich) aus?

Unterstellen Sie für unterjährige Renten die relativ gemischte Verzinsung.

Aufgabe 3.52 (Schwierigkeitsgrad: schwer)
Auf ein Sparkonto zahlt ein Elternpaar bei 4 % Jahreszinsen zur Finanzierung des
Studiums eines Kindes wie folgt Beträge ein:

Tab. 3.20: Tabelle zu Aufgabe 3.52.

Betrag	Fälligkeitsdatum
1 000 €	31.12.2006
2 000 €	31.12.2008
3 000 €	31.12.2011
100 €	am Ende eines jeden Monats in den Jahren 2010, 2011, . . . , 2020

(1) Wie hoch ist das Guthaben am 31.12.2024?
(2) Wie viele volle Jahre lang können ab dem Jahr 2025 aus dem Guthaben jeweils
    550 € zu Beginn eines Monats entnommen werden?
(3) Welche gleich hohen regelmäßigen Abhebungen jeweils zu Beginn eines Monats
    können ab dem Jahr 2025 über sechs Jahre aus dem angesparten Guthaben ent-
    nommen werden?

Unterstellen Sie für unterjährige Renten die relativ gemischte Verzinsung.

Aufgabe 3.53 (Schwierigkeitsgrad: schwer)
Student A. zahlt vorschüssig monatlich Raten von 50 € ein. Die Laufzeit dieses Sparvorhabens ist so bemessen, dass er am Ende dieses Sparvorhabens über 10 572 € verfügen
könnte. Die Zinsen betragen 3,2 % p. a.
(a) Wie viele Jahre lang muss Student A. einzahlen?
(b) Wie hoch ist der Barwert dieses Sparvorhabens?
(c) Welchen Betrag könnte Student A. vier Jahre nach Sparbeginn abheben, wenn er
    am Ende der Laufzeit statt 10 572 € nur 8 000 € benötigt?
(d) Welche sechs gleich großen Beträge könnte Student A. jeweils am Ende der ersten
    sechs Jahre abheben, wenn er am Ende der Laufzeit statt 10 572 € nur 8 000 €
    benötigt?

Unterstellen Sie für unterjährige Renten die relativ gemischte Verzinsung.

Aufgabe 3.54 (Schwierigkeitsgrad: Mittelschwer)
Jemand zahlt bei 4 % Zinsen p. a. im Zeitraum vom 01.01.2010 bis 31.12.2015 jeweils zu
Beginn eines Monats 200 € und im Zeitraum vom 01.01.2016 bis 31.12.2018 jeweils zu
Beginn eines Quartals 750 € auf ein Konto ein.
(1) Wie hoch ist der Kontostand am 31.12.2015?
(2) Wie hoch ist das Guthaben am 31.12.2018?
(3) Wie oft kann er anschließend eine regelmäßige jährliche vorschüssige Rente über
    2 000 € beziehen, deren erster Betrag fällig ist am 01.01.2021?

Unterstellen Sie für unterjährige Renten die relativ gemischte Verzinsung.

Aufgabe 3.55 (Schwierigkeitsgrad: schwer)
Für einen Hauskauf nimmt eine Familie einen Kredit über 195 000 € auf. In den ersten 15 Jahren beträgt der Jahreszins 4 %, in den darauf anschließenden Jahren liegt er bei 5 %. Es werden zwei verschiedene Rückzahlungsmodelle vorgeschlagen:
(a) 1. Rückzahlungsmodell:

Tab. 3.21: Tabelle zu Aufgabe 3.55, 1. Rückzahlungsmodell.

Zahlung	Betrag	Fälligkeitstermin
Nachschüssige Quartalsraten	3 000 €	In den ersten 15 Jahren
Einmalzahlung	10 000 €	Mit der letzten Quartalsrate
Vorschüssige Monatsraten	1 000 €	Zehn Jahre lang, erste Rate fällig zu Beginn des 16. Jahres
Restzahlung	–	Einen Monat nach der letzten Monatsrate

Wie hoch ist die Restzahlung einen Monat nach der letzten Monatsrate?
(b) 2. Rückzahlungsmodell:

Tab. 3.22: Tabelle zu Aufgabe 3.55, 2. Rückzahlungsmodell.

Zahlung	Betrag	Fälligkeitstermin
Vorschüssige Quartalsraten	3 500 €	Erste Quartalsrate fällig sofort bei Kreditaufnahme
Restzahlung	–	Drei Monate nach der letzten Quartalsrate

Wie hoch ist die Restzahlung drei Monate nach der letzten Quartalsrate?

Unterstellen Sie für unterjährige Renten die relativ gemischte Verzinsung.

Aufgabe 3.56 (Schwierigkeitsgrad: schwer)
Für den Erwerb eines Autos wird folgendes Finanzierungs-Modell angeboten:

Tab. 3.23: Tabelle zu Aufgabe 3.56, Finanzierungs-Modell.

Zahlung	Betrag	Fälligkeitstermin
Sofortzahlung	5 000 €	Sofort
Vorschüssige Monatsraten	200 €	Über drei Jahre, erste Rate fällig sofort
Restzahlung	4 021,20 €	Drei Jahre nach Erwerb des Autos

(1) Berechnen Sie bei einem Jahreszins von 6 % den Barwert des Finanzierungs-Modells.

(2) Das Finanzierungs-Modell soll umgewandelt werden in zwei gleichwertige Finanzierungs-Modelle (Jahreszins 6 %):

(a) Modell A:

Tab. 3.24: Tabelle zu Aufgabe 3.56, Modell A.

Zahlung	Betrag	Fälligkeitstermin
Sofortzahlung	4 000 €	Sofort
Quartalsraten	–	Über vier Jahre, erste Rate fällig sofort
Restzahlung	4 809,92 €	Vier Jahre nach Erwerb des Autos

Wie hoch sind die Quartalsraten?

(b) Modell B:

Tab. 3.25: Tabelle zu Aufgabe 3.56, Modell B.

Zahlung	Betrag	Fälligkeitstermin
Halbjahresraten	1 703,80 €	Erste Rate fällig sofort

Wie viele Jahre lang sind die vollen Rückzahlungen zu entrichten?

Unterstellen Sie für unterjährige Renten die relativ gemischte Verzinsung.

Aufgabe 3.57 (Schwierigkeitsgrad: schwer)

Herr Z. hat zum 31.12.2001 seine Ersparnisse und eine Abfindung bei einer Hausbank angelegt, um in den Jahren 2002 bis 2011 einschließlich eine vorschüssige Monatsrente von 500 € zu beziehen. Herr Z. und seine Hausbank vereinbaren einen Zins von 4,25 % pro Jahr.

(1) Wie hoch war der am 31.12.2001 angelegt Betrag?

(2) Unvorhergesehen muss Herr Z. zum Ende des Jahres 2006 einen Betrag in Höhe von 8 500 € für die Erneuerung seiner Heizungsanlage von diesem Konto entnehmen. Dafür will er in diesem Jahr (2006) auf die monatliche Auszahlung verzichten. Wie hoch werden dann die vorschüssigen Monatsraten für die Jahre 2007 bis 2011 ausfallen?

(3) Herr Z. überlegt:„Hätte man die Zahlung von 8 500 € zum 31.12.2006 für die Erneuerung der Heizungsanlage von Anfang an in die Planung einbezogen. Welche vorschüssige Monatsrente hätte sich dann für die Jahre 2002 bis 2011 ergeben?". Beantworten Sie Herrn Z. diese Frage.

Unterstellen Sie für unterjährige Renten die relativ gemischte Verzinsung.

Aufgabe 3.58 (Schwierigkeitsgrad: schwer)
Bei 4 % Zinseszins pro Jahr werden auf ein Konto folgende Beträge eingezahlt:

Tab. 3.26: Tabelle zu Aufgabe 3.58.

Fälligkeitsdatum	Betrag
01.01.2003	2 000 €
01.01.2005	4 000 €
01.01.2008	6 000 €

(a) Aus dem angesparten Guthaben sollen ab 01.01.2010 jeweils zu Beginn des Jahres regelmäßig 1 000 € abgehoben werden. Wie lange können die vollen Beträge abgehoben werden?
(b) Aus dem angesparten Guthaben soll ab 01.01.2010 eine monatliche Rente über 90 € fällig jeweils zu Beginn eines Monats bezogen werden. Wie hoch ist das Restguthaben am 31.12.2027?
(c) Aus dem angesparten Guthaben soll ab 01.01.2010 eine ewige Rente fällig jeweils zu Beginn des Jahres bezogen werden. Wie hoch ist diese ewige Rente?

Unterstellen Sie für unterjährige Renten die relativ gemischte Verzinsung.

Aufgabe 3.59 (Schwierigkeitsgrad: schwer)
Durch monatlich nachschüssig eingezahlte Beträge von 350 GE möchte jemand seine Pension aufbessern. Er leistet die Einzahlungen vom 31.01.2010 bis zum 31.12.2018 bei einem Zins von 3,75 % p. a. Am 31.12.2017 zahlt er zusätzlich 16 000 GE auf dieses Konto ein.
(1) Welchen Betrag kann er ab Januar 2019 jeweils zu Beginn eines Monats über einen Zeitraum von fünfzehn Jahren abheben?
(2) Unerwartet muss er am 01.01.2019 einen Betrag abheben, der die geplanten monatlichen Abhebungen aus Teilaufgabe (1) auf 395,92 GE reduziert. Wie hoch ist der entnommene Betrag?

Unterstellen Sie für unterjährige Renten die relativ gemischte Verzinsung.

3.5 Tipps

Bei gleich hohen regelmäßigen Zahlungen (Renten) wird unterschieden, ob sie jährlich oder unterjährig erfolgen. Des Weiteren wird unterschieden, ob der Zeitpunkt der Zahlung zu Beginn oder am Ende einer betrachteten Zeitperiode liegt. Zahlungen zu Beginn einer Zeitperiode werden als vorschüssige Zahlungen bezeichnet. Zahlungen, die am Ende einer Zeitperiode erfolgen, werden als nachschüssige Zahlungen bezeichnet.

Soll für eine unterjährige Rente die Laufzeit, der Barwert oder der Endwert berechnet werden, so muss die unterjährige Rente zunächst in eine Jahresrente umgerechnet werden. Diese Jahresrente wird als Jahresersatzrente bezeichnet.

⚠ Die Zahlweise der Jahresersatzrente ist immer nachschüssig, ganz gleich ob die unterjährige Rente eine vor- oder nachschüssige Rente ist (siehe [1, Kapitel 4.2]).

Bar- und Endwerte: Für eine nachschüssige Jahresrente werden Rentenbar- und Rentenendwerte mit den Formeln 12 bzw. 13 berechnet. Soll für eine vorschüssige Jahresrente der Rentenbar- oder Rentenendwert berechnet werden, so muss die vorschüssige Jahresrente zunächst mit der Formel 16 in eine nachschüssige Jahresrente umgerechnet werden. Erst danach können die beiden Formeln 12 bzw. 13 benutzt werden.

Häufige Probleme bereitet der Unterschied zwischen den Formeln für den Endwert K_n der Zinsmodelle und der Formel für den Rentenendwert R_n.

Eine mögliche Hilfe zur Unterscheidung zwischen K_n-Formeln und R_n-Formeln ist, dass bei K_n eine Einmalzahlung vorliegt, die über n Jahre verzinst wird, während bei R_n n gleich hohe regelmäßige Zahlungen vorliegen, die ebenfalls über n Jahre verzinst werden.

Ein anderer Ansatz zur Erklärung des Unterschieds zwischen K_n und R_n ist, dass im Endwert K_n der Barwert K_0 enthalten ist, während der Rentenbarwert R_0 einer Rente nicht im Rentenendwert R_n enthalten ist. Der Rentenbarwert R_0 ist lediglich ein Ausdruck der Geldsumme der Rentenzahlungen zu Beginn der Rentenzahlungen.

Laufzeiten: Zur Berechnung der Laufzeit einer nachschüssigen Jahresrente stehen die beiden Formeln 14 und 15 zur Verfügung. Der Unterschied dieser beiden Formeln besteht darin, dass bei der Formel 14 der Rentenendwert bekannt sein muss, während bei der Formel 15 der Rentenbarwert bekannt sein muss.

Soll für eine vorschüssige Jahresrente eine Laufzeit berechnet werden, so muss die vorschüssige Jahresrente durch einmaliges Aufzinsen zunächst mit der Formel 16 in eine nachschüssige Jahresrente umgerechnet werden. Erst danach dürfen die beiden Formeln 14 und 15 herangezogen werden.

Oft berichten Studierende, sie könnten nicht erkennen, ob in einer Aufgabe der Barwert oder der Endwert bekannt sei. Es gibt leider keine allgemeine Regel, dass z. B. Angespartes immer der Barwert oder immer der Endwert ist, das kann sich von Aufgabenstellung zu Aufgabenstellung ändern. Wird jedoch die Zeitachse gezeichnet mit den Einzahlungen (Pfeil nach unten) und den Auszahlungen (Pfeil nach oben), so ist sofort klar, ob ein Betrag ein Barwert oder ein Endwert ist. (vgl. Aufgabe 3.2).

Renten: Eine Jahresrente kann entweder aus dem Rentenbarwert (Formel 13) oder aus dem Rentenendwert (Formel 12) berechnet werden. Welche dieser beiden Formeln benötigt wird, lässt sich am sogenannten Rentenfenster erkennen. Markieren Sie dazu mit zwei senkrechten Strichen den Beginn des Rentenfensters (01.01. des ersten Jahres der jährlichen Rentenzahlungen) und das Ende des Rentenfensters (31.12. des

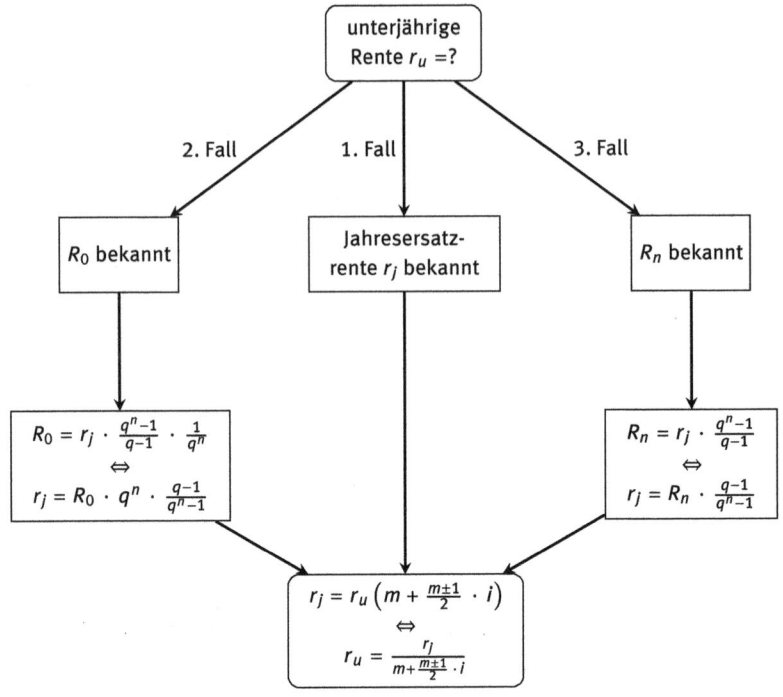

Abb. 3.1: Berechnung einer unterjährigen Rente.

letzten Jahres der jährlichen Rentenzahlungen). Nun ist klar, welcher der beiden Werte Rentenbarwert oder Rentenendwert bei einer Aufgabenstellung bekannt ist.

Für die Berechnung einer unterjährigen Rente zu relativ gemischter Verzinsung werden drei Fälle unterschieden.

1. Fall: Die Jahresersatzrente r_j ist bekannt. Dann ergibt sich die unterjährige Rente aus der Formel 17 bzw. 18.

2. Fall: Der Rentenbarwert ist bekannt. Daraus errechnen wir mit der Formel 13 die Jahresersatzrente. Die unterjährige Rente ergibt sich dann wieder aus der Formel 17 bzw. 18.

3. Fall: Der Rentenendwert ist bekannt. Daraus errechnen wir mit der Formel 12 die Jahresersatzrente. Die unterjährige Rente ergibt sich dann wieder aus der Formel 17 bzw. 18.

In Abbildung 3.1 sind die drei Fälle, eine unterjährige Rente zu relativ gemischter Verzinsung zu berechnen, dargestellt.

4 Tilgungsrechnung

4.1 Bar- und Endwerte

Aufgabe 4.1 (Schwierigkeitsgrad: einfach)
Eine Privatkundin möchte eine Immobilie über einen Kredit finanzieren. Ihre Bank unterbreitet ihr die beiden folgenden Angebote:

Tab. 4.1: Tabelle zu Aufgabe 4.1.

	Angebot 1	Angebot 2
Kredit:	300 000 Euro	300 000 Euro
Zinsen:	3,25 % p. a.	3,75 % p. a.
Zinsbindungsdauer:	10 Jahre	15 Jahre
Zahlweise:	Monatlich nachschüssig	Monatlich nachschüssig
Monatliche Rückzahlung:	1 200 Euro	1 200 Euro

Um welchen Betrag übersteigt die Restschuld nach zehn Jahren bei Angebot 2 die Restschuld nach zehn Jahren bei Angebot 1?

Aufgabe 4.2 (Schwierigkeitsgrad: einfach)
Jemand möchte eine Immobilie über einen Kredit finanzieren. Seine Bank unterbreitet ihm die beiden folgenden Angebote:

Tab. 4.2: Tabelle zu Aufgabe 4.2.

	Angebot 1	Angebot 2
Kredit:	300 000 Euro	300 000 Euro
Zinsen 1. bis 10. Jahr:	3,25 % p. a.	3,75 % p. a.
Zinsen 11. bis 15. Jahr:	5,5 % p. a.	3,75 % p. a.
Zahlweise:	Monatlich nachschüssig	Monatlich nachschüssig
Monatliche Rückzahlung:	1 200 Euro	200 Euro

Welches der beiden Angebote ist günstiger? Beantworten Sie diese Frage, indem Sie für beide Angebote die Restschuld nach 15 Jahren berechnen und die Ergebnisse vergleichen.

https://doi.org/10.1515/9783110595116-004

Aufgabe 4.3 (Schwierigkeitsgrad: schwer)

Ein Unternehmen nimmt bei seiner Hausbank am 01.11.2011 einen Kredit von 100 000 € auf. Das Unternehmen zahlt an Zins und Tilgung 400 € pro Monat nachschüssig. Der vereinbarte jährliche Zins beträgt 3,1 %.

(1) Wie hoch ist die Schuld des Unternehmens nach zehn Jahren, d. h. am 31.10.2021?

(2) Das Unternehmen leistet am 31.10.2013 eine Sondertilgung in Höhe von 20 000 €. Wie hoch ist die Schuld des Unternehmens nach zehn Jahren, d. h. am 31.10.2021?

(3) Das Unternehmen möchte am 31.10.2013 eine Sondertilgung leisten. Diese soll so bemessen sein, dass die Restschuld am 31.10.2021 die Hälfte der Anfangsschuld beträgt. Wie hoch ist die Sondertilgung?

Aufgabe 4.4 (Schwierigkeitsgrad: einfach)

Ein Kredit über 50 000 € soll in fünf Jahren bei 7 % Zins p. a. getilgt werden. Der erste Rückzahlungsbetrag ist fällig ein Jahr nach Kapitalaufnahme. Berechnen Sie den Barwert aller jährlichen Belastungen (Annuität) bei einer

(a) Raten-Tilgung.

(b) Annuitäten-Tilgung.

Aufgabe 4.5 (Schwierigkeitsgrad: einfach)

Ein Kunde möchte eine Immobilie über einen Kredit finanzieren. Seine Hausbank unterbreitet ihm die beiden folgenden Angebote:

Tab. 4.3: Tabelle zu Aufgabe 4.5.

	Angebot 1	Angebot 2
Kredit:	300 000 Euro	300 000 Euro
Zinsen 1. bis 10. Jahr:	3,25 % p. a.	3,75 % p. a.
Zinsen 11. bis 15. Jahr:	5,5 % p. a.	3,75 % p. a.
Zahlweise:	Monatlich nachschüssig	Monatlich nachschüssig
Monatliche Rückzahlung:	1 200 Euro	1 200 Euro
Sondertilgung nach 5 Jahren:	40 000 Euro	40 000 Euro

Soll sich der Kunde für das Angebot 1 oder das Angebot 2 entscheiden? Beantworten Sie diese Frage, indem Sie für beide Angebote die Restschuld nach 15 Jahren berechnen und die Ergebnisse vergleichen.

Aufgabe 4.6 (Schwierigkeitsgrad: mittelschwer)

Ein Kredit über 50 000 € soll in fünf Jahren bei 7 % Zins p. a. getilgt werden. Der erste Rückzahlungsbetrag ist fällig ein Jahr nach Kapitalaufnahme. Berechnen Sie den Barwert aller jährlichen Zinszahlungen bei einer

(a) Raten-Tilgung.

(b) Annuitäten-Tilgung.

4.2 Laufzeiten

Aufgabe 4.7 (Schwierigkeitsgrad: einfach)
Ein Bauherr erhält von der Kreditanstalt für Wiederaufbau einen Baukredit zu folgenden Konditionen angeboten:

Tab. 4.4: Tabelle zu Aufgabe 4.7.

Kreditvolumen:	120 000 GE
Zins:	6,15 % p. a.
Tilgungsart:	Prozent-Annuitäten-Tilgung mit einer anfänglichen Tilgung von 1,32 %
Tilgungsfreie Jahre:	Das erste Jahr nach Kreditaufnahme
Zahlweise:	Jährlich nachschüssig

(1) Wie viele volle Annuitäten sind zu zahlen?
(2) Wie hoch ist der ein Jahr nach der letzten vollen Annuität zu zahlende Restbetrag?

Aufgabe 4.8 (Schwierigkeitsgrad: einfach)
Eine mit 9 % p. a. zu verzinsende Schuld in Höhe von 200 000 Euro soll vom Ende des ersten Jahres an durch jährliche Zahlungen in Höhe von 20 000 Euro zurückgezahlt werden. Wie viele Annuitäten können in voller Höhe geleistet werden?

Aufgabe 4.9 (Schwierigkeitsgrad: mittelschwer)
Ein Darlehn in Höhe von 300 000 € wird von einer Bank zu folgenden Konditionen zur Verfügung gestellt:

Tab. 4.5: Tabelle zu Aufgabe 4.9.

Auszahlung:	100 %
Kreditzins:	5 % p. a.
Tilgung:	3 % Tilgungssatz im ersten Jahr

Die Rückzahlung soll in gleich hohen Annuitäten erfolgen, erste Annuität fällig ein Jahr nach Kreditauszahlung.
(1) Wie viele volle Annuitäten sind zu zahlen?
(2) Wie hoch ist die Restschuld ein Jahr nach Zahlung der letzten vollen Annuität?

Aufgabe 4.10 (Schwierigkeitsgrad: einfach)
Ein Kredit in Höhe von 100 000 GE zu 6,15 % p. a. Zinsen soll durch jährlich nachschüssige Annuitäten in Höhe von 20 000 GE zurückgezahlt werden. Die erste Annuität ist fällig ein Jahr nach Kreditaufnahme.
(1) Wie viele volle Annuitäten sind zu zahlen?

(2) Wie groß ist die Restschuld ein Jahr nach Zahlung der letzten vollen Annuität?

Aufgabe 4.11 (Schwierigkeitsgrad: schwer)
Ein Darlehen über 500 000 € wird von einer Bank zu folgenden Konditionen zur Verfügung gestellt:

Tab. 4.6: Tabelle zu Aufgabe 4.11.

Auszahlung:	100 %
Darlehnszins:	9 % p. a.
Tilgungsart:	Prozentannuitäten-Tilgung
Erster Tilgungsbetrag:	1 % der aufgenommenen Schuld
Tilgungsfreie Jahre:	Das erste Jahr nach Darlehnsaufnahme

(1) Wie viele Prozentannuitäten können in voller Höhe geleistet werden?
(2) Wie hoch ist die Restzahlung ein Jahr nach Zahlung der letzten vollen Annuität?
(3) Nach wie vielen Jahren liegt die Restschuld erstmals unter 350 000 €?

4.3 Annuitäten

Aufgabe 4.12 (Schwierigkeitsgrad: einfach)
Einem Immobilienhändler wird in Köln ein Hochhaus zum Kauf angeboten. Der Kaufpreis liegt bei 10 Mio. Euro. Es ist davon auszugehen, dass das Hochhaus noch für 25 Jahre genutzt werden kann, bevor es (ohne Kosten) abgerissen werden muss. Der Zinssatz liegt bei 3 %.

Bestimmen Sie die Höhe der jährlich nachschüssigen Annuität, die aus der Vermietung des Hochhauses erwirtschaftet werden muss, damit sich der Kauf des Hochhauses lohnt.

Aufgabe 4.13 (Schwierigkeitsgrad: mittelschwer)
(a) Ein Bauherr erhält von der Kreditanstalt für Wiederaufbau einen Baukredit zu folgenden Konditionen angeboten:

Tab. 4.7: Tabelle zu Aufgabe 4.13(a).

Kreditvolumen:	120 000 GE
Zins:	6,15 % p. a.
Tilgungsart:	Prozentannuitäten-Tilgung mit einer anfänglichen Tilgung von 1,32 %
Tilgungsfreie Jahre:	Das erste Jahr nach Kreditaufnahme
Zahlweise:	Jährlich nachschüssig

Berechnen Sie die jährlich zu zahlende Prozentannuität.

(b) Aufgrund einer Veränderung am Kapitalmarkt zwischen Beantragung und Auszahlung des Kredits fällt der jährliche Zinssatz. Wie verändern sich die Annuität und der anfängliche Tilgungssatz, wenn von folgenden Konditionen ausgegangen wird:

Tab. 4.8: Tabelle zu Aufgabe 4.13(b).

Kreditvolumen:	120 000 GE
Zins:	5,95 % p. a.
Tilgungsart:	Prozentannuitäten-Tilgung
Tilgungsfreie Jahre:	Das erste Jahr nach Kreditaufnahme
Laufzeit:	30 Jahre (inklusive des tilgungsfreien Jahres)
Zahlweise:	Jährlich nachschüssig

Aufgabe 4.14 (Schwierigkeitsgrad: schwer)

Eine mit 9 % p. a. zu verzinsende Schuld in Höhe von 200 000 Euro soll vom Ende des ersten Jahres an durch jährliche Zahlungen in Höhe von 20 000 Euro zurückgezahlt werden.

Der Schuldner ist in der Lage, mit der 14. Annuität noch zusätzlich 50 000 Euro zu überweisen. Ferner steigt zu Beginn des 15. Jahres der Zins auf 10 % p. a. Wie hoch werden die Annuitäten anschließend sein, wenn die Restschuld mit fünf gleich hohen Annuitäten beglichen werden soll?

Aufgabe 4.15 (Schwierigkeitsgrad: mittelschwer)

Bei 4,3 % Jahreszins wird am 01.01.2010 für einen Hauskauf ein Kredit über 200 000 Euro aufgenommen. Als Rückzahlung wird Raten-Tilgung vereinbart über 25 Jahre, von denen die ersten fünf Jahre jedoch tilgungsfrei sind.

Unerwartet können am 31.12.2019 neben der Annuität noch 30 000 Euro zurückgezahlt werden. Wie hoch ist die Annuität am 31.12.2020?

Aufgabe 4.16 (Schwierigkeitsgrad: mittelschwer)

Ein Kredit in Höhe von 100 000 GE zu 6, 15 % p. a. Zinsen soll binnen acht Jahren wie folgt zurückgezahlt werden:

Tab. 4.9: Tabelle zu Aufgabe 4.16.

Jahr	Zahlung
1., 2., 3.	Jährlich nachschüssige Annuitäten in Höhe von 20 000 GE
4.	Keine Zahlungen
5., 6., 7., 8.	Nachschüssige Annuitäten in gleich bleibender Höhe

Wie hoch sind die gleich bleibenden Annuitäten der letzten vier Jahre?

4.4 Tilgung

Aufgabe 4.17 (Schwierigkeitsgrad: mittelschwer)
Eine mit 9 % p. a. zu verzinsende Schuld in Höhe von 200 000 Euro soll vom Ende des ersten Jahres an durch jährliche Zahlungen in Höhe von 20 000 Euro zurückgezahlt werden.
(1) Wie hoch ist der erste Tilgungssatz?
(2) Wie hoch ist der erste Tilgungsbetrag?

Aufgabe 4.18 (Schwierigkeitsgrad: mittelschwer)
Bei 4,3 % Jahreszins wird am 01.01.2010 für einen Hauskauf ein Kredit über 200 000 Euro aufgenommen. Als Rückzahlung wird Raten-Tilgung vereinbart über 25 Jahre, von denen die ersten fünf Jahre jedoch tilgungsfrei sind.

Unerwartet können am 31.12.2019 neben der Annuität noch 30 000 Euro zurückgezahlt werden.
(a) Auf welchen Betrag reduzieren sich die Tilgungsbeträge in den nachfolgenden Jahren?
(b) Es soll nur noch in den geraden Jahreszahlen 2020, 2022, 2024 usw. getilgt werden, die anfallenden Zinsen werden jedoch jedes Jahr gezahlt. Wie hoch sind dann die Tilgungsbeträge in den Jahren 2020, 2022, 2024, ...?

4.5 Tilgungsplanzeilen

Aufgabe 4.19 (Schwierigkeitsgrad: mittelschwer)
Ein Bauherr erhält von der Kreditanstalt für Wiederaufbau einen Baukredit zu folgenden Konditionen angeboten:

Tab. 4.10: Tabelle zu Aufgabe 4.19.

Kreditvolumen:	120 000 GE
Zins:	6,15 % p. a.
Tilgungsart:	Prozentannuitäten-Tilgung mit einer anfänglichen Tilgung von 1,32 %
Tilgungsfreie Jahre:	Das erste Jahr nach Kreditaufnahme
Zahlweise:	Jährlich nachschüssig

Stellen Sie den Tilgungsplan (bestehend aus Schuld am Jahresanfang, den jährlichen

Zinsen, der jährlichen Tilgung, der Annuität und der Schuld am Jahresende) für das erste bis vierte Jahr auf.

Aufgabe 4.20   (Schwierigkeitsgrad: einfach)
Ein Darlehn in Höhe von 300 000 € wird von einer Bank zu folgenden Konditionen zur Verfügung gestellt:

Tab. 4.11: Tabelle zu Aufgabe 4.20.

Auszahlung:	100 %
Kreditzins:	5 % p. a.
Tilgung:	3 % Tilgungssatz im ersten Jahr

Die Rückzahlung soll in gleich hohen Annuitäten erfolgen, erste Annuität fällig ein Jahr nach Kreditauszahlung.

Geben Sie die Tilgungsplanzeile für das siebte Tilgungsjahr an.

Aufgabe 4.21   (Schwierigkeitsgrad: einfach)
Bei 4,3 % Jahreszins wird am 01.01.2010 für einen Hauskauf ein Kredit über 200 000 Euro aufgenommen. Als Rückzahlung wird Raten-Tilgung vereinbart über 25 Jahre, von denen die ersten fünf Jahre jedoch tilgungsfrei sind.

Geben Sie die Tilgungsplanzeile für die Jahre 2013 und 2029 an.

Aufgabe 4.22   (Schwierigkeitsgrad: einfach)
Ein Darlehn über 500 000 € wird von einer Bank zu folgenden Konditionen zur Verfügung gestellt:

Tab. 4.12: Tabelle zu Aufgabe 4.22.

Auszahlung:	100 %
Darlehnszins:	9 % p. a.
Tilgungsart:	Prozentannuitäten-Tilgung
Erster Tilgungsbetrag:	1 % der aufgenommenen Schuld
Tilgungsfreie Jahre:	Das erste Jahr nach Darlehnsaufnahme

Stellen Sie den Tilgungsplan für die ersten beiden Jahre auf.

Aufgabe 4.23   (Schwierigkeitsgrad: einfach)
Ein Kredit über 50 000 € soll in fünf Jahren bei 7 % Zins p. a. getilgt werden. Der erste Rückzahlungsbetrag ist fällig ein Jahr nach Kapitalaufnahme. Wie gestaltet sich der Tilgungsplan, wenn mit gleich großen
(a) Tilgungsraten zurückgezahlt wird?

(b) Annuitäten zurückgezahlt wird?

Aufgabe 4.24   (Schwierigkeitsgrad: einfach)
Ein Kredit in Höhe von 100 000 GE zu 6,15 % p. a. Zinsen soll durch jährlich nachschüssige Annuitäten in Höhe von 20 000 GE zurückgezahlt werden. Die erste Annuität ist fällig ein Jahr nach Kreditaufnahme.
Stellen Sie den Tilgungsplan für die ersten fünf Jahre auf.

Aufgabe 4.25   (Schwierigkeitsgrad: mittelschwer)
Ein Kredit in Höhe von 100 000 GE zu 6,15 % p. a. Zinsen soll wie folgt zurückgezahlt werden: In den ersten drei Jahren jährlich nachschüssige Annuitäten in Höhe von 20 000 GE, danach jährlich nachschüssige Annuitäten in gleich bleibender Höhe, sodass der Kredit nach acht Jahren vollständig getilgt ist.
Stellen Sie den Tilgungsplan für das vierte und fünfte Jahr auf.

Aufgabe 4.26   (Schwierigkeitsgrad: schwer)
Eine Schuld von 3 Millionen GE soll in den ersten zehn Jahren durch gleich hohe Annuitäten auf ein Drittel der Anfangsschuld getilgt werden. Der Rest soll in weiteren zwölf Jahren mit gleich hohen Tilgungsraten beglichen werden. Der vereinbarte Zins beträgt 6 % p. a. Wie lautet die Tilgungsplanzeile für
(1) das erste Jahr?
(2) das zehnte Jahr?
(3) das 22. Jahr?

4.6 Vermischte Fragestellungen

Aufgabe 4.27   (Schwierigkeitsgrad: schwer)
Für einen Hauskauf werden zwei Kredite aufgenommen:

Tab. 4.13: Tabelle zu Aufgabe 4.27.

Fälligkeitsdatum	Kredit
01.01.2017	100 000 €
01.01.2018	50 000 €

Die beiden Kredite sollen durch eine gemeinsame Annuitäten-Tilgung über 15 Jahre zurückgezahlt werden, erste Annuität ist fällig am 31.12.2018. Der Jahreszins beträgt 2,2 %.
(a) Wie hoch sind die Annuitäten?
(b) Wie hoch ist die Restschuld am 01.01.2025?

(c) Geben Sie die Tilgungsplanzeile für das Jahr 2025 an.

(d) Am 01.01.2025 können vorzeitig 20 000 € zurückgezahlt werden.

    (1) An welchem Datum ist die letzte volle Annuität aus Teilaufgabe (a) zu zahlen?

    (2) Wie hoch ist die Restzahlung ein Jahr nach Zahlung der letzten vollen Annuität?

Aufgabe 4.28 (Schwierigkeitsgrad: schwer)

Für einen Hauskauf nimmt eine Familie am 01.01.2014 einen Kredit in Höhe von 150 000 € auf. Als Rückzahlung werden Annuitäten in Höhe von 9 650 € vereinbart, die erste Annuität ist fällig am 31.12.2014.

(a) Wie viele volle Annuitäten sind zu zahlen, wenn der Jahreszins 3,1 % beträgt?

(b) Wie hoch ist der Tilgungsbetrag der Annuität vom 31.12.2025, wenn der Jahreszins 3,1 % beträgt?

(c) Am 01.01.2020 steigen die Jahreszinsen von vorher 3,1 % auf 5,2 %.

    (1) An welchem Datum ist die letzte volle Annuität zu zahlen?

    (2) Wie hoch ist die Restzahlung ein Jahr nach Zahlung der letzten vollen Annuität?

Aufgabe 4.29 (Schwierigkeitsgrad: mittelschwer)

Herr F. hat zu Beginn des Jahres 2013 einen Kredit über 30 000 € zu 6,5 % Zinseszinsen p. a. aufgenommen, den er mit vorschüssigen Monatsraten in Höhe von 184,93 € zurückzahlt.

(1) Wie hoch wäre bei jährlichen statt monatlichen Zahlungen die Annuität?

(2) Wie viele volle Annuitäten sind zu zahlen?

(3) Anfang Januar 2021 erbt Herr F. überraschend 27 000 €. Wie lautet die Tilgungsplan-Zeile für das Jahr 2020? Und könnte Herr F. mit der Erbschaft auf einen Schlag seine Restschuld Anfang Januar 2021 zurückzahlen?

Aufgabe 4.30 (Schwierigkeitsgrad: mittelschwer)

Für einen Hauskauf wird bei 4 % Jahreszinsen eine Hypothek in Höhe von 250 000 € aufgenommen. Die Schuld soll zurückgezahlt werden durch:

(1) Annuitätentilgung über zwanzig Jahre, wobei die erste Annuität fällig ist ein Jahr nach Kapitalaufnahme. Wie hoch sind die Annuitäten?

(2) Annuitäten in Höhe von 15 000 €, wobei die erste Annuität fällig ist ein Jahr nach Kapitalaufnahme. Wie hoch ist die Restschuld ein Jahr nach Zahlung der letzten vollen Annuität?

(3) drei gleich hohe Beträge nach fünf bzw. nach zehn bzw. nach zwölf Jahren. Wie hoch sind die Beträge bei 4 % Jahreszinsen?

Aufgabe 4.31 (Schwierigkeitsgrad: schwer)

Für einen Hauskauf wird ein Kredit über 200 000 Euro aufgenommen.

(a) Der Kredit soll bei 4,8 % Jahreszinsen zurückgezahlt werden durch Annuitäten jeweils am Ende eines Jahres in Höhe von 14 000 Euro. Die erste Annuität ist fällig ein Jahr nach Kreditaufnahme. Wie viele volle Annuitäten sind zu leisten?

(b) Der Kredit soll binnen zwanzig Jahren zurückgezahlt werden. Die Rückzahlung erfolgt durch gleich hohe Annuitäten jeweils am Ende eines Jahres. Die erste Annuität ist fällig ein Jahr nach Kreditaufnahme. Wie hoch sind bei einem Jahreszins von 4,8 % die Annuitäten?

(c) Der Kredit soll binnen zwanzig Jahren zurückgezahlt werden. In den ersten zehn Jahren nach der Kreditaufnahme beträgt der Jahreszins 4,8 %, danach steigt der Jahreszins auf 5,2 %. Die Rückzahlung erfolgt durch
   - zehn Annuitäten über 11 600 Euro zahlbar jeweils am Ende eines Jahres, der erste Betrag über 11 600 ist fällig ein Jahr nach Kreditaufnahme sowie
   - durch weitere gleich hohe Rückzahlungen jeweils am Ende eines Jahres, deren erster Betrag fällig ist elf Jahre nach Kreditaufnahme.

   Wie hoch sind diese weiteren jährlichen Zahlungen?

Aufgabe 4.32   (Schwierigkeitsgrad: schwer)
Bei 4,8 % Jahreszins wird für einen Hauskauf am 01.01.2020 ein Kredit in Höhe von 150 000 Euro aufgenommen. Als Rückzahlung wird Annuitäten-Tilgung über 20 Jahre vereinbart, erste Annuität ist fällig am 31.12.2020. In den ersten fünfzehn Jahren betragen die Annuitäten jeweils 10 000 Euro.
(1) Wie hoch ist die Restschuld am 31.12.2034?
(2) Wie hoch müssen die Annuitäten in den letzten fünf Jahren der Annuitäten-Tilgung sein, damit der Kredit nach 20 Jahren abgezahlt ist?
(3) Wie hoch ist der 20. Tilgungsbetrag?

Aufgabe 4.33   (Schwierigkeitsgrad: einfach)
Für einen Hauskauf wird am 31.12.2010 ein Kredit in Höhe von 180 000 Euro zu einem Jahreszins von 4,2 % aufgenommen. In den Jahren 2011, 2012, 2013 und 2014 werden lediglich die anfallenden Zinsen bezahlt. Für die Rückzahlung stehen zwei Modelle zur Verfügung:
(a) 1. Modell: Ab dem Jahr 2015 wird der Kredit mit einer Raten-Tilgung über 15 Jahre zurückgezahlt. Berechnen Sie den jährlichen Tilgungsbetrag am Ende des Jahres 2015.
(b) 2. Modell: Ab dem Jahr 2015 wird der Kredit mit nachschüssigen Prozentannuitäten in Höhe von 10 % der aufgenommenen Schuld zurückgezahlt.
   (1) Berechnen Sie die Prozentannuität.
   (2) Wie viele volle Prozentannuitäten sind zu leisten?
   (3) Wie hoch ist die Restschuld ein Jahr nach Zahlung der letzten vollen Annuität?
   (4) Berechnen Sie die Tilgungsplanzeile (Zinsen, Tilgung, Annuität, Restschuld) für das Jahr 2024.

Aufgabe 4.34 (Schwierigkeitsgrad: einfach)

Für einen Hauskauf nimmt eine Familie zu Beginn des Jahres 2010 einen Kredit über 150 000 Euro auf. Für die Rückzahlung wird eine Annuitäten-Tilgung zu 4,2 % Jahreszinsen vereinbart. Die erste Rückzahlung ist fällig am 31.12.2010 und hat einen Tilgungssatz von 1 %.

(1) Wie hoch sind die Annuitäten?
(2) Wie oft sind volle Annuitäten zu zahlen?
(3) Geben Sie die Tilgungsplanzeile (Zinsen, Tilgung, Annuität, Restschuld) für das 21. Jahr an.
(4) Wie hoch ist die Restschuld ein Jahr nach Zahlung der letzten vollen Annuität?

Aufgabe 4.35 (Schwierigkeitsgrad: einfach)

Ein Haus steht für 300 000 € zum Verkauf. Eine Familie möchte dieses Haus erwerben und nimmt dazu einen Kredit unter den folgenden Bedingungen auf:

Tab. 4.14: Tabelle zu Aufgabe 4.35.

Bedingung	Betrag	Fälligkeitstermin
Eigenkapital:	100 000 €	Sofort
Annuitäten-Tilgung:	16 000 € p. a.	Erste Annuität fällig ein Jahr nach Kreditaufnahme
Zinsen:	7 % p. a.	

(1) Wie viele volle Annuitäten sind zu zahlen?
(2) Wie hoch ist die Restschuld ein Jahr nach Zahlung der letzten vollen Annuität?
(3) Statt der jährlichen Zahlungen soll der Kredit jeweils zu Beginn eines Monats mit Beträgen in Höhe von 1 250 € zurückgezahlt werden. Der erste Betrag ist fällig bei Kreditaufnahme. Wie viele Jahre muss die Familie dann den Kredit zurückzahlen?

Aufgabe 4.36 (Schwierigkeitsgrad: mittelschwer)

Eine Familie mit 60 000 € Eigenkapital kauft ein Haus für 250 000 €. Für den fehlenden Betrag nimmt sie einen Kredit auf. Für den Kredit vereinbart sie eine Annuitäten-Tilgung über die ersten zehn Jahre sowie eine zweite veränderte Annuitäten-Tilgung ab dem 11. Jahr mit folgenden Konditionen:

Tab. 4.15: Tabelle zu Aufgabe 4.36.

Zinsen 1. bis 10. Jahr:	5,1 % p. a.
Zinsen ab 11. Jahr:	4,9 % p. a.
Tilgungssatz 1. Jahr:	3,0 % p. a.
Tilgungssatz 11. Jahr:	2,0 % p. a.

(1) Wie hoch ist die erste Annuität?

(2) Wie hoch ist die Restschuld am Ende des 10. Jahres?

(3) Wie hoch ist die Annuität am Ende des 11. Jahres?

(4) In welchem Jahr nach Kreditaufnahme erfolgt die letzte volle Rückzahlung?

(5) Wie hoch ist die Restschuld ein Jahr nach Zahlung der letzten vollen Annuität?

Aufgabe 4.37   (Schwierigkeitsgrad: einfach)

Ein Haus steht für 300 000 € zum Verkauf. Eine Familie möchte dieses Haus erwerben und nimmt dazu einen Kredit unter den folgenden Bedingungen auf:

Tab. 4.16: Tabelle zu Aufgabe 4.37.

Kondition	Betrag	Fälligkeitstermin
Eigenkapital:	100 000 €	Sofort
Annuitäten-Tilgung:	16 000 € p. a.	Erste Annuität fällig ein Jahr nach Kreditaufnahme
Zinsen:	7 % p. a.	

Der erste Rückzahlungsbetrag ist fällig ein Jahr nach Kreditaufnahme.

(1) Wie viele volle Annuitäten sind zu zahlen?

(2) Wie hoch ist die Restschuld ein Jahr nach Zahlung der letzten vollen Annuität?

(3) Geben Sie die Tilgungsplanzeile für das 27. Jahr an.

Aufgabe 4.38   (Schwierigkeitsgrad: mittelschwer)

Für eine Hausrenovierung wurde ein Kredit von 25 000 € zu einem Zins von 6, 5 % p. a. aufgenommen. Die Laufzeit soll 30 Jahre betragen.

(1) Berechnen Sie die Annuität für die vertraglich festgelegte Annuitäten-Tilgung sowie die zugehörigen monatlich vorschüssig zu zahlenden Raten.

(2) Nach 16 Jahren steigt der Zins auf 7,5 % p. a.

    (a) Wie ändert sich die Annuität, wenn die Gesamtlaufzeit von 30 Jahren eingehalten werden soll?

    (b) Wie lange sind nach den 16 Jahren noch volle Annuitäten zu zahlen, wenn die ursprüngliche Annuität aus Teilaufgabe (1) beibehalten wird?

4.7 Tipps

Sollen die n jährlichen Rückzahlungen zur Tilgung eines Kredits aufgeteilt werden in den Tilgungs- und den Zinsbetrag, so werden zwei Fälle unterschieden: Raten- oder Annuitäten-Tilgung. Bei der Raten-Tilgung sind die jährlichen Tilgungsbeträge immer gleich groß. Bei der Annuitäten-Tilgung sind die jährlich zu zahlenden Annuitäten immer gleich groß.

Bar- und Endwerte: ⚠ Der Barwert K_0 in den Formeln 21 bis 34 der Raten- und der Annuitäten-Tilgung ist immer die Schuld ein Jahr vor Zahlung der ersten Annuität.

Der Endwert K_n einer Raten-Tilgung beträgt null. Die Restschuld einer Annuitäten-Tilgung unmittelbar nach Zahlung der letzten vollen Annuität beträgt nur dann null, wenn die Laufzeit n eine natürliche Zahl ist. Häufig ist jedoch die Laufzeit n einer Annuitäten-Tilgung keine natürliche Zahl. Dann ist nach Zahlung der letzten vollen Annuität die anfängliche Schuld nicht vollständig getilgt.

Laufzeiten: Bei einer Raten-Tilgung ergibt sich die Laufzeit aus der Anfangsschuld K_0 und dem jährlichen Tilgungsbetrag T (siehe Formel 21). Bei einer Annuitäten-Tilgung muss die Laufzeit mit einem Logarithmus berechnet werden (siehe Formeln 30, 33 und 34). Die Formeln 15 und 33 sind identisch.

Annuitäten: Annuitäten einer Raten-Tilgung verringern sich von Jahr zu Jahr und werden mit der Formel 22 berechnet. Annuitäten einer Annuitäten-Tilgung sind nachschüssige Jahresrenten. Die Formeln 13 und 28 bzw. 29 sind identisch.

Tilgung: Der Tilgungsbetrag einer Raten-Tilgung ergibt sich aus der Formel 21. Der Tilgungsbetrag einer Annuitäten-Tilgung wird von Jahr zu Jahr kleiner und ergibt sich aus der Formel 30 mit dem ersten Tilgungsbetrag:

$$T_1 = A - K_0 \cdot i$$

Tilgungsplanzeilen: Um die Werte einer Tilgungsplanzeile k zu berechnen, wird zunächst mit der Formel 23 bzw. mit der Formel 32 die Vorjahres-Restschuld K_{k-1} berechnet. Die Zinsen Z_k sind dann das Produkt von Vorjahres-Restschuld und Zinssatz i:

$$Z_k = K_{k-1} \cdot i$$

Aus der Gleichung:

$$A_k = T + Z_k \quad \text{(Formel 22)}$$

kann die fehlende Annuität einer Raten-Tilgung berechnet werden. Und aus der Gleichung:

$$A = T_k + Z_k \quad \text{(Formel 26)}$$

kann die fehlende Tilgung einer Annuitäten-Tilgung berechnet werden. Die Restschuld ist die Differenz Vorjahres-Restschuld minus Tilgung:

$$K_k = K_{k-1} - T \quad \text{(Raten-Tilgung)}$$

bzw.

$$K_k = K_{k-1} - T_k \quad \text{(Annuitäten-Tilgung)}$$

In Abbildung 4.1 ist dargestellt, wie im Fall, dass die Laufzeit einer Annuitäten-Tilgung keine natürliche Zahl ist (d. h. $n \notin \mathbb{N}$), die Restschuld ein Jahr nach Zahlung der letzten vollen Annuität berechnet wird.

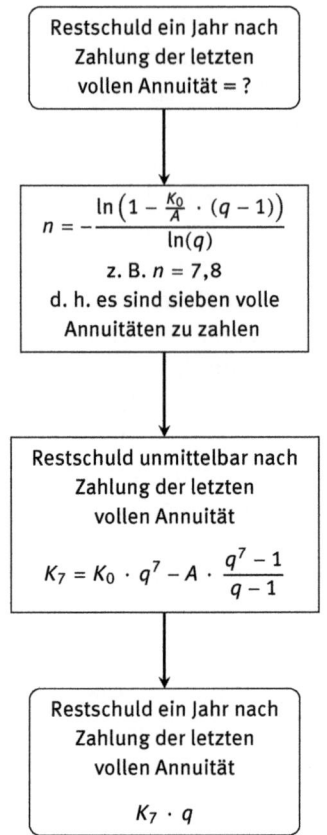

Abb. 4.1: Berechnung der Restschuld einer Annuitäten-Tilgung.

5 Investitionsrechnung

5.1 Barwerte

Aufgabe 5.1 (Schwierigkeitsgrad: mittelschwer)
Ein Unternehmen möchte zum 01.01.2015 einen Betrag von 200 000 GE investieren. Dazu stehen drei Investitionsalternativen A, B, C zur Auswahl. Die Rückflüsse werden wie folgt erwartet:

Tab. 5.1: Tabelle zu Aufgabe 5.1.

	Datum	Betrag
Alternative A:	31.12.2015	80 000 GE
	30.06.2016	35 000 GE
	31.12.2016	50 000 GE
	30.06.2017	50 000 GE
Alternative B:	30.09.2015	50 000 GE
	30.06.2016	50 000 GE
	31.08.2016	60 000 GE
	31.12.2016	60 000 GE
Alternative C:	31.03.2015	30 000 GE
	31.12.2015	80 000 GE
	30.06.2016	50 000 GE
	31.12.2016	55 000 GE

Beurteilen Sie die drei Investitionsalternativen mit der Kapitalwertmethode. Geben Sie eine Rangfolge bezüglich der Vorteilhaftigkeit der Investitionen an. Verwenden Sie bei Ihren Berechnungen die relativ gemischte Verzinsung und gehen Sie von einem nominellen Jahreszins von 4,5 % aus.

Aufgabe 5.2 (Schwierigkeitsgrad: einfach)
Der US-Amerikaner Jerry Lee kaufte im Jahr 1969 den Aston Martin DB 5 aus dem alten James-Bond-Film „Goldfinger" für umgerechnet 40 000 €.

Dieser Wagen wird jetzt Ihnen zum Kauf angeboten. Wie viel Geld dürfen Sie maximal für den Ankauf einsetzen, wenn Sie das Auto nach zwei Jahren für 3,6 Mio. € wieder verkaufen würden und eine jährliche Rendite von mindestens 15 % erzielen wollen?

Aufgabe 5.3 (Schwierigkeitsgrad: einfach)
Ein Druck-Unternehmen überlegt die Anschaffung einer neuen Maschine. Es stehen drei Alternativen A, B, C zur Diskussion. Sie bekommen von der Geschäftsführung die

https://doi.org/10.1515/9783110595116-005

Aufgabe, die sinnvollste Alternative auszuwählen. Die Geschäftsführung setzt einen Kalkulationszins von 10 % p. a. (Erwartungszins) an. Für die drei Alternativen gelten folgende Daten (Werte in €):

Tab. 5.2: Tabelle zu Aufgabe 5.3.

Alternative	Anschaffungs- auszahlung	Überschüsse a. E. d. J.			
		1. Jahr	2. Jahr	3. Jahr	4. Jahr
A	50 000	20 000	15 000	10 000	40 000
B	50 000	25 000	10 000	15 000	25 000
C	50 000	15 000	35 000	15 000	5 000

(a) Von der Geschäftsführung vorgegeben, dass nur solche Alternativen in Betracht kommen, bei denen spätestens zum Ende des dritten Jahres die Summe der aufgezinsten Überschüsse die aufgezinste Investitionssumme übertrifft. Welche Alternative wählen Sie aus, wenn Sie sich an die Vorgaben der Geschäftsführung halten?

(b) Welche Alternative wählen Sie aus, wenn es um eine Entscheidung auf Basis des Kapitalwerts bezogen auf die Überschüsse der ersten vier Jahre ginge?

Aufgabe 5.4 (Schwierigkeitsgrad: einfach)
Eine Investition in Höhe von 32 220 Euro hätte eine Nutzungsdauer von fünf Jahren bei folgenden (Perioden-)überschüssen (jeweils am Ende des Jahres):

Tab. 5.3: Tabelle zu Aufgabe 5.4.

Jahr	Periodenüberschuss
1. Jahr	10 000 €
2. Jahr	10 000 €
3. Jahr	15 000 €
4. Jahr	3 000 €
5. Jahr	2 500 €

Die Geschäftsführung gibt einen (Erwartungs-)Zinsfuß von 10 % p. a. vor. Lohnt sich die Investition? (Begründung!)

Aufgabe 5.5 (Schwierigkeitsgrad: mittelschwer)
Ein Unternehmen füllt jährlich 800 000 Flaschen ab. Das Unternehmen überlegt, ob es eine neue Abfüllmaschine als Ersatzbeschaffung für eine bestehende Maschine anschaffen soll. Das Unternehmen geht von einem Kalkulationszins 5 % p. a. aus. Weitere Angaben sind wie folgt:

Tab. 5.4: Tabelle zur neuen Abfüllmaschine in Aufgabe 5.5.

Angaben für die neue Abfüllmaschine	
Anschaffungsauszahlung (Anschaffungskosten):	450 000 €
Nutzungsdauer:	5 Jahre
Liquidationserlös am Ende der Nutzungsdauer:	40 000 €
Fixe Betriebskosten der Anlage pro Jahr:	50 000 €
Variable Betriebskosten je Flasche:	0,02 €
Überholung der Maschine nach drei Jahren:	30 000 €

Tab. 5.5: Tabelle zur bestehenden Abfüllmaschine in Aufgabe 5.5.

Angaben für die bestehende Abfüllmaschine	
Fixe Betriebskosten der Anlage pro Jahr:	100 000 €
Variable Betriebskosten je Flasche:	0,10 €

Lohnt sich die neue Anlage? (Begründung!)

Aufgabe 5.6 (Schwierigkeitsgrad: einfach)
Ein Unternehmen hat gegenüber einem Kunden die folgenden drei Forderungen:

Tab. 5.6: Tabelle zu Aufgabe 5.6.

Forderung	Fälligkeitsdatum
35 000 GE	31.03.2006
50 000 GE	30.09.2007
25 000 GE	31.12.2009

Die Wirtschaftsprüfung schlägt vor, die drei Forderungen mit dem Barwert in der Bilanz auszuweisen. Mit welchem Betrag geht dann die Summe der drei Forderungen in die Bilanz zum 31.12.2004 ein? Verwenden Sie bei Ihren Berechnungen die relativ gemischte Verzinsung und gehen Sie von einem nominellen Jahreszins von 3,5 % aus.

Aufgabe 5.7 (Schwierigkeitsgrad: mittelschwer)
Ein Bauunternehmer möchte ein Baugrundstück kaufen und hat die Wahl zwischen zwei verschiedenen Finanzierungsmodellen A und B.
Für welches Finanzierungsmodell soll sich der Bauunternehmer bei einem Jahreszins von 5 % entscheiden? Begründen Sie kurz Ihr Ergebnis.

Tab. 5.7: Tabelle zu Aufgabe 5.7.

Finanzierungsmodell A	
1. Jahr:	60 000 € zu Beginn des Jahres
2. Jahr:	40 000 € am Ende des Jahres
3., 4., 5., 6. Jahr:	Vorschüssige Jahresraten über 1 000 €

Tab. 5.8: Tabelle zu Aufgabe 5.7.

Finanzierungsmodell B	
1. Jahr:	20 000 € zu Beginn des Jahres
1., 2., 3. Jahr:	Vorschüssige Monatsraten über 1 500 €
4. und 5. Jahr:	Nachschüssige Quartalsraten über 1 000 €
6. Jahr:	Keine Zahlungen
7. Jahr:	30 000 € am Ende des Jahres

5.2 Periodenüberschüsse

Aufgabe 5.8 (Schwierigkeitsgrad: mittelschwer)
Die Anschaffungskosten einer neuen Maschine betragen 150 000 €. Die Maschine soll sechs Jahre genutzt werden und dann für einen Restwert von 12 000 € verkauft werden. Wie hoch müssen bei 2,1 % Zinsen p. a. die jährlichen gleich hohen Periodenüberschüsse mindestens sein, damit sich die Anschaffung der neuen Maschine rein rechnerisch lohnt?

5.3 Zinsen

Aufgabe 5.9 (Schwierigkeitsgrad: einfach)
Der US-Amerikaner Jerry Lee kaufte im Jahr 1969 den Aston Martin DB 5 aus dem alten James-Bond-Film „Goldfinger" für umgerechnet 40 000 €. Im Jahr 2010 verkaufte er das Auto für 2,9 Mio. €.
Wie hoch ist der interne Zins (die jährliche Rendite)?

Aufgabe 5.10 (Schwierigkeitsgrad: einfach)
Eine vor zehn Jahren für 150 000 € erworbene Zeichnung wird für 1,2 Mio. € versteigert. Wie hoch ist für den (ehemaligen) Besitzer nach Abzug von 15 % als Vermittlungsgebühr für das Auktionshaus die jährliche Rendite (der interne Zins)?

5.4 Vermischte Fragestellungen

Aufgabe 5.11 (Schwierigkeitsgrad: einfach)

Für eine Investition in Höhe von 9 967,96 € stehen zwei Angebote zur Verfügung:

Tab. 5.9: Tabelle zu Aufgabe 5.11.

Jahr	Periodenüberschuss	
	Angebot 1	Angebot 2
1	+20 000	+5 078
2	−10 000	+5 500

Welches der beiden Angebote ist vorteilhafter? Beantworten Sie diese Frage, indem Sie von beiden Angeboten

(a) den Kapitalwert zu einem Kalkulationszins von 2 % p. a. berechnen.

(b) den jeweiligen internen Zins berechnen.

5.5 Tipps

Um zu beurteilen, ob sich eine geplante Investition lohnt, stehen zwei Verfahren zur Verfügung: die Kapitalwertmethode und die Berechnung des internen Zins.

Barwerte: Die Formel 35 zur Berechnung eines Kapitalwerts ergibt sich mit $i+1 = q$ unmittelbar aus der Formel 2. Alle Periodenüberschüsse werden abgezinst, um auf demselben Zeitpunkt wie die Anschaffungskosten zu stehen.

Periodenüberschüsse: Sind die zukünftigen Periodenüberschüsse bekannt, so ist es mathematisch kein Problem, den Vorteil einer geplanten Investition zu beurteilen. Hingegen ist es ein großes Problem, die Werte der zukünftigen Periodenüberschüsse zu schätzen.

Die Annuitätenmethode mit den Formeln 28 bzw. 29 berechnet für jedes Jahr einen gleich hohen Periodenüberschuss A, für den der Kapitalwert null beträgt; d. h. mit der Formel 35 ergibt sich die Gleichung:

$$0 = A \cdot \frac{1}{1+i} + A \cdot \frac{1}{(1+i)^2} + A \cdot \frac{1}{(1+i)^3} + \ldots + A \cdot \frac{1}{(1+i)^n} - C_0$$

Mithilfe der Formel 29 kann wie folgt zusammengefasst werden:

$$0 = A \cdot \frac{(1+i)^n - 1}{i} \cdot \frac{1}{(1+i)^n} - C_0$$

Aus dieser Gleichung kann A berechnet werden.

Gibt es noch einen Restwert (z. B. Restwert = 10 000 €), für den die Anschaffung nach n Jahren verkauft wird, so lautet die Gleichung zur Berechnung von A:

$$0 = A \cdot \frac{(1+i)^n - 1}{i} \cdot \frac{1}{(1+i)^n} + \frac{10\,000}{(1+i)^n} - C_0$$

Subtraktion von C_0 ergibt:

$$C_0 = A \cdot \frac{(1+i)^n - 1}{i} \cdot \frac{1}{(1+i)^n} + \frac{10\,000}{(1+i)^n}$$

Multiplikation mit $(1+i)^n$ ergibt:

$$C_0 \cdot (1+i)^n = A \cdot \frac{(1+i)^n - 1}{i} + 10\,000$$

Subtraktion von 10 000 ergibt:

$$C_0 \cdot (1+i)^n - 10\,000 = A \cdot \frac{(1+i)^n - 1}{i}$$

Multiplikaton mit $\dfrac{i}{(1+i)^n - 1}$ ergibt:

$$A = \left(C_0 \cdot (1+i)^n - 10\,000\right) \cdot \frac{i}{(1+i)^n - 1}$$

A ist der jährlich gleich hohe Periodenüberschuss, für den der Kapitalwert nicht negativ ist. Damit der Kapitalwert nicht null ist, sondern größer als null, wird A noch um einen Cent bzw. um eine Geldeinheit erhöht. Damit ergibt sich der Mindest-Periodenüberschuss, für den sich die Investition rein rechnerisch lohnt.

Zinsen: Soll der interne Zins (siehe Formel 36) aus einer quadratischen Gleichung berechnet werden, so kann mithilfe der pq-Formel (siehe [4, Kapitel 10.4] oder [2, Kapitel 6.2]) die Lösung bestimmt werden. Liegt keine quadratische Gleichung vor, so kann mithilfe des Newton-Verfahrens (siehe [1, Kapitel 6.2]) der interne Zins näherungsweise bestimmt werden.

6 Abschreibungsverfahren

6.1 Abschreibungsbeträge

Aufgabe 6.1 (Schwierigkeitsgrad: mittelschwer)
Ein Wirtschaftsgut mit einer Nutzungsdauer von zwölf Jahren und Anschaffungskosten von 26 000 € soll zum Abschreibungssatz von 20 % geometrisch-degressiv mit Übergang zur linearen Abschreibung abgeschrieben werden. Berechnen Sie die Abschreibungsbeträge für das 7. und 8. Jahr.

6.2 Buchwerte

Aufgabe 6.2 (Schwierigkeitsgrad: mittelschwer)
Für ein Firmengelände wird eine neue Alarmanlage für 20 000 € angeschafft. Die Nutzungsdauer beträgt elf Jahre. Die Alarmanlage soll zum Abschreibungssatz von 30 % geometrisch-degressiv mit Übergang zur linearen Abschreibung abgeschrieben werden. Berechnen Sie die Restbuchwerte am Ende des 8. und des 9. Jahres.

6.3 Barwert aller Abschreibungsbeträge

Aufgabe 6.3 (Schwierigkeitsgrad: mittelschwer)
Eine Maschine wird für 40 000 € angeschafft. Die Maschine hat eine Nutzungsdauer von acht Jahren und soll zu einem Abschreibungssatz von 25 % geometrisch-degressiv mit Übergang zur linearen Abschreibung abgeschrieben werden. Wie groß ist bei einem Jahreszins von 4 % der Barwert aller Abschreibungsbeträge?

6.4 Abschreibungsplanzeilen

Aufgabe 6.4 (Schwierigkeitsgrad: einfach)
Einem Immobilienhändler wird in Köln ein Hochhaus zum Kauf angeboten. Der Kaufpreis liegt bei 10 Mio. Euro. Es ist davon auszugehen, dass das Hochhaus noch für 25 Jahre genutzt werden kann, bevor es (ohne Kostenangabe) abgerissen werden muss. Der Zinssatz liegt bei 3 %. Vor dem Kauf der Immobilie möchte der Immobilienhändler gerne einen Abschreibungsplan für die Immobilie studieren. Die Abschreibung der Immobilie soll gemäß der geometrisch-degressiven mit Übergang zur linearen Abschreibung erfolgen. Der Abschreibungssatz wird auf 10 % festgelegt. Gehen Sie von einer Nutzungsdauer von 25 Jahren aus.

https://doi.org/10.1515/9783110595116-006

(1) In welchem Jahr soll die Abschreibung von der geometrisch-degressiven auf die lineare Abschreibung umgestellt werden?

(2) Stellen Sie den Abschreibungsplan für die ersten drei Jahre auf.

6.5 Vermischte Fragestellungen

Aufgabe 6.5 (Schwierigkeitsgrad: mittelschwer)

Ein Wirtschaftsgut mit einer Nutzungsdauer von neun Jahren hat 36 000 € gekostet.

(1) Wie hoch ist der Restbuchwert am Ende des neunten Jahres, wenn
  (a) linear abgeschrieben wird?
  (b) geometrisch-degressiv zu 20 % abgeschrieben wird?
  (c) geometrisch-degressiv zu 20 % mit Wechsel zur linearen Abschreibung abgeschrieben wird?

(2) Wie hoch ist der neunte Abschreibungsbetrag, wenn
  (a) linear abgeschrieben wird?
  (b) geometrisch-degressiv zu 20 % abgeschrieben wird?
  (c) geometrisch-degressiv zu 20 % mit Wechsel zur linearen Abschreibung abgeschrieben wird?

(3) Bestimmen Sie die Abschreibungsplanzeile für das sechste Jahr, wenn
  (a) linear abgeschrieben wird?
  (b) geometrisch-degressiv zu 20 % abgeschrieben wird?
  (c) geometrisch-degressiv zu 20 % mit Wechsel zur linearen Abschreibung abgeschrieben wird?

6.6 Tipps

Um eine Anschaffung abzuschreiben, stehen drei Verfahren zur Verfügung: lineare Abschreibung, geometrisch-degressive Abschreibung und geometrisch-degressive Abschreibung mit Übergang zur linearen Abschreibung.

Abschreibungsbeträge: Wird linear abgeschrieben, so ergibt sich ein Abschreibungsbetrag unmittelbar aus Formel 40.

Wird geometrisch-degressiv abgeschrieben, so ergibt sich ein Abschreibungsbetrag unmittelbar aus Formel 43.

Wird geometrisch-degressiv mit Wechsel zur linearen Abschreibung abgeschrieben, so muss zur Bestimmung eines Abschreibungsbetrags zuerst der Übergangszeitpunkt berechnet werden. Für den Fall, dass der gesuchte Abschreibungsbetrag im Zeitraum der geometrisch-degressiven Abschreibung liegt, kann Formel 43 herangezogen werden. Für den Fall, dass der gesuchte Abschreibungsbetrag im Zeitraum der linearen Abschreibung liegt, wird zunächst mit Formel 44 der Restbuchwert vor dem Wechsel berechnet. Der gesuchte Abschreibungsbetrag ergibt sich anschließend aus der Division dieses Restbuchwerts durch die Anzahl der Jahre, in denen linear abgeschrieben wird.

Buchwerte: Wird linear abgeschrieben, so ergibt sich ein Restbuchwert unmittelbar aus Formel 41.

Wird geometrisch-degressiv abgeschrieben, so ergibt sich ein Restbuchwert unmittelbar aus Formel 44.

Wird geometrisch-degressiv mit Wechsel zur linearen Abschreibung abgeschrieben, so muss zur Bestimmung eines Restbuchwerts zuerst der Übergangszeitpunkt berechnet werden. Für den Fall, dass der gesuchte Restbuchwert im Zeitraum der geometrisch-degressiven Abschreibung liegt, kann Formel 44 herangezogen werden. Für den Fall, dass der gesuchte Restbuchwert im Zeitraum der linearen Abschreibung liegt, wird zunächst mit Formel 44 der Restbuchwert vor dem Wechsel berechnet. Der gesuchte Restbuchwert ergibt sich anschließend, indem in Formel 41 statt B_0 dieser Restbuchwert und statt n die Anzahl der Jahre, in denen linear abgeschrieben wird, eingesetzt werden.

Barwert aller Abschreibungsbeträge: Für eine lineare Abschreibung ergibt sich der Barwert aller Abschreibungsbeträge aus Formel 42, für eine geometrisch-degressive Abschreibung ergibt sich der Barwert aller Abschreibungsbeträge aus Formel 46.

Findet ein Wechsel von der geometrisch-degressiven zur linearen Abschreibung statt, so können zur Berechnung des Barwerts aller Abschreibungsbeträge die beiden Formeln 42 und 46 mit folgender Modifikation herangezogen werden:

Bezeichnet y die Anzahl der Jahre, in denen linear abgeschrieben wird, so lautet die modifizierte Formel 42:

$$\frac{q^y - 1}{q - 1} \cdot \frac{1}{q^n} \cdot \frac{\text{Restbuchwert am Ende des } (n - y)\text{-ten Jahres}}{y}$$

Und die modifizierte Formel 46 lautet:

$$B_0 \cdot a \cdot \frac{q^{n-y} - (1 - a)^{n-y}}{[q - (1 - a)] \cdot q^{n-y}}$$

Eine Zusammenfassung, wie der Barwert aller Abschreibungsbeträge berechnet wird, befindet sich in Abbildung 6.1.

Abschreibungsplanzeilen: Wird linear abgeschrieben, so ergibt sich eine Abschreibungsplanzeile unmittelbar aus den Formeln 40 und 41.

Wird geometrisch-degressiv abgeschrieben, so ergibt sich eine Abschreibungsplanzeile unmittelbar aus den Formeln 43 und 44.

Wird geometrisch-degressiv mit Wechsel zur linearen Abschreibung abgeschrieben, so muss zur Bestimmung einer Abschreibungsplanzeile zuerst der Übergangszeitpunkt berechnet werden. Für den Fall, dass die gesuchte Abschreibungsplanzeile im Zeitraum der geometrisch-degressiven Abschreibung liegt, können die beiden Formeln 43 und 44 herangezogen werden. Für den Fall, dass die gesuchte Abschreibungsplanzeile im

Zeitraum der linearen Abschreibung liegt, wird zunächst mit Formel 44 der Restbuchwert vor dem Wechsel berechnet. Die linearen (gleich hohen) Abschreibungsbeträge ergeben sich aus der Division dieses Restbuchwerts durch die Anzahl der Jahre, in denen linear abgeschrieben wird. Für die Abschreibungsplanzeile muss dann nur noch der gesuchte Restbuchwert bestimmt werden, der sich aus Formel 41 ergibt.

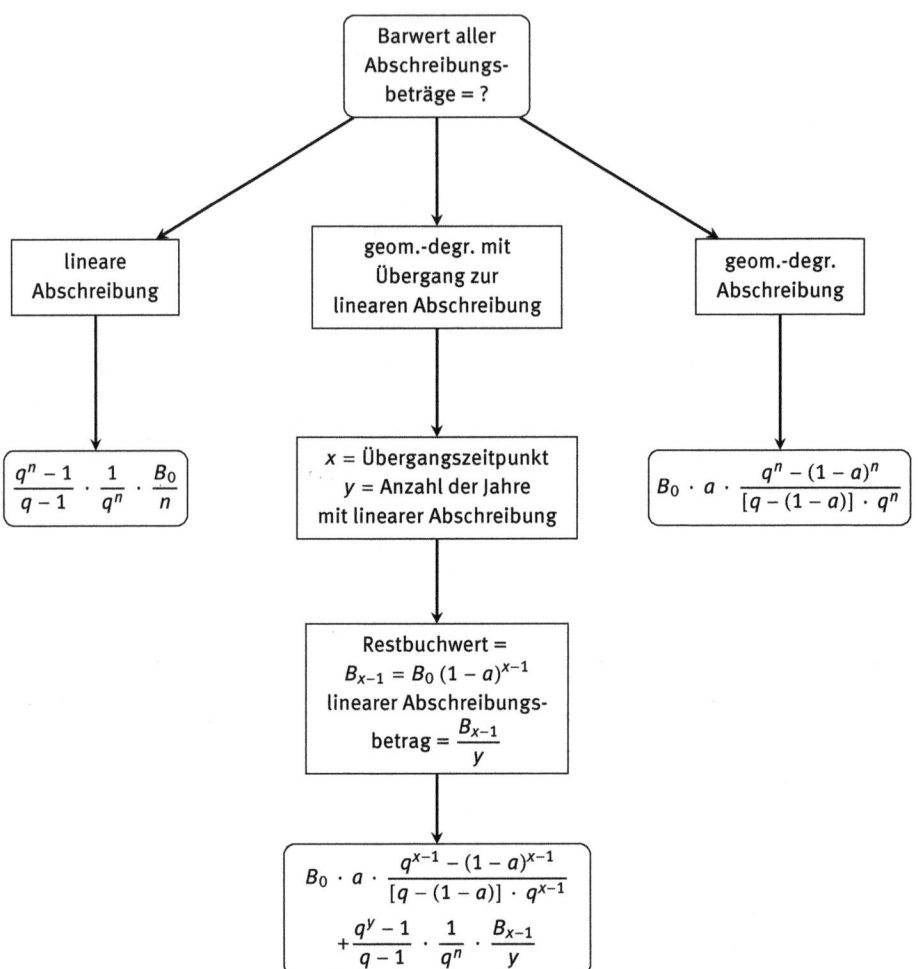

Abb. 6.1: Barwert aller Abschreibungsbeträge.

7 Vermischte Aufgaben

Aufgabe 7.1 (Schwierigkeitsgrad: mittelschwer)

Auf ein Sparkonto zahlt ein Elternpaar bei 4 % Jahreszinsen zur Finanzierung des Studiums eines Kindes wie folgt Beträge ein:

Tab. 7.1: Tabelle zu Aufgabe 7.1.

Betrag	Fälligkeitsdatum
1 000 €	31.12.2006
2 000 €	31.12.2008
3 000 €	31.12.2011
100 €	Regelmäßig am Ende eines jeden Monats ab dem Jahr 2010 bis einschließlich dem Jahr 2020

(1) Wie hoch ist das Guthaben am 31.12.2024?
(2) Wie viele volle Jahre lang können ab dem Jahr 2025 aus dem Guthaben jeweils 550 € zu Beginn eines Monats entnommen werden?
(3) Welche gleich hohen regelmäßigen Abhebungen jeweils zu Beginn eines Monats können ab dem Jahr 2025 über sechs Jahre aus dem angesparten Guthaben entnommen werden?

Unterstellen Sie für unterjährige Renten die relativ gemischte Verzinsung.

Aufgabe 7.2 (Schwierigkeitsgrad: schwer)

Eine Familie kauft für 220 000 € ein Haus. Dazu nimmt sie bei 6 % Zinsen p. a. von einer Bank einen Kredit in Höhe von 60 % des Kaufpreises auf. Zur Rückzahlung des Kredits wird vereinbart, zu Beginn eines jeden Quartals 4 000 € an die Bank zu überweisen. Die erste Rückzahlung ist fällig bei Darlehnsaufnahme.

(1) Wie viele Jahre lang sind volle Rückzahlungen zu leisten?
(2) Wie hoch ist die Restschuld zu Beginn des neunten Jahres?
(3) Zu Beginn des neunten Jahres nach Kreditaufnahme soll die noch bestehende Schuld durch eine einmalige Restzahlung zurückgezahlt werden. Für die vorzeitige Rückzahlung erhebt die Bank wegen entgangener Zinsen eine so genannte Vorfälligkeitsentschädigung in Höhe von 2,5 % des vorzeitig zurückgezahlten Kapitals. Welcher Betrag ist dann zu Beginn des neunten Jahres an die Bank zu zahlen?

Unterstellen Sie für unterjährige Renten die relativ gemischte Verzinsung.

Aufgabe 7.3 (Schwierigkeitsgrad: schwer)

(a) Ein Unternehmen zahlt seit jeher für jeden Arbeitnehmer am Jahresende 1 435,95 Euro in die betriebliche Rentenkasse ein. Auf die Betriebsrente wird ein Zins von

https://doi.org/10.1515/9783110595116-007

4 % erwirtschaftet. Herr Meier scheidet im Alter von 65 Jahren am 31.12.2015 aus dem Unternehmen aus. Unterstellen Sie bei Ihren Rechnungen einen einheitlichen Jahreszins von 4 %.

(1) Ermitteln Sie, wie lange Herr Meier im Unternehmen angestellt war, wenn er eine monatlich nachschüssige Betriebsrente für 25 Jahre in Höhe von 1 000 Euro erhält.

(2) Welchen einmaligen Betrag hätte das Unternehmen zum Beschäftigungsbeginn von Herrn Meier zum Zinssatz von 4 % anlegen müssen, damit Herr Meier zum 31.12.2015 die genannte Rente in Höhe von 1 000 Euro für 25 Jahre beziehen kann?

Hinweis: Für den Fall, dass Sie Teilaufgabe (a.1) nicht beantwortet haben, nehmen Sie an, dass Herr Meier 47 Jahre im Unternehmen beschäftigt war.

(b) Herr Meier hat neben der Betriebsrente auch privat für seinen Ruhestand vorgesorgt. Dabei hat ihm insbesondere eine größere Erbschaft am 31.12.2005 in Höhe von 500 000 Euro geholfen. Bestimmen Sie, auf welchen Betrag die 500 000 Euro bis zum 31.12.2015 angewachsen sind, wenn Herr Meier das Kapital zu einer stetigen Verzinsung mit einem Jahreszins von 2 % anlegen konnte.

(c) Herr Meier kauft am 31.12.2015 für seinen Ruhestand eine Wohnung zum Preis von 200 000 Euro. Er hat die Wohnung über einen Kredit mit einem Jahreszins von 4 % finanziert. Mit der Bank hat Herr Meier eine Annuitäten-Tilgung vereinbart, bei der er zu jedem Jahresende 14 716,35 Euro an die Bank zahlt. Berechnen Sie, wie lange Herr Meier die volle Annuität zahlen muss.

Unterstellen Sie für unterjährige Renten die relativ gemischte Verzinsung.

Aufgabe 7.4 (Schwierigkeitsgrad: schwer)

Frau A. hat am 01.01.2017 einen Kredit von 20 000 € aufgenommen. Die Jahreszinsen betragen 2,1 %.

(a) Nach wie vielen vollen Jahren übersteigen die Schulden erstmals den Betrag von 22 600 €

(1) bei linearer Verzinsung?

(2) bei nachschüssiger Verzinsung?

(b) Frau A. möchte die Schulden zurückzahlen durch vorschüssige Quartalsraten in den Jahren 2017, 2018, 2019 und 2020. Wie hoch sind diese Quartalsraten?

(c) Frau A. möchte die Schulden zurückzahlen durch nachschüssige Monatsraten in Höhe von 350 €, erste Monatsrate fällig am 31.01.2017.

(1) Wie viele volle Monatsraten sind zu zahlen?

(2) Wie hoch ist die Restschuld unmittelbar nach Zahlung der letzten vollen Monatsrate?

Unterstellen Sie für unterjährige Renten die relativ gemischte Verzinsung.

Aufgabe 7.5 (Schwierigkeitsgrad: schwer)
Herr Müller hat ein Vermögen von 100 000 Euro.
(a) Das Vermögen wird mit einem Zinssatz von 6 % pro Jahr verzinst.
  (1) Herr Müller entnimmt am Anfang eines jeden Quartals 500 Euro. Über welchen Betrag verfügt Herr Müller nach zehn Jahren?
  (2) Wie viel dürfte Herr Müller bei einer jährlichen Entnahme zum jeweiligen Jahresanfang entnehmen, so dass er in zehn Jahren weiterhin über ein Vermögen von 100 000 Euro verfügt?
(b) Wie hoch müsste der Zinssatz bei stetiger Verzinsung sein, damit aus dem Vermögen von 100 000 Euro in 10 Jahren ein Vermögen von 200 000 Euro wird?
(c) Herr Müller erwirbt am 01.01.2017 ein Haus zum Preis von 500 000 Euro und nimmt dafür einen Kredit in Höhe von 400 000 Euro auf. Für die Ausgestaltung des Kredits bestehen zwei Möglichkeiten:
1. Möglichkeit: Der Kredit hat eine Laufzeit von 20 Jahren und soll in gleichbleibenden jährlichen Tilgungsraten getilgt werden. Der Zinssatz beläuft sich auf 3 %.
2. Möglichkeit: Der Kredit hat eine Laufzeit von 15 Jahren. Der Kredit wird mit einer einzigen Zahlung am Ende der Laufzeit getilgt. Der jährliche Zinssatz beläuft sich auf 2 %.
Welche Tilgungsmöglichkeit sollte Herr Müller wählen, wenn er als Entscheidungskriterium den Barwert aller Zinszahlungen heranzieht?

Unterstellen Sie für unterjährige Renten die relativ gemischte Verzinsung.

Aufgabe 7.6 (Schwierigkeitsgrad: schwer)
Herr Müller möchte ein Vermögen aufbauen und legt hierzu ein Sparbuch an. Herr Müller möchte im Jahr 2017 zu Beginn eines jeden Quartals 300 Euro auf das Sparbuch einzahlen. Der Zinssatz des Sparbuchs beläuft sich im Jahr 2017 auf 4 % p. a. In den Jahren 2018 bis einschließlich 2027 möchte Herr Müller am Ende eines jeden Jahres 1 200 Euro auf das Sparbuch einzahlen. Der Zinssatz in diesem Zeitraum liegt bei 6 % p. a. In den Jahren 2028 bis einschließlich 2037 möchte Herr Müller 1 200 Euro zu Beginn eines jeden Jahres einzahlen. Der Zinssatz in diesem Zeitraum liegt bei 7 % p. a.
(1) Bestimmen Sie den Betrag, über den der Herr Müller am 31.12.2037 verfügt.
(2) Bestimmen Sie den Betrag, den Herr Müller am 31.12.2016 einzahlen müsste, damit er am 31.12.2037 über das gleiche Vermögen wie in Teilaufgabe (1) verfügt. Unterstellen Sie bei Ihrer Rechnung einen jährlich nachschüssigen Zinssatz von 6 % p. a.
(3) Bestimmen Sie den stetigen Zinssatz, zu dem Herr Müller den Betrag aus Teilaufgabe (2) anlegen müsste, damit er am 31.12.2037 über den gleichen Betrag verfügt wie in Teilaufgabe (1).
(4) Herr Müller kann sein Vermögen ab dem 01.01.2038 zu einem Zinssatz von 4 % für unbestimmte Zeit anlegen. Herr Müller möchte ab dem 01.01.2038 zum jeweiligen Jahresende eine Rente aus seinem Vermögen entnehmen. Bestimmen Sie, welchen

Betrag Herr Müller maximal entnehmen darf, damit er die Rente unendlich lange entnehmen kann.

Aufgabe 7.7 (Schwierigkeitsgrad: schwer)
(a) Ein Unternehmen zahlt seit jeher für jeden Arbeitnehmer am Jahresende 1 435,95 Euro in die betriebliche Rentenkasse ein. Auf die Betriebsrente wird ein Zins von 4 % erwirtschaftet. Herr Meier scheidet im Alter von 65 Jahren am 31.12.2015 aus dem Unternehmen aus. Unterstellen Sie bei Ihren Rechnungen einen einheitlichen Jahreszins von 4 %.
  (1) Ermitteln Sie, wie lange Herr Meier im Unternehmen angestellt war, wenn er eine monatlich nachschüssige Betriebsrente für 25 Jahre in Höhe von 1 000 Euro erhält.
  (2) Welchen einmaligen Betrag hätte das Unternehmen zum Beschäftigungsbeginn von Herrn Meier zum Zinssatz von 4 % anlegen müssen, damit Herr Meier zum 31.12.2015 die genannte Rente in Höhe von 1 000 Euro für 25 Jahre beziehen kann?
  Hinweis: Für den Fall, dass Sie Teilaufgabe (a)(1) nicht beantwortet haben, nehmen Sie an, dass Herr Meier 47 Jahre im Unternehmen beschäftigt war.
(b) Herr Meier hat neben der Betriebsrente auch privat für seinen Ruhestand vorgesorgt. Dabei hat ihm insbesondere eine größere Erbschaft am 31.12.2005 in Höhe von 500 000 Euro geholfen. Bestimmen Sie, auf welchen Betrag die 500 000 Euro bis zum 31.12.2015 angewachsen sind, wenn Herr Meier das Kapital zu einer stetigen Verzinsung mit einem Zinssatz von 2 % p. a. anlegen konnte.
(c) Herr Meier kauft am 31.12.2015 für seinen Ruhestand eine Wohnung zum Preis von 200 000 Euro. Er hat die Wohnung über einen Kredit mit einem Jahreszins von 4 % finanziert. Mit der Bank hat Herr Meier eine Annuitäten-Tilgung vereinbart, bei der er zu jedem Jahresende 14 716,35 Euro an die Bank zahlt. Berechnen Sie, wie lange Herr Meier die volle Annuität zahlen muss.

Unterstellen Sie für unterjährige Renten die relativ gemischte Verzinsung.

Aufgabe 7.8 (Schwierigkeitsgrad: schwer)
Ein Unternehmen möchte eine Investition tätigen. Dafür stehen dem Unternehmen verschiedene Alternativen zur Verfügung. Bei allen Alternativen muss am 01.01.2016 ein Betrag von 100 000 GE als Investitionssumme gezahlt werden. Verwenden Sie bei den folgenden Fragestellungen einen jährlichen Rechnungszins von 3,8 %.
(a) Bei Investitionsalternative 1 erhält das Unternehmen als Rückfluss eine jährlich nachschüssige Rente in Höhe von 20 000 GE. Erstmalig geht dieser Betrag am 31.12.2016 bei dem Unternehmen ein.
  (1) Wie hoch ist der Barwert dieser Rente, wenn sie sieben Jahre lang gezahlt wird? Lohnt sich bei einem Zahlungszeitraum von sieben Jahren diese Investition?
  (2) Wie hoch muss die Rentenlaufzeit mindestens sein, damit der Barwert der Rente größer ist als die Investitionssumme von 100 000 GE?

(b) Bei Investitionsalternative 2 erhält das Unternehmen als Rückfluss eine quartalsweise nachschüssige Rente in Höhe von 4 950 GE. Erstmalig geht dieser Betrag am 31.03.2016 bei dem Unternehmen ein. Wie hoch ist der Barwert dieser Rente, wenn sie sieben Jahre lang gezahlt wird? Lohnt sich bei einem Zahlungszeitraum von sieben Jahren diese Investition?

(c) Bei Investitionsalternative 3 erhält das Unternehmen als Rückfluss am 01.03.2017 einen Betrag von 30 000 GE, am 01.11.2019 einen Betrag von 40 000 GE, am 01.05.2021 einen Betrag von 45 000 GE und am 01.06.2022 einen Betrag von 25 000 GE ausgezahlt. Berechnen Sie den Barwert dieser Zahlungen zum Bewertungsstichtag 01.01.2016. Verwenden Sie (als Zinsmodell) die relativ gemischte Verzinsung. Lohnt sich diese Investition?

(d) Das Unternehmen möchte Investitionsalternative 3 aus Teilaufgabe (c) wie folgt verändern:
   – Die Zahlungen am 01.03.2017 und am 01.06.2022 sollen so verändert werden, dass sich der Barwert aller Zahlungen zum Bewertungsstichtag 01.01.2016 auf 120 000 GE beläuft.
   – Die Zahlung am 01.03.2017 soll 0,1 % des Quadrats der veränderten Zahlung am 01.06.2022 betragen.

Wie hoch ist die Zahlung am 01.06.2022, wenn diese positiv sein soll? Verwenden Sie (als Zinsmodell) wie in Teilaufgabe (c) die relativ gemischte Verzinsung.

Aufgabe 7.9 (Schwierigkeitsgrad: schwer)
Bei 4,2 % Jahreszins bestehen die folgenden Zahlungsverpflichtungen:

Tab. 7.2: Tabelle zu Aufgabe 7.9.

Betrag	Fälligkeitsdatum
10 000 Euro	01.01.2013
20 000 Euro	01.01.2017
15 000 Euro	01.01.2018

Der Schuldner möchte seine Schulden zurückzahlen durch
(a) gleich hohe vorschüssige Quartalsraten. Die erste Quartalsrate ist fällig am 01.01.2013, die letzte Quartalsrate soll am 01.10.2018 gezahlt werden. Wie hoch sind die Quartalsraten?
(b) gleich hohe vorschüssige Monatsraten über 1 000 Euro. Die erste Monatsrate ist fällig am 01.01.2013. Wie viele volle Monatsraten muss er zahlen?
(c) drei gleich hohe Beträge fällig am
   – 01.01.2013,
   – 01.01.2017,
   – 01.01.2019.

Wie hoch sind diese Rückzahlungsbeträge?

Unterstellen Sie für unterjährige Renten die relativ gemischte Verzinsung.

Aufgabe 7.10 (Schwierigkeitsgrad: einfach)
Für einen Hauskauf wird bei 3,8 % Jahreszinsen ein Kredit in Höhe von 246 000 Euro aufgenommen.
(a) Als Rückzahlung des Kredits werden vorschüssige Monatsraten in Höhe von 1 500 Euro vereinbart sowie eine Restzahlung einen Monat nach der letzten vollen Monatsrate. Die erste Monatsrate ist fällig bei Kreditaufnahme.
(1) Wie viele Jahre lang sind volle Monatsraten zu zahlen?
(2) Wie hoch ist die Restzahlung einen Monat nach der letzten vollen Monatsrate?
(b) Als Rückzahlung des Kredits wird eine Annuitäten-Tilgung über zwanzig Jahre vereinbart, erste Annuität fällig ein Jahr nach Kreditaufnahme.
(1) Wie hoch sind die Annuitäten?
(2) Geben Sie die Tilgungsplanzeile (Zinsen, Tilgung, Annuität, Restschuld jeweils am Ende des Jahres) für das siebte Tilgungsjahr an.

Unterstellen Sie für unterjährige Renten die relativ gemischte Verzinsung.

Aufgabe 7.11 (Schwierigkeitsgrad: schwer)
Ein Händler vereinbart mit seinem Kunden für einen Klavierkauf eine Ratenzahlung in Höhe von 200 Euro zahlbar zu Beginn eines Monats über fünf Jahre. Die erste Monatsrate ist fällig sofort bei Kauf.
(a) Die Konkurrenz bietet für das gleiche Klavier einen Ratenkauf an mit vorschüssigen Quartalsraten in Höhe von 740 Euro über vier Jahre, erste Rate fällig sofort bei Kauf. Welches der beiden Angebote ist günstiger, wenn ein Jahreszins von 4 % unterstellt wird? (Begründung!)
(b) Der Kunde möchte das Angebot seines Händlers annehmen, jedoch schon binnen drei (statt fünf) Jahren das Klavier durch vorschüssige Monatsraten abbezahlen. Wie hoch wären vorschüssige Monatsraten über drei Jahre, wenn wiederum ein Jahreszins von 4 % unterstellt wird?
(c) Wie hoch wären in einem äquivalenten Finanzierungsmodell zwei gleich hohe Raten, erste Rate fällig bei Kauf, zweite Rate fällig zwei Jahre nach Kauf, wenn wiederum ein Jahreszins von 4 % unterstellt wird?

Unterstellen Sie für unterjährige Renten die relativ gemischte Verzinsung.

Aufgabe 7.12 (Schwierigkeitsgrad: mittelschwer)
Eine Familie hat ein Haus für 300 000 € gekauft. Sie hat für die Finanzierung am 01.01.2010 einen Kredit über 200 000 € bei 4,2 % Zinsen p. a. aufgenommen.
(a) Die Familie bezahlt den Kredit binnen 20 Jahren mittels Annuitäten-Tilgung zurück. Die erste Annuität ist fällig am 31.12.2010.
(1) Wie hoch sind die Annuitäten?

(2) Unerwartet wird am 01.01.2020 ein zusätzlicher Rückzahlungsbetrag über 30 000 € eingezahlt. Auf welchen Wert reduzieren sich aufgrund der Rückzahlung anschließend die Annuitäten?

(b) Die Familie bezahlt den Kredit jeweils zum Ende eines Quartals mit Beträgen in Höhe von 3 000 € zurück. Der erste Betrag ist fällig am 31.03.2010. In welchem Kalenderjahr ist die letzte volle Quartalsrate fällig?

Unterstellen Sie für unterjährige Renten die relativ gemischte Verzinsung.

Aufgabe 7.13 (Schwierigkeitsgrad: schwer)
Der Autohändler A bietet bei 2,9 % Jahreszins für einen Ratenkauf eines VW Golf Plus das folgende Finanzierungsmodell an:

Tab. 7.3: Tabelle zu Aufgabe 7.13, Autohändler A.

Zahlung	Betrag	Fälligkeitstermin
Anzahlung	1 600 Euro	Sofort
Monatsraten	300 Euro	Über vier Jahre, erste Rate fällig mit der Anzahlung
Schlussrate	6 000 Euro	Nach vier Jahren

(1) Wie hoch müsste der Verkaufspreis bei einem Barkauf mindestens sein, damit das Finanzierungsmodell günstiger wäre?

(2) Der Autohändler B bietet für den gleichen Wagen ebenfalls bei 2,9 % Jahreszins das folgende Finanzierungsmodell an:

Tab. 7.4: Tabelle zu Aufgabe 7.13, Autohändler B.

Zahlung	Betrag	Fälligkeitstermin
Anzahlung	4 000 Euro	Sofort
Quartalsraten		Über fünf Jahre, erste Rate fällig mit der Anzahlung
Schlussrate	5 000 Euro	Nach fünf Jahren

Wie hoch müssen die Quartalsraten bemessen sein, damit die Finanzierungsmodelle der beiden Händler gleichwertig sind; d. h. die selben Barwerte haben?

Unterstellen Sie für unterjährige Renten die relativ gemischte Verzinsung.

8 Lösungen

Lösungen zu Kapitel 2: Zinsmodelle

Lösung 2.1 (Zeit: 12 Min)

(a) Wert der Zahlungsverpflichtungen am 31.07.2016 gemäß Formel 1:

$$30\,000 + \frac{20\,000}{1 + 1\frac{8}{12} \cdot 0{,}021} + \frac{10\,000}{1 + 4\frac{10}{12} \cdot 0{,}021} = 58\,402{,}20$$

Wert der beiden Rückzahlungen x am 31.07.2016 gemäß Formel 1:

$$58\,402{,}20 = x + \frac{x}{1 + 4\frac{5}{12} \cdot 0{,}021}$$

Somit haben wir:

$$58\,402{,}20 = x + \frac{1}{1 + 4\frac{5}{12} \cdot 0{,}021} \cdot x$$

Das ergibt:

$$58\,402{,}20 = x + 0{,}9151224\,x = 1{,}9151224\,x$$

Division durch 1,9151224 ergibt:

$$x = 30\,495{,}28$$

d. h. die beiden Rückzahlungen betragen jeweils 30 495,28 €.

(b) Wert der Zahlungsverpflichtungen am 31.07.2016 gemäß Formel 9:

$$30\,000 + \frac{20\,000}{1{,}021 \cdot (1 + \frac{8}{12} \cdot 0{,}021)} + \frac{10\,000}{1{,}021^4 \cdot (1 + \frac{10}{12} \cdot 0{,}021)} = 58\,362{,}23$$

Wert der beiden Rückzahlungen x am 31.07.2016 gemäß Formel 9:

$$58\,362{,}23 = x + \frac{x}{1{,}021^4 \cdot (1 + \frac{5}{12} \cdot 0{,}021)}$$

Somit haben wir:

$$58\,362{,}23 = x + \frac{1}{1{,}021^4 \cdot (1 + \frac{5}{12} \cdot 0{,}021)} \cdot x$$

Das ergibt:

$$58\,362{,}23 = x + 0{,}9122492\,x = 1{,}9122492\,x$$

Division durch 1,9122492 ergibt:

$$x = 30\,520{,}20$$

d. h. die beiden Rückzahlungen betragen jeweils 30 520,20 €.

https://doi.org/10.1515/9783110595116-008

Lösung 2.2 (Zeit: 10 Min)

(a) Wert der Forderungen am 31.12.2014 gemäß Formel 9:

$$\frac{35\,000}{1,035 \cdot \left(1 + \frac{3}{12} \cdot 0,035\right)} + \frac{50\,000}{1,035^2 \cdot \left(1 + \frac{9}{12} \cdot 0,035\right)} + \frac{25\,000}{1,035^5} =$$

$$33\,523,10 + 45\,481,64 + 21\,049,33 = 100\,054,07$$

d. h. in die Bilanz zum 31.12.2014 gehen die Forderungen mit einem Betrag von 100 054,07 GE ein.

(b) Wert der Forderungen am 30.06.2014 gemäß Formel 9:

$$\frac{35\,000}{1,035 \cdot \left(1 + \frac{9}{12} \cdot 0,035\right)} + \frac{50\,000}{1,035^3 \cdot \left(1 + \frac{3}{12} \cdot 0,035\right)}$$

$$+ \frac{25\,000}{1,035^5 \cdot \left(1 + \frac{6}{12} \cdot 0,035\right)}$$

$$= 32\,951,45 + 44\,705,96 + 20\,687,30 = 98\,344,71$$

Wert des Betrags x am 30.06.2014 gemäß Formel 9:

$$98\,344,71 = \frac{x}{1,035^4 \cdot \left(1 + \frac{6}{12} \cdot 0,035\right)} + \frac{3x}{1,035^6 \cdot \left(1 + \frac{6}{12} \cdot 0,035\right)}$$

Somit haben wir:

$$98\,344,71 = \frac{1}{1,035^4 \cdot \left(1 + \frac{6}{12} \cdot 0,035\right)} \cdot x + \frac{1}{1,035^6 \cdot \left(1 + \frac{6}{12} \cdot 0,035\right)} \cdot 3x$$

Das ergibt:

$$98\,344,71 = 0,8565 \cdot x + 0,7995 \cdot 3x$$

Multiplikation von 0,7995 mit 3 ergibt:

$$98\,344,71 = 0,8565 \cdot x + 2,3985 \cdot x$$

Addition von 0,8565 und 2,3985 ergibt:

$$98\,344,71 = 3,254982 \cdot x$$

Division durch 3,254982 ergibt:

$$x = 30\,213,5957 \text{ bzw. } 3x = 90\,640,7870$$

d. h. die erste Forderung beträgt 30 213,60 GE und die zweite Forderung beträgt 90 640,80 GE.

Lösung 2.3 (Zeit: 6 Min)

Wert der Zahlungsverpflichtungen am 31.07.2016 gemäß Formel 8:

$$30\,000 + \frac{20\,000}{1,021^{1\frac{8}{12}}} + \frac{10\,000}{1,021^{4\frac{10}{12}}} = 58\,363,42$$

Wert der beiden Rückzahlungen x am 31.07.2016 gemäß Formel 8:

$$58\,363,42 = x + \frac{x}{1,021^{4\frac{5}{12}}} = x + 0,9122971x = 1,9122971x \Leftrightarrow x = 30\,520,06$$

d. h. die beiden Rückzahlungen betragen jeweils 30 520,06 €.

Lösung 2.4 (Zeit: 15 Min)

(a) $k = 2\,\text{Jahre}$

$$y = 3\,\text{Monate plus }(13+11)\,\text{Tage} = \frac{90}{360} + \frac{24}{360} = \frac{114}{360}$$

Endwert gemäß Formel 9:

$$K_n = 100\,000 \cdot 1,036^2 \cdot \left(1 + \frac{114}{360} \cdot 0,036\right) = 108\,553,16$$

d. h. das Kapital wächst auf 108 553,16 GE an.

(b) $y_1 = 11\,\text{Monate plus }13\,\text{Tage} = \frac{330}{360} + \frac{13}{360} = \frac{343}{360}$

$k = \text{ein Jahr}$

$y_2 = 4\,\text{Monate plus }11\,\text{Tage} = \frac{120}{360} + \frac{11}{360} = \frac{131}{360}$

Endwert gemäß Formel 10:

$$K_n = 100\,000 \cdot \left(1 + \frac{343}{360} \cdot 0,036\right) \cdot 1,036 \cdot \left(1 + \frac{131}{360} \cdot 0,036\right) = 108\,557,19$$

d. h. das Kapital wächst auf 108 557,19 GE an.

(c) $m = 360\,\text{und}\ n \cdot m = 720 + 114 = 834\,\text{Tage}$

Endwert gemäß Formel 6:

$$K_n = 100\,000 \cdot \left(1 + \frac{0,036}{360}\right)^{834} = 108\,697,20$$

d. h. das Kapital wächst auf 108 697,20 GE an.

(d) Endwert gemäß Formel 8:

$$K_n = 100\,000 \cdot 1,036^{2+\frac{114}{360}} = 108\,538,40$$

d. h. das Kapital wächst auf 108 538,40 GE an.

Lösung 2.5 (Zeit: 12 Min)

(a) 19.12.2014 bis 14.03.2017 = 11 Tage, 2 Jahre, 2 Monate, 14 Tage = 2 Jahre, 2 Monate und 25 Tage:

$$n = 2 + \frac{2}{12} + \frac{25}{360}\,\text{Jahre} = 2,2361\,\text{Jahre}$$

Endguthaben gemäß Formel 9:

$$K_{2,2361} = 10\,000 \cdot 1,017^2 \cdot (1 + 0,2361 \cdot 0,017) = 10\,384,40$$

d. h. Frau X. hätte 10 384,40 € angespart.

(b) 19.12.2014 bis 06.04.2016 = 11 Tage, 1 Jahr, 3 Monate, 6 Tage = 1 Jahr, 3 Monate und 17 Tage = $1 + \frac{3}{12} + \frac{17}{360}$ Jahre = 1,2972 Jahre

Summe der Barwerte beider Beträge gemäß Formel 9:

$$\frac{5\,000}{1{,}017 \cdot \left(1 + \frac{90+17}{360} \cdot 0{,}017\right)} + \frac{5\,350}{1{,}017^2 \cdot \left(1 + \frac{60+25}{360} \cdot 0{,}017\right)}$$

$$= \frac{5\,000}{1{,}017 \cdot (1 + 0{,}2972 \cdot 0{,}017)} + \frac{5\,350}{1{,}017^2 \cdot (1 + 0{,}2361 \cdot 0{,}017)}$$

$$= 4\,891{,}71 + 5\,151{,}96 = 10\,043{,}67 > 10\,000$$

d. h. die beiden Großausgaben können damit nicht vollständig finanziert werden.

(c) Zu Teilaufgabe (a):

Endguthaben gemäß Formel 8:

$K_{2{,}2361} = 10\,000 \cdot 1{,}017^{2{,}2361} = 10\,384{,}14$

d. h. Frau X. hätte 10 384,14 € angespart.

Zu Teilaufgabe (b):

Summe der Barwerte beider Beträge gemäß Formel 8:

$$\frac{5\,000}{1{,}017^{1{,}2972}} + \frac{5\,350}{1{,}017^{2{,}2361}} = 4\,891{,}85 + 5\,152{,}09 = 10\,043{,}94 > 10\,000$$

d. h. die beiden Großausgaben können damit nicht vollständig finanziert werden.

Lösung 2.6   (Zeit: 10 Min)

Kontostand am 31.12.2010 gemäß Formel 6:

$$2\,000 \cdot \left(1 + \frac{0{,}015}{12}\right)^{12} + 5\,000 \cdot \left(1 + \frac{0{,}015}{12}\right)^{9} = 7\,086{,}74$$

Kontostand am 31.12.2011 gemäß Formel 6:

$$\left(7\,086{,}74 \cdot \left(1 + \frac{0{,}015}{12}\right) - 10\,000\right) \cdot \left(1 + \frac{0{,}096}{12}\right)^{11} = -3\,170{,}46$$

Kontostand am 31.12.2012 gemäß Formel 6:

$$\left(-3\,170{,}46 \cdot \left(1 + \frac{0{,}096}{12}\right)^{3} + 4\,000\right) \cdot \left(1 + \frac{0{,}015}{12}\right)^{9} = 761{,}35$$

Lösung 2.7   (Zeit: 10 Min)

(1) Wert der Schulden am Bewertungsstichtag gemäß Formel 9:

$$K_0 = \frac{1\,000}{1 + \frac{8}{12} \cdot 0{,}04} + \frac{2\,000}{1{,}04^2 \cdot \left(1 + \frac{1}{12} \cdot 0{,}04\right)} + \frac{3\,000}{1{,}04^5 \cdot \left(1 + \frac{5}{12} \cdot 0{,}04\right)}$$

Das ergibt:

$K_0 = 5\,242{,}35$

d. h. die einmalige Rückzahlung beträgt 5 242,35 Euro.

(2) Wert der beiden gleich hohen Beträge über x Euro am Bewertungsstichtag gemäß Formel 9:

$$5\,242,35 = \frac{x}{1 + \frac{8}{12} \cdot 0,04} + \frac{x}{1,04^5 \cdot (1 + \frac{5}{12} \cdot 0,04)}$$

$$5\,242,35 = 1,782479x \Leftrightarrow x = 2\,941,05$$

d. h. die beiden Rückzahlungen betragen jeweils 2 941,05 Euro.

(3) Wert der Restzahlung über x Euro am Bewertungsstichtag gemäß Formel 9:

$$5\,242,35 \quad = \quad \frac{2\,500}{1,04^3 \cdot (1 + \frac{10}{12} \cdot 0,04)} + \frac{x}{1,04^5 \cdot (1 + \frac{5}{12} \cdot 0,04)}$$

$$5\,242,35 \quad = \quad = 2\,150,80 + 0,8084529x$$

$$3\,091,55 \quad = \quad 0,8084529x$$

$$x \quad = \quad 3\,824,03$$

d. h. die Restzahlung beträgt 3 824,03 Euro.

Lösung 2.8 (Zeit: 4 Min)

Verkaufspreis nach zwei Jahren gemäß Formel 2:

$$75 = K_0 \cdot 1,2^2 \Leftrightarrow K_0 = \frac{75}{1,2^2} = 52,08333$$

d. h. der Verkaufspreis darf höchstens etwa 52,08 € betragen.

Lösung 2.9 (Zeit: 10 Min)

(1) Betrag am 31.12.2013 gemäß Formel 9:

$$K_{3+\frac{29+30+30+30}{360}} = 800\,000 \cdot \left(1 + \frac{119}{360} \cdot 0,04\right) \cdot 1,03 \cdot 1,02^2 = 868\,624,87$$

d. h. es werden 868 624,87 € ausgezahlt.

(2) Einmalzahlung am 31.12.2013 gemäß Formel 9:

$$200\,000 \cdot (1 + 0,5 \cdot 0,05) + 300\,000 + \frac{400\,000}{1,05^3} = 850\,535,04 < 868\,624,87$$

d. h. die Einmalzahlung würde 850 535,04 € betragen und die Auszahlung aus Teilaufgabe (1) würde reichen.

Lösung 2.10 (Zeit: 10 Min)

(1) Laufzeit 19 Quartale = 4,75 Jahre

Tab. 8.1: Tabelle zur Lösung von Aufgabe 2.10.

2011	3 Quartale
2012	4 Quartale
2013	4 Quartale
2014	4 Quartale
2015	4 Quartale
$\sum$	19 Quartale = 4,75 Jahre

Rückzahlungsbetrag am 31.12.2015 gemäß Formel 6:

$$K_{4,75} = 50\,000 \cdot \left(1 + \frac{0,031}{4}\right)^{4 \cdot 4,75} = 57\,899,30$$

d. h. es sind 57 899,30 € zurückzuzahlen.

(2) Die Rückzahlung über 20 000 € wird elf Quartale vor der Restzahlung und die Rückzahlung über 10 000 € wird acht Quartale vor der Restzahlung getätigt. Restzahlung am 31.12.2015 gemäß Formel 6:

$$57\,899,30 - 20\,000 \cdot \left(1 + \frac{0,031}{4}\right)^{11} - 10\,000 \cdot \left(1 + \frac{0,031}{4}\right)^{8} = 25\,489,59$$

d. h. er muss 25 489,59 € zurückzahlen.

Lösung 2.11 (Zeit: 10 Min)

(a) Rückzahlung am 31.08.2014 gemäß Formel 6:

$$K_3 = 1\,000\,000 \cdot \left(1 + \frac{0,0492}{12}\right)^{3 \cdot 12} = 1\,000\,000 \cdot 1,0041^{36} = 1\,158\,699,49$$

d. h. die Rückzahlsumme am 31.08.2014 beträgt 1 158 699,49 €.

(b) Rückzahlung am 31.08.2014 gemäß Formel 6:

$$K_3 = 1\,000\,000 \cdot \left(1 + \frac{0,0492}{12}\right)^{16} \cdot \left(1 + \frac{0,0504}{12}\right)^{11} \cdot \left(1 + \frac{0,0528}{12}\right)^{9}$$

Das ergibt:

$$K_3 = 1\,163\,092,34$$

d. h. die Rückzahlsumme am 31.08.2014 beträgt 1 163 092,34 €

Lösung 2.12 (Zeit: 5 Min)

Guthaben nach zehn Jahren gemäß Formel 6:

$$K_{10} = 100\,000 \cdot \left(1 + \frac{0,02}{12}\right)^{12} \cdot \left(1 + \frac{0,03}{12}\right)^{48} \cdot \left(1 + \frac{0,04}{12}\right)^{60} = 140\,424,67$$

d. h. der Betrag liegt bei 140 424,67 €.

Lösung 2.13 (Zeit: 4 Min)

Endguthaben gemäß Formel 2:

$$K_4 = 10\,000 \cdot 1,007 \cdot 1,015 \cdot 1,02^2 = 10\,633,98$$

d. h. das Kapital nach vier Jahren beträgt 10 633,98 €.

Lösung 2.14 (Zeit: 5 Min)

1. Lösungsweg:

Endguthaben K_1 gemäß Formel 4:

$$K_1 = \frac{100\,000}{0,95} = 105\,263,16$$

Endguthaben K_5 gemäß Formel 4:

$$K_5 = \frac{105\,263,16}{0,94^4} = 134\,823,31$$

Endguthaben K_{10} gemäß Formel 4:

$$K_{10} = \frac{134\,823,31}{0,93^5} = 193\,798,42$$

d. h. der Betrag liegt bei 193 798,42 Euro.

2. Lösungsweg:

Endguthaben K_{10} gemäß Formel 4:

$$K_{10} = \frac{100\,000}{0,95 \cdot 0,94^4 \cdot 0,93^5} = 193\,798,42$$

Lösung 2.15   (Zeit: 5 Min)

x = Rückzahlung am 01.07.2009

Die Wertstellung sowohl der Schulden als auch der Rückzahlungen erfolgt am Bewertungsstichtag. Somit sind am Bewertungsstichtag die Schulden genauso groß wie die Rückzahlungen:

Schulden = Rückzahlungen gemäß Formel 9:

$$1\,000\,000 \cdot 1,05^7 \cdot \left(1 + \frac{1}{4} \cdot 0,05\right) = 300\,000 \cdot 1,05^4 + 500\,000 \cdot 1,05^2 + x$$

Das ergibt:

$$1\,424\,689,18 = 915\,901,88 + x$$

Somit haben wir:

$$x = 508\,787,30$$

d. h. die dritte Rückzahlung beträgt 508 787,30 GE.

Lösung 2.16   (Zeit: 8 Min)

Schulden am 31.12.2008 gemäß Formel 9:

$$1\,000\,000 \cdot 1,05^6 \cdot \left(1 + \frac{3}{4} \cdot 0,05\right) - 300\,000 \cdot 1,05^3 \cdot \left(1 + \frac{1}{2} \cdot 0,05\right)$$

$$- 500\,000 \cdot 1,05 \cdot \left(1 + \frac{1}{2} \cdot 0,05\right) = 496\,254,54$$

70 % der am 31.12.2008 bestehenden Schuld:

70 % von 496 254,54 = $0,7 \cdot 496\,254,54 = 347\,378,18$

x = Betrag am 30.09.2010 und

x = Betrag am 30.11.2010

Schulden = Rückzahlungen gemäß Formel 9:

$$347\,378,18 = \frac{x}{1,05 \cdot \left(1 + \frac{9}{12} \cdot 0,05\right)} + \frac{x}{1,05 \cdot \left(1 + \frac{11}{12} \cdot 0,05\right)}$$

Das ergibt:

$$347\,378,18 = 1,8286x$$

Somit haben wir:

$$x = 189\,969,40$$

d. h. die beiden Zahlungen betragen 189 969,40 GE.

Lösung 2.17 (Zeit: 10 Min)
(a) Rückzahlung gemäß Formel 6 mit $m = 12$:

$$20\,000\left(1 + \frac{0,06}{12}\right)^{12 \cdot \frac{35}{12}} + 10\,000\left(1 + \frac{0,06}{12}\right)^{12 \cdot \frac{25}{12}}$$

$$+ 15\,000\left(1 + \frac{0,06}{12}\right)^{12 \cdot \frac{19}{12}} + 12\,000\left(1 + \frac{0,06}{12}\right)^{12} = 64\,373,61$$

d. h. die Rückzahlung beträgt 64 373,61 €.
(b) Rückzahlung gemäß Formel 1:

$$20\,000 \cdot \left(1 + \frac{35}{12} \cdot 0,06\right) + 10\,000 \cdot \left(1 + \frac{25}{12} \cdot 0,06\right)$$

$$+ 15\,000 \cdot \left(1 + \frac{19}{12} \cdot 0,06\right) + 12\,000 \cdot 1,06 = 63\,895$$

d. h. die Rückzahlung beträgt 63 895 €.
(c) Rückzahlung gemäß Formel 6:

$$20\,000 \cdot 1,06^2 \cdot \left(1 + \frac{11}{12} \cdot 0,06\right) + 10\,000 \cdot 1,06^2 \cdot \left(1 + \frac{1}{12} \cdot 0,06\right)$$

$$+ 15\,000 \cdot 1,06 \cdot \left(1 + \frac{7}{12} \cdot 0,06\right) + 12\,000 \cdot 1,06 = 64\,176,64$$

d. h. die Rückzahlung beträgt 64 176,64 €.

Lösung 2.18   (Zeit: 4 Min)
Schulden am 31.12.2004 gemäß Formel 9:

$$24\,000 \cdot \left(1 + \frac{3}{4} \cdot 0,056\right) \cdot 1,056 = 26\,408,45$$

d. h. die Schulden am 31.12.2004 betragen 26 408,45 €.

Lösung 2.19   (Zeit: 6 Min)
Am Bewertungsstichtag, dem Tag der Wertstellung aller Beträge, sind die Schulden genauso groß wie die Rückzahlungen.

$$x = \text{Betrag am } 30.06.2010$$

Schulden = Rückzahlungen gemäß Formel 9:

$$20\,000 \cdot 1,06^3 \cdot \left(1 + \frac{5}{12} \cdot 0,06\right) + 10\,000 \cdot 1,06^2 \cdot \left(1 + \frac{7}{12} \cdot 0,06\right)$$

$$+ 15\,000 \cdot 1,06^2 \cdot \left(1 + \frac{1}{12} \cdot 0,06\right) + 12\,000 \cdot 1,06 \cdot \left(1 + \frac{6}{12} \cdot 0,06\right)$$

$$= 15\,000 \cdot 1,06^3 \cdot \left(1 + \frac{4}{12} \cdot 0,06\right) + x$$

Das ergibt:

$$66\,084,958 = 18\,222,5448 + x \Leftrightarrow x = 47\,862,41$$

d. h. die Rückzahlung beträgt 47 862,41 €.

Lösung 2.20   (Zeit: 8 Min)

Wert K_0 der Forderungen am 30.06.2004 gemäß Formel 9:

$$K_0 = \frac{35\,000}{1,035 \cdot \left(1 + \frac{9}{12} \cdot 0,035\right)} + \frac{50\,000}{1,035^3 \cdot \left(1 + \frac{3}{12} \cdot 0,035\right)}$$

$$+ \frac{25\,000}{1,035^5 \cdot \left(1 + \frac{6}{12} \cdot 0,035\right)}$$

Das ergibt:

$$K_0 = 32\,951,45 + 44\,705,96 + 20\,687,30 = 98\,344,71$$

x = Rückzahlungsbetrag am 31.12.2008

$3x$ = Rückzahlungsbetrag am 31.12.2010

Am Bewertungsstichtag 30.06.2004 sind die Schulden genauso groß wie die Rückzahlungen.

Schulden = Rückzahlungen am 30.06.2004 gemäß Formel 9:

$$98\,344,71 = \frac{x}{1,035^4 \cdot \left(1 + \frac{6}{12} \cdot 0,035\right)} + \frac{3x}{1,035^6 \cdot \left(1 + \frac{6}{12} \cdot 0,035\right)}$$

Das ergibt:

$$98\,344,71 = 0,8565 \cdot x + 0,7995 \cdot 3x$$

Berechnung der Faktoren ergibt:

$$98\,344,71 = 0,8565 \cdot x + 2,3985 \cdot x$$

Zusammengefasst haben wir:

$$98\,344,71 = 3,254982 \cdot x$$

$$x = 30\,213,5957 \text{ bzw. } 3x = 90\,640,7870$$

d. h. die erste Forderung beträgt 30 213,60 GE und die zweite Forderung beträgt 90 640,80 GE.

Lösung 2.21 (Zeit: 10 Min)

(1) heutiger Wert der Zahlungsverpflichtung gemäß Formel 2:

$$K_0 = \frac{150\,000}{1,06^5} + \frac{100\,000}{1,06^7} = 178\,594,44$$

d. h. die sofortige Zahlung beträgt 178 594,44 GE.

(2) *1. Lösungsweg:*

Wert der Zahlungsverpflichtung nach vier Jahren gemäß Formel 2:

$$K_4 = \frac{150\,000}{1,06} + \frac{100\,000}{1,06^3} = 225\,471,36$$

d. h. die Einmalzahlung am Ende des vierten Jahres beträgt 225 471,36 GE.

2. Lösungsweg:

Wert der Zahlungsverpflichtung nach vier Jahren gemäß Formel 2:

$$K_4 = 178\,594,44 \cdot 1,06^4 = 225\,471,36$$

(3) x = Zahlung am Ende des 4. bzw. 5. Jahres

Schulden = Rückzahlungen:

$$225\,471,36 = x \cdot 1,06^2 + x = 2,1236\,x$$

Division durch 2,1236 ergibt:

$$x = \frac{225\,471,36}{2,1236} = 106\,174,12$$

d. h. die beiden gleich großen Zahlungen am Ende des 2. und 4. Jahres betragen 106 174,12 GE.

Lösung 2.22 (Zeit: 5 Min)

effektiver Jahreszinssatz j gemäß Formel 7:

$$j = \left(1 + \frac{0,031}{4}\right)^4 - 1 = 0,031362$$

Laufzeit gemäß Formel 3:

$$n = \frac{\ln(55\,000 \div 50\,000)}{\ln 1,031362} = 3,086420$$

d. h. nach dreizehn vollen Quartalen wird erstmals der Betrag von 55 000 € überschritten.

Lösung 2.23 (Zeit: 10 Min)

(a) Effektivzinssatz j gemäß Formel 7:

$$j = \left(1 + \frac{0,0492}{12}\right)^{12} - 1 = 0,05032476$$

Laufzeit gemäß Formel 3:

$$n = \frac{\ln \frac{1\,150\,000}{1\,000\,000}}{\ln 1{,}05032476} = 2{,}846509$$

$0{,}846509 \cdot 12 = 10{,}15811$ Monate

d. h. nach zwei Jahren und elf Monaten wird am 01.08.2014 erstmals der Betrag von 1 150 000 € überschritten.

(b) Endguthaben gemäß Formel 6:

$$K_{\frac{27}{12}} = 1\,000\,000 \cdot \left(1 + \frac{0{,}0492}{12}\right)^{16} \cdot \left(1 + \frac{0{,}0504}{12}\right)^{11} = 1\,118\,031{,}04$$

Effektivzinssatz j gemäß Formel 7:

$$j = \left(1 + \frac{0{,}0528}{12}\right)^{12} - 1 = 0{,}054097$$

Laufzeit gemäß Formel 3:

$$n = \frac{\ln \frac{1\,150\,000}{1\,118\,031{,}04}}{\ln 1{,}054097} = 0{,}5351285$$

$0{,}5351285 \cdot 12 = 6{,}421542$ Monate

d. h. nach $16 + 11 + 7 = 34$ Monaten wird am 01.07.2014 erstmals der Betrag von 1 150 000 € überschritten.

Lösung 2.24   (Zeit: 6 Min)

Laufzeit gemäß Formel 15 und Formel 16:

$$n = -\frac{\ln\left[1 - \frac{10\,358}{640{,}92 \cdot 1{,}0225} \cdot 0{,}0225\right]}{\ln 1{,}0225} = 19{,}75$$

d. h. die Rente sollte mindestens 20-mal bezogen werden. Da die erste Rente erst vier Jahre nach der Anlage und jede Rente – also auch die letzte Rente – zu Beginn eines Jahres ausgezahlt wird, muss die Kundin den Zeitpunkt der Anlage um mindestens $4 + 20 - 1 = 23$ Jahre überleben.

Lösung 2.25   (Zeit: 8 Min)

Guthaben nach einem Jahr gemäß Formel 6:

$$K_1 = 100\,000 \cdot \left(1 + \frac{0{,}02}{12}\right)^{12} = 102\,018{,}44$$

Guthaben nach fünf Jahren gemäß Formel 6:

$$K_5 = 102\,018{,}44 \cdot \left(1 + \frac{0{,}03}{12}\right)^{48} = 115\,008{,}24$$

110 000 liegt zwischen 102 018,44 und 115 008,24

1. Lösungsweg:

nachschüssiger Effektivzinssatz j gemäß Formel 7:

$$j = \left(1 + \frac{0{,}03}{12}\right)^{12} - 1 = 0{,}030416$$

Laufzeit gemäß Formel 3:

$$n = \frac{\ln\left(\frac{110\,000}{102\,018,44}\right)}{\ln 1,0030416} = 2,51403 \text{ Jahre}$$

$0,51403 \cdot 12 = 6,16836$ Monate

1 Jahr plus 2 Jahre plus 7 Monate $=$ 43 Monate

d. h. nach 43 Monaten wird erstmals der Betrag von 110 000 Euro überschritten.

2. Lösungsweg:

Endguthaben nach x Monaten gemäß Formel 6:

$$102\,018,44 \cdot \left(1 + \frac{0,03}{12}\right)^x = 110\,000 \qquad | \div 102\,018,44$$
$$1,0025^x = 1,078236 \qquad\qquad\quad | \ln$$
$$x = \frac{\ln 1,078236}{\ln 1,0025}$$
$$x = 30,1682 \approx 31 \text{ Monate}$$

31 Monate plus 12 Monate $=$ 43 Monate

d. h. nach 43 Monaten wird erstmals der Betrag von 110 000 Euro überschritten.

Lösung 2.26 (Zeit: 8 Min)

Um zu wissen, in welcher der drei Zinsphasen der Betrag erreicht wird, werden zunächst die Endguthaben nach einem bzw. fünf Jahren berechnet.

Endguthaben K_1 gemäß Formel 4:

$$K_1 = \frac{100\,000}{0,95} = 105\,263,16$$

Endguthaben K_5 gemäß Formel 4:

$$K_5 = \frac{105\,263,16}{0,94^4} = 134\,823,31$$

Fazit: Der Betrag wird erst in der dritten Zinsphase erreicht.

effektiver Jahreszinssatz i' gemäß Formel 5:

$$i' = \frac{i}{1-i} = \frac{0,07}{0,93} = 0,07526882$$

Laufzeit gemäß Formel 3:

$$n = \frac{\ln\left(\frac{165\,000}{134\,823,31}\right)}{\ln 1,07526882} = 2,783222$$

5 Jahre + 2,783222 Jahre $=$ 7,783222 Jahre

d. h. der Betrag wird erstmalig nach acht Jahren überschritten.

Lösung 2.27 (Zeit: 6 Min)

Endguthaben gemäß Formel 9:

$$10\,400 = 10\,000 \cdot 1,0175^2 \cdot (1 + 0,2361 \cdot i)$$

Division durch $10\,000 \cdot 1,0175^2$ ergibt:

$$\frac{10\,400}{10\,000 \cdot 1,0175^2} = 1 + 0,2361 \cdot i$$

Subtraktion von eins ergibt:

$$\frac{10\,400}{10\,000 \cdot 1,0175^2} - 1 = 0,2361 \cdot i$$

Somit haben wir:

$$0,004534 = 0,2361 \cdot i$$

Division durch $0,2361$ ergibt:

$$i = 0,01920$$

d. h. der Jahreszins beträgt 1,92 %.

Lösung 2.28 (Zeit: 8 Min)

Kontostand am 31.03.2012 gemäß Formel 6:

$$5\,000 \cdot \left(1 + \frac{0,015}{12}\right)^{27} + 7\,000 \cdot \left(1 + \frac{0,015}{12}\right)^{21} + 8\,000 \cdot \left(1 + \frac{0,015}{12}\right)^{9}$$

$$- 24\,000 = 20\,448,04 - 24\,000 = -3\,551,96$$

Schulden am 31.12.2012 mit Überziehungszinssatz i gemäß Formel 6:

$$3\,551,96 \cdot \left(1 + \frac{i}{12}\right)^{9} = 319,68 + 3\,551,96 = 3\,871,64$$

Division durch $3\,551,96$ ergibt:

$$\left(1 + \frac{i}{12}\right)^{9} = 1,090001$$

Neunte Wurzel ziehen ergibt:

$$1 + \frac{i}{12} = 1,009621$$

Minus eins mal zwölf ergibt:

$$i = 0,009621 \cdot 12 = 0,1154567$$

d. h. der gesuchte Überziehungszins beträgt 11,55 % pro Jahr.

Lösung 2.29 (Zeit: 3 Min)

effektiver Jahreszinssatz j gemäß Formel 7:

$$j = \left(1 + \frac{0,031}{4}\right)^{4} - 1 = 0,031362$$

d. h. der effektive Jahreszins beträgt 3,1362 %.

Lösung 2.30   (Zeit: 8 Min)

Endguthaben gemäß Formel 6:

$$K_{\frac{27}{12}} = 1\,000\,000 \cdot \left(1 + \frac{0{,}0492}{12}\right)^{16} \cdot \left(1 + \frac{0{,}0504}{12}\right)^{11} = 1\,118\,031{,}04$$

Zinssatz i gemäß Formel 6:

$$
\begin{aligned}
1\,165\,000 &= 1\,118\,031{,}04 \cdot \left(1 + \frac{i}{12}\right)^{9} && | \div 1\,118\,031{,}04 \\[4pt]
1.042010 &= \left(1 + \frac{i}{12}\right)^{9} && | \text{9. Wurzel} \\[4pt]
1{,}004583 &= 1 + \frac{i}{12} && | -1 \\[4pt]
0{,}004583 &= \frac{i}{12} && | \cdot 12 \\[4pt]
i &= 0{,}0549949
\end{aligned}
$$

d. h. der Jahreszins darf maximal 5,49949 % betragen.

Lösung 2.31   (Zeit: 10 Min)

(1) Bemessungsgrundlage für die einfachen Zinsen Z eines Monats $n = \frac{1}{12}$ ist gemäß Formel 1 das Startkapital $K_0 = 100\,000$:

$$Z = K_0 \cdot n \cdot i = K_0 \cdot \frac{1}{12} \cdot i = 100\,000 \cdot \frac{1}{12} \cdot 0{,}0432 = 360$$

d. h. die einfachen monatlichen Zinsen betragen 360 €.

(2) Summe aller Zinszahlungen im Zeitraum 01.06.2021 bis 31.05.2022:

$$12 \cdot Z = 12 \cdot 360 = 4\,320$$

d. h. die Summe aller Zinszahlungen beträgt 4 320 €.

(3) Zinszahlungen gemäß Formel 1:

$$7 \cdot 360 + 3 \cdot 100\,000 \cdot \frac{1}{12} \cdot 0{,}0456 + 2 \cdot 100\,000 \cdot \frac{1}{12} \cdot 0{,}0492 = 4\,480$$

d. h. die Summe aller Zinszahlungen beträgt 4 480 €.

Lösung 2.32   (Zeit: 6 Min)

Gesparte Zinszahlungen von Angebot 1 im Zeitraum 01.02. bis 31.05.2012 gemäß Formel 1:

$$360 \cdot \left(1 + \frac{3}{12} \cdot 0{,}02\right) + 360 \cdot \left(1 + \frac{2}{12} \cdot 0{,}02\right)$$

$$+ 360 \cdot \left(1 + \frac{1}{12} \cdot 0{,}02\right) + 360 = 1\,443{,}6$$

d. h. die gesparten Zinszahlungen von Angebot 1 betragen 1 443,6 €. Durch die höhere Kreditsumme von Angebot 2 ergibt sich ein Plus von 1 500 €.

1 500 > 1 443,6; d. h. Angebot 2 ist günstiger.

Lösung 2.33 (Zeit: 6 Min)

Gesparte Zinszahlungen von Angebot 1 im Zeitraum 01.02. bis 31.05.2012 gemäß Formel 1:

$$380 \cdot \left(1 + \frac{3}{12} \cdot 0{,}02\right) + 380 \cdot \left(1 + \frac{2}{12} \cdot 0{,}02\right)$$

$$+ 410 \cdot \left(1 + \frac{1}{12} \cdot 0{,}02\right) + 410 = 1\,583{,}85$$

Damit sind die ersparten Zinszahlungen von Angebot 2 höher als die Differenz von 1 500 der beiden unterschiedlichen Kreditsummen, somit ist Angebot 1 günstiger.

Lösung 2.34 (Zeit: 5 Min)

1. Lösungsweg:

Endguthaben gemäß Formel 2:

$$K_4 = 10\,000 \cdot 1{,}007 \cdot 1{,}015 \cdot 1{,}02^2 = 10\,633{,}98$$

Zinsfaktor q gemäß Formel 2:

$$q = \sqrt[4]{\frac{10\,633{,}98}{10\,000}} = 1{,}0155$$

d. h. der gesuchte Jahreszins beträgt 1,55 %.

2. Lösungsweg:

Zinsfaktor q gemäß Formel 2:

$$K_0 \cdot q^4 = K_0 \cdot 1{,}007 \cdot 1{,}015 \cdot 1{,}02^2$$

Division durch K_0 ergibt:

$$q^4 = 1{,}063398$$

Ziehen der 4. Wurzel ergibt:

$$q = \sqrt[4]{1{,}063398} = 1{,}0155$$

d. h. der gesuchte Jahreszins beträgt 1,55 %.

Lösung 2.35 (Zeit: 6 Min)

Guthaben nach zehn Jahren gemäß Formel 6:

$$K_{10} = 100\,000 \cdot \left(1 + \frac{0{,}02}{12}\right)^{12} \cdot \left(1 + \frac{0{,}03}{12}\right)^{48} \cdot \left(1 + \frac{0{,}04}{12}\right)^{60} = 140\,424{,}67$$

effektiver Jahreszins gemäß Formel 2:

$$q = \sqrt[10]{\frac{140\,424{,}67}{100\,000}} = 1{,}034533$$

d. h. der gesuchte Zins beträgt etwa 3,45 %.

Lösung 2.36 (Zeit: 4 Min)

Zinsfaktor q gemäß Formel 2:

$$10\,000 \cdot q^4 = 10\,358$$

Division durch 10 000 ergibt:

$$q^4 = 1{,}0358$$

Ziehen der 4. Wurzel ergibt:

$$q = \sqrt[4]{1{,}0358} = 1{,}0088$$

d. h. der gesuchte Jahreszins beträgt 0,88 %.

Lösung 2.37 (Zeit: 15 Min)

Endguthaben K_{10} gemäß Formel 4:

$$K_{10} = \frac{100\,000}{0{,}95 \cdot 0{,}94^4 \cdot 0{,}93^5} = 193\,798{,}42$$

(a) Zinsfaktor q gemäß Formel 2:

$$q = \sqrt[10]{\frac{193\,798{,}42}{100\,000}} = 1{,}068403$$

  d. h. der gesuchte Zins beträgt etwa 6,84 %.

(b) i = Zinssatz im ersten Jahr

Tab. 8.2: Tabelle zur Lösung von Aufgabe 2.37.

Jahreszinssatz:		
	1. Jahr:	i
	2. bis 5. Jahr:	0,06
	6. bis 9. Jahr:	0,07
	10. Jahr:	$2i$

Endguthaben nach zehn Jahren gemäß Formel 4:

$$\frac{100\,000}{(1-i) \cdot 0{,}94^4 \cdot 0{,}93^4 \cdot (1-2i)} = 193\,798{,}42$$

Das ergibt:

$$\frac{100\,000}{0{,}5840408 \cdot (1-i)(1-2i)} = 193\,798{,}42$$

Multiplikation mit $(1-i)(1-2i)$ ergibt:

$$\frac{100\,000}{0{,}5840408} = 193\,798{,}42 \cdot (1-i)(1-2i)$$

Division durch 193 798,42 ergibt:

$$0{,}8835 = (1-i)(1-2i) = 1 - 3i + 2i^2$$

Division durch 2 ergibt:

$$0,44175 = i^2 - 1,5i + 0,5$$

Minus 0,44175 ergibt:

$$0 = i^2 - 1,5i + 0,05825$$

Die quadratische Gleichung wird mit der pq-Formel (siehe [2, Kapitel 6.2]) gelöst:

$$i = 0,75 \pm \sqrt{0,5625 - 0,05825} = 0,75 \pm 0,7101056$$

$$i = 0,03989437 \text{ oder } i = 1,460106$$

d. h. der Zins für das erste Jahr beträgt 3,989 % und für das zehnte Jahr $2 \cdot 3,989 = 7,978$ %.

Lösung 2.38   (Zeit: 15 Min)

Schulden am 31.12.2008 gemäß Formel 9:

$$1\,000\,000 \cdot 1,05^6 \cdot \left(1 + \frac{3}{4} \cdot 0,05\right) - 300\,000 \cdot 1,05^3 \cdot \left(1 + \frac{1}{2} \cdot 0,05\right)$$

$$- 500\,000 \cdot 1,05 \cdot \left(1 + \frac{1}{2} \cdot 0,05\right) = 496\,254,54$$

70 % der am 31.12.2008 bestehenden Schuld:

70 % von $496\,254,54 = 0,7 \cdot 496\,254,54 = 347\,378,18$

Schulden = Rückzahlungen am 31.12.2008 gemäß Formel 9:

$$347\,378,18 = \frac{373\,000}{q \cdot (1 + 0,5 \cdot (q - 1))}$$

Das ergibt:

$$347\,378,18 = \frac{373\,000}{0,5q^2 + 0,5q}$$

Division durch 347 378,18 ergibt:

$$1 = \frac{373\,000}{347\,378,18} \cdot \frac{1}{0,5q^2 + 0,5q}$$

Multiplikation mit $0,5q^2 + 0,5q$ ergibt:

$$0,5q^2 + 0,5q = \frac{373\,000}{347\,378,18}$$

Somit haben wir:

$$0,5q^2 + 0,5q = 1,078$$

Subtraktion von 1,078 ergibt:

$$0,5q^2 + 0,5q - 1,078 = 0$$

Division durch 0,5 ergibt:

$q^2 + q - 2,1475 = 0$

Die Gleichung wird mit der *pq*-Formel (siehe [2, Kapitel 6.2]) gelöst:

$q = -0,5 \pm \sqrt{0,25 + 2,1475}$

Das ergibt:

$q = -0,5 \pm 1,5484$

Somit haben wir:

$q = 1,0484$ oder $\underline{q = 2,0484}$
$\not\in$Def.-bereich

d. h. der Jahreszins beträgt 4,84 %.

Lösung 2.39   (Zeit: 6 Min)

1. Lösungsweg:

Endguthaben gemäß Formel 2:

$K_7 = 2\,000 \cdot 1,0325 \cdot 1,0425 \cdot 1,0475 \cdot 1,052 \cdot 1,0575 \cdot 1,0625 \cdot 1,065$

Das ergibt:

$K_7 = 2\,000 \cdot 1,419\,367 = 2\,838,74$

einheitlicher Zinsfaktor *q* gemäß Formel 2:

$2\,838,74 = 2\,000 \cdot q^7$

Das ergibt:

$q = \sqrt[7]{\dfrac{2\,838,74}{2\,000}} = 1,0513$

d. h. der einheitliche Zins (Effektivzins) beträgt 5,13 % p. a.

2. Lösungsweg:

geometrisches Mittel (siehe [3, Kapitel 6.1.4]) aus den sieben Zinsfaktoren:

$q = \sqrt[7]{1,0325 \cdot 1,0425 \cdot 1,0475 \cdot 1,052 \cdot 1,0575 \cdot 1,0625 \cdot 1,065}$

Das ergibt:

$q = \sqrt[7]{1,419\,376} = 1,0513$

Lösung 2.40   (Zeit: 20 Min)
(a) (1) Endwert gemäß Formel 1:

$\quad K_5 = 50\,000 \cdot (1 + 5 \cdot 0,019) = 54\,750,00$
(2) Endwert gemäß Formel 2:

$\quad K_5 = 50\,000 \cdot 1,019^5 = 54\,933,96$
(3) Endwert gemäß Formel 6:

$$K_5 = 50\,000 \cdot \left(1 + \frac{0{,}019}{4}\right)^{20} = 54\,970{,}58$$

(4) Endwert gemäß Formel 11:

$$K_5 = 50\,000 \cdot e^{5 \cdot 0{,}019} = 54\,982{,}94$$

(b) (1) Laufzeit n aus Endwert-Formel 1 berechnen:

$$52\,920 = 50\,000(1 + n \cdot 0{,}019) \Leftrightarrow n = \frac{\frac{52\,920}{50\,000} - 1}{0{,}019} = 3{,}073684$$

$$360 \cdot 0{,}073684 = 26{,}5 \approx 27$$

d. h. nach drei Jahren und 27 Tagen; d. h. am Ende des vierten Jahres wird erstmals der Betrag von 52 920 € überschritten.

(2) Laufzeit gemäß Formel 3:

$$n = \frac{\ln \frac{52\,920}{50\,000}}{\ln 1{,}019} = 3{,}015571$$

d. h. am Ende des vierten Jahres wird erstmals der Betrag von 52 920 € überschritten.

(3) Effektivzins j gemäß Formel 7:

$$j = \left(1 + \frac{0{,}019}{4}\right)^4 - 1 = 0{,}019136$$

Laufzeit gemäß Formel 3:

$$n = \frac{\ln \frac{52\,920}{50\,000}}{\ln 1{,}019136} = 2{,}99434 \text{ Jahre}$$

d. h. am Ende des dritten Jahres wird erstmals der Betrag von 52 920 € überschritten.

(4) Laufzeit n aus Endwert-Formel 11 berechnen:

$$52\,920 = 50\,000 \cdot e^{n \cdot 0{,}019}$$

Division durch 50 000 ergibt:

$$\frac{52\,920}{50\,000} = e^{n \cdot 0{,}019}$$

Jetzt setzen wir den natürlichen Logarithmus auf beide Seiten der Gleichung, das ergibt:

$$\ln\left(\frac{52\,920}{50\,000}\right) = \ln\left(e^{n \cdot 0{,}019}\right)$$

Mit dem Logarithmus-Gesetz (siehe [4, Kapitel 8.2]) ergibt sich, da $\ln e = 1$ gilt, daraus:

$$\ln\left(\frac{52\,920}{50\,000}\right) = n \cdot 0{,}019 \cdot \ln(e) = n \cdot 0{,}019$$

Division durch 0,019 ergibt:

Tab. 8.3: Tabelle zur Lösung von Aufgabe 2.41.

Jahr	Anzahl Quartale
2013	2 Quartale
2014	4 Quartale
2015	4 Quartale
2016	4 Quartale
2017	4 Quartale
$\sum$	18 Quartale = 4,5 Jahre

$$n = \frac{\ln \frac{52\,920}{50\,000}}{0,019} = 2,987281 \text{ Jahre}$$

d. h. am Ende des dritten Jahres wird erstmals der Betrag von 52 920 € überschritten.

Lösung 2.41 (Zeit: 20 Min)

(1) *1. Lösungsweg:*

K_1 gemäß Formel 6:

$$K_1 = 100\,000 \cdot \left(1 + \frac{0,2}{4}\right)^4 = 100\,000 \cdot 1,05^4$$

$$= 100\,000 \cdot 1,2155 = 121\,550,63$$

d. h. der effektive Jahreszins beträgt 21,55 %.

2. Lösungsweg:

effektiver Jahreszins j gemäß Formel 7:

$$j = \left(1 + \frac{0,2}{4}\right)^4 - 1 = 0,2155063$$

d. h. der effektive Jahreszins beträgt 21,55 %.

(2) Zunächst zählen wir die Anzahl $m \cdot n$ der Quartale:

$m \cdot n = 18$ Quartale = 4,5 Jahre

Endguthaben gemäß Formel 6:

$$K_{4,5} = 100\,000 \cdot \left(1 + \frac{0,2}{4}\right)^{4 \cdot 4,5} = 100\,000 \cdot 1,05^{18} = 240\,661,92$$

d. h. er muss 240 661,92 € zurückzahlen.

(3) $n = $ Laufzeit in Jahren $= ?$

1. Lösungsweg:

Endguthaben gemäß Formel 6:

$$200\,000 \;=\; 100\,000 \cdot \left(1 + \frac{0,2}{4}\right)^{4 \cdot n} \qquad | \div 100\,000$$

$$2 \;=\; 1,05^{4 \cdot n} \qquad | \text{ Logarithmus}$$

$$4 \cdot n \;=\; \log_{1,05} 2 \qquad | \text{ Umrechnungsformel}$$

$$4 \cdot n \;=\; \frac{\ln 2}{\ln 1,05} = 14,207 \qquad | \div 4$$

$$n \;=\; 3,55$$

d. h. nach vier vollen Jahren wird erstmals der Betrag von 200 000 € überschritten.

2. Lösungsweg:

Laufzeit mit effektivem Jahreszins gemäß Formel 3:

$$n = \frac{\ln \frac{200\,000}{100\,000}}{\ln 1,2155063} = 3,55$$

d. h. nach vier vollen Jahren wird erstmals der Betrag von 200 000 € überschritten.

(4) Die Rückzahlung über 50 000 € wird $2\frac{1}{4}$ Jahre nach Kreditaufnahme getätigt. Restschuld gemäß Formel 6:

$$240\,661,92 - 50\,000 \cdot \left(1 + \frac{0,2}{4}\right)^{4 \cdot 2,25}$$

$$= 240\,661,92 - 50\,000 \cdot 1,05^9 = 163\,095,51$$

d. h. er muss 163 095,51 € zurückzahlen.

Lösung 2.42 (Zeit: 20 Min)

(1) Effektivzins j gemäß Formel 7:

$$j = \left(1 + \frac{0,0231}{12}\right)^{12} - 1 = 0,023346$$

d. h. der effektive Jahreszins beträgt 2,3346 %.

(2) Endwert gemäß Formel 6:

$$K_n = 2\,000 \cdot \left(1 + \frac{0,0231}{12}\right)^{47} + 3\,000 \cdot \left(1 + \frac{0,0231}{12}\right)^{33}$$

$$+ 4\,000 \cdot \left(1 + \frac{0,0231}{12}\right)^{7}$$

Das ergibt:

$$K_n = 9\,439,97$$

d. h. der Schuldenstand beträgt 9 439,97 €.

(3) Schuldenstand am 31.03.2016 gemäß Formel 6:

$$2\,000 \cdot \left(1 + \frac{0,0231}{12}\right)^{14} + 3\,000 = 5\,054,58$$

Laufzeit gemäß Formel 3:

$$n = \frac{\ln \frac{5\,200}{5\,054,58}}{\ln 1,023346} = 1,229062$$

0,229062 Jahre = 0,229062 · 12 = 2,74 Monate

d. h. nach einem Jahr und drei Monaten, also am 30.06.2017.

(4) Schuldenstand am 31.03.2018 gemäß Formel 6:

$$5\,000 \cdot \left(1 + \frac{0,0231}{12}\right)^{14} - 9\,439,97 = -4\,303,52$$

d. h. der Kontostand beträgt −4 303,52 €.

Lösung 2.43   (Zeit: 20 Min)

(1) (a) Endguthaben gemäß Formel 9:

$$K_n = 10\,000 \cdot 1{,}021^2 \cdot \left(1 + \frac{10}{12} \cdot 0{,}021\right)$$

$$- 8\,000 \cdot 1{,}021 \cdot \left(1 + \frac{5}{12} \cdot 0{,}021\right) + 2\,000 = 4\,367{,}37$$

d. h. der Kontostand beträgt 4 367,37 €.

(b) Endguthaben gemäß Formel 6:

$$K_n = 10\,000 \cdot \left(1 + \frac{0,021}{12}\right)^{34} - 8\,000 \cdot \left(1 + \frac{0,021}{12}\right)^{17} + 2\,000$$

Das ergibt:

$$K_n = 4\,371{,}14$$

d. h. der Kontostand beträgt 4 371,14 €.

(c) Endguthaben gemäß Formel 8:

$$K_n = 10\,000 \cdot 1{,}021^{34/12} - 8\,000 \cdot 1{,}021^{17/12} + 2\,000$$

Das ergibt:

$$K_n = 4\,367{,}48$$

d. h. der Kontostand beträgt 4 367,48 €.

(2) (a) x = Anzahl der Monate

Endguthaben gemäß Formel 9:

$$4\,367{,}37 = \frac{4\,397{,}90}{1 + \frac{x}{12} \cdot 0{,}021}$$

Multiplikation mit $1 + \frac{x}{12} \cdot 0{,}021$ ergibt:

$$4\,367{,}37 \cdot \left(1 + \frac{x}{12} \cdot 0{,}021\right) = 4\,397{,}90$$

Division durch 4 367,37 ergibt:

$$1 + \frac{x}{12} \cdot 0{,}021 = \frac{4\,397{,}90}{4\,367{,}37}$$

Subtraktion von eins ergibt:

$$\frac{x}{12} \cdot 0{,}021 = \frac{4\,397{,}90}{4\,367{,}37} - 1$$

Division durch 0,021 ergibt:

$$\frac{x}{12} = \frac{1}{0,021} \cdot \left(\frac{4\,397,90}{4\,367,37} - 1\right)$$

Multiplikation mit 12 ergibt:

$$x = \frac{12}{0,021} \cdot \left(\frac{4\,397,90}{4\,367,37} - 1\right) = 3,995 \text{ Monate}$$

d. h. nach vier Monaten; d. h. am 28.02.2018 liegt der Kontostand erstmals über dem genannten Betrag.

(b) *1. Lösungsweg:*

x = Anzahl der Monate

Endguthaben gemäß Formel 6:

$$4\,371,14 \cdot \left(1 + \frac{0,021}{12}\right)^x = 4\,397,90$$

Division durch 4 371,14 ergibt:

$$\left(1 + \frac{0,021}{12}\right)^x = \frac{4\,397,90}{4\,371,14}$$

Jetzt setzen wir den natürlichen Logarithmus auf beide Seiten der Gleichung:

$$\ln\left(1 + \frac{0,021}{12}\right)^x = \ln\left(\frac{4\,397,90}{4\,371,14}\right)$$

Mit dem Logarithmus-Gesetz (siehe [4, Kapitel 8.2]) ergibt sich daraus:

$$x \cdot \ln\left(1 + \frac{0,021}{12}\right) = \ln\left(\frac{4\,397,90}{4\,371,14}\right)$$

Division durch $\ln(1 + \frac{0,021}{12})$ ergibt:

$$x = \frac{\ln\left(\frac{4\,397,90}{4\,371,14}\right)}{\ln\left(1 + \frac{0,021}{12}\right)} = 3,491 \text{ Monate}$$

d. h. nach vier Monaten; d. h. am 28.02.2018 liegt der Kontostand erstmals über dem genannten Betrag.

2. Lösungsweg:

Effektivzins j gemäß Formel 7:

$$j = \left(1 + \frac{0,021}{12}\right)^{12} - 1 = 0,02120331$$

Laufzeit gemäß Formel 3:

$$n = \frac{\ln\left(\frac{4\,397,90}{4\,371,14}\right)}{\ln 1,02120331} = 0,3308115$$

Umrechnung von Jahren in Monate:

$0,3308115$ Jahre $= 0,3308115 \cdot 12 = 3,491$ Monate

d. h. nach vier Monaten; d. h. am 28.02.2018 liegt der Kontostand erstmals über dem genannten Betrag.

(c) Laufzeit gemäß Formel 3:

$$n = \frac{\ln\left(\frac{4\,397,90}{4\,367,48}\right)}{\ln 1,021} = 0,3339809$$

Umrechnung von Jahren in Monate:

0,3339809 Jahre $= 0,3339809 \cdot 12 = 4,00777$ Monate

d. h. nach fünf Monaten; d. h. am 31.03.2018 liegt der Kontostand erstmals über dem genannten Betrag.

Lösung 2.44 (Zeit: 20 Min)

(1) (a) Endguthaben gemäß Formel 1:

$$K_{12} = 1\,000 \cdot (1 + 12 \cdot 0,012) = 1\,144$$

d. h. das Guthaben nach zwölf Jahren beträgt 1 144 Euro.

(b) Endguthaben gemäß Formel 2:

$$K_{12} = 1\,000 \cdot 1,012^{12} = 1\,153,895$$

d. h. das Guthaben nach zwölf Jahren beträgt 1 153,90 Euro.

(c) Endguthaben gemäß Formel 6:

$$K_{12} = 1\,000 \cdot \left(1 + \frac{0,012}{4}\right)^{48} = 1\,154,635$$

d. h. das Guthaben nach zwölf Jahren beträgt 1 154,64 Euro.

(2) (a) Effektivzins gemäß Formel 2:

$$\sqrt[12]{\frac{1\,144}{1\,000}} = 1,011274$$

d. h. der Effektivzins beträgt 1,1274 %.

(b) Der Effektivzins beträgt 1,2 %.

(c) *1. Lösungsweg:*

Effektivzins gemäß Formel 2:

$$\sqrt[12]{\frac{1\,154,635}{1\,000}} = 1,012054$$

d. h. der Effektivzins beträgt 1,2054 %.

2. Lösungsweg:

Effektivzinssatz j gemäß Formel 7:

$$j = \left(1 + \frac{0,012}{4}\right)^{4} - 1 = 0,012054 \cong 1,2054\,\%$$

(3) (a) Laufzeit gemäß Formel 1:

$$
\begin{aligned}
1\,100 &= 1\,000 \cdot (1 + n \cdot 0{,}012) &&|\div 1\,000 \\
1{,}1 &= 1 + n \cdot 0{,}012 &&|-1 \\
0{,}1 &= n \cdot 0{,}012 &&|\div 0{,}012 \\
8{,}\overline{3} &= n
\end{aligned}
$$

$$0{,}\overline{3} \cdot 360 = 120$$

d. h. nach acht Jahren und 120 Tagen wird erstmals der Kontostand von 1 100 Euro erreicht.

(b) Laufzeit gemäß Formel 3:

$$n = \frac{\ln\left(\frac{1\,100}{1\,000}\right)}{\ln(1{,}012)} = 7{,}990075$$

d. h. nach acht Jahren wird erstmals der Kontostand von 1 100 Euro überschritten.

(c) Laufzeit gemäß Formel 3:

$$n = \frac{\ln\left(\frac{1\,100}{1\,000}\right)}{\ln(1{,}012054)} = 7{,}954431$$

d. h. nach acht Jahren wird erstmals der Kontostand von 1 100 Euro überschritten.

Lösung 2.45 (Zeit: 20 Min)

(a) Effektivzinssatz j gemäß Formel 7:

$$j = \left(1 + \frac{0{,}04}{4}\right)^{4} - 1 = 1{,}040604 - 1 = 0{,}040604$$

d. h. der Effektivzins beträgt 4,0604 % pro Jahr.

(b) *1. Lösungsweg:*

Guthaben am 31.12.2010 gemäß Formel 6:

$$
\begin{aligned}
K_{4{,}75} = \ & 20\,000 \cdot \left(1 + \frac{0{,}04}{4}\right)^{4{,}75 \cdot 4} + 3\,000 \cdot \left(1 + \frac{0{,}04}{4}\right)^{4 \cdot 4} \\
& - 5\,000 \cdot \left(1 + \frac{0{,}04}{4}\right)^{2{,}25 \cdot 4} - 4\,000 \cdot \left(1 + \frac{0{,}04}{4}\right)^{1{,}75 \cdot 4} \\
& + 2\,000 \cdot \left(1 + \frac{0{,}04}{4}\right)^{0{,}5 \cdot 4}
\end{aligned}
$$

Das ergibt:

$$
\begin{aligned}
K_{4{,}75} = \ & 20\,000 \cdot 1{,}01^{19} + 3\,000 \cdot 1{,}01^{16} \\
& - 5\,000 \cdot 1{,}01^{9} - 4\,000 \cdot 1{,}01^{7} + 2\,000 \cdot 1{,}01^{2}
\end{aligned}
$$

Somit haben wir:

$$K_{4{,}75} = 19\,963{,}15$$

d. h. das Guthaben am 31.12.2010 beträgt 19 963,15 Euro.

2. Lösungsweg:

Guthaben am 31.12.2010 mit dem Effektivzins gemäß Formel 2:

$$K_{4,75} = 20\,000 \cdot 1,040604^{4,75} + 3\,000 \cdot 1,040604^4$$

$$- 5\,000 \cdot 1,040604^{2,25} - 4\,000 \cdot 1,040604^{1,75} + 2\,000 \cdot 1,040604^{0,5}$$

Das ergibt:

$$K_{4,75} = 19\,963,15$$

(c) Guthaben am 31.12.2006 gemäß Formel 6:

$$20\,000 \cdot \left(1 + \frac{0,04}{4}\right)^{0,75 \cdot 4} = 20\,606,02$$

Guthaben am 31.12.2006:

$$20\,606,02 + 3\,000 = 23\,606,02$$

Laufzeit mit dem Effektivzins gemäß Formel 3:

$$n = \frac{\ln \frac{25\,000}{23\,606,02}}{\ln 1,040604} = 1,441511 \text{ Jahre}$$

$$1,441511 \cdot 4 = 5,8 \text{ Quartale}$$

31.12.2006 plus sechs Quartale ergibt das Datum 30.06.2008

d. h. am 30.06.2008 übersteigt das Guthaben erstmals den Betrag von 25 000 Euro

Probe:

$$20\,000 \cdot \left(1 + \frac{0,04}{4}\right)^9 + 3\,000 \cdot \left(1 + \frac{0,04}{4}\right)^6 = 25\,058,27$$

Lösung 2.46 (Zeit: 20 Min)

(1) Zahlung K_0 am 01.01.2008 gemäß Formel 9:

$$K_0 = \frac{40\,000}{1 + \frac{3}{12} \cdot 0,06} + \frac{60\,000}{1,06^3} + \frac{20\,000}{1,06^4}$$

Das ergibt:

$$K_0 = 39\,408,87 + 50\,377,16 + 15\,841,87 = 105\,627,90$$

d. h. die Rückzahlung beträgt 105 627,90 €.

(2) Am Bewertungsstichtag sind Schulden genauso groß wie die Rückzahlungen.

Schulden = Rückzahlungen gemäß Formel 9:

$$105\,627,90 = 20\,000 + \frac{x}{1,06^4} \Leftrightarrow x = 108\,103,25$$

d. h. die Rückzahlung nach vier Jahren beträgt 108 103,25 €.

(3) x = Betrag am 01.01.2009 = Betrag am 01.07.2010 = Betrag am 01.04.2011

Schulden = Rückzahlungen gemäß Formel 9:

$$105\,627,90 = \frac{x}{1,06} + \frac{x}{1,06^2 \cdot \left(1 + \frac{6}{12} \cdot 0,06\right)} + \frac{x}{1,06^3 \cdot \left(1 + \frac{3}{12} \cdot 0,06\right)}$$

Das ergibt:

$$105\,627,90 = 0,9434x + 0,8641x + 0,8272x$$

Das ergibt:

$$105\,627,90 = 2,6347x$$

Somit haben wir:

$$x = 40\,091,05$$

d. h. die einheitliche Rückzahlung beträgt jeweils 40 091,05 €.

Lösung 2.47   (Zeit: 20 Min)

(1) Effektivzins mit $m = 4$ gemäß Formel 7:

$$\left(1 + \frac{0,035}{4}\right)^4 = 1,0355$$

d. h. der Effektivzins beträgt 3,55 % p. a.

(2) *1. Lösungsweg:*

Guthaben am 31.12.2009 gemäß Formel 6:

$$K_{3,75} = 10\,000 \cdot \left(1 + \frac{0,035}{4}\right)^{4 \cdot 3,75} = 10\,000 \cdot 1,00875^{15} = 11\,396,02$$

d. h. das Guthaben beträgt 11 396,02 €.

2. Lösungsweg:

Guthaben am 31.12.2009 mit dem Effektivzins gemäß Formel 2:

$$K_{3,75} = 10\,000 \cdot 1,0355^{3,75} = 11\,396,02$$

(3) *1. Lösungsweg:*

Guthaben nach n Jahren gemäß Formel 6:

$$11\,000 = 10\,000 \cdot \left(1 + \frac{0,035}{4}\right)^{4 \cdot n}$$

Division durch 10 000 ergibt:

$$1,1 = 1,00875^{4n}$$

Definition des Logarithmus (siehe [4, Kapitel 8.1]):

$$4n = \log_{1,100875} 1,1$$

Umrechnungsformel für den Logarithmus (siehe [4, Kapitel 8.2]):

$$4n = \frac{\ln 1,1}{1,00875}$$

Das ergibt:

$4n = 10{,}94$ Quartale

Division durch 4 ergibt:

$n = 2{,}735$ Jahre

d. h. nach elf Quartalen wird erstmals der Betrag von 11 000 € überschritten.

2. Lösungsweg:

Mit Effektivzins ergibt sich aus der Formel 3:

$$n = \frac{\ln\left[\frac{11\,000}{10\,000}\right]}{\ln 1{,}0355} = 2{,}735 \text{ Jahre}$$

$4 \cdot 2{,}735 = 10{,}94$ Quartale.

(4) *1. Lösungsweg:*

Guthaben am 31.12.2009 gemäß Formel 6:

$$11\,396{,}02 + 5\,000 \cdot \left(1 + \frac{0{,}035}{4}\right)^{4 \cdot 2{,}5} - 2\,000 \cdot \left(1 + \frac{0{,}035}{4}\right)^{4 \cdot 1{,}25}$$

$$- 1\,000 \cdot \left(1 + \frac{0{,}035}{4}\right)^{4 \cdot 0{,}75} = 13\,735{,}66$$

d. h. das Guthaben beträgt 13 735,66 €.

2. Lösungsweg:

Guthaben am 31.12.2009 mit dem Effektivzins gemäß Formel 2:

$$11\,396{,}02 + 5\,000 \cdot 1{,}0355^{2{,}5} - 2\,000 \cdot 1{,}0355^{1{,}25}$$

$$- 1\,000 \cdot 1{,}0355^{0{,}75} = 13\,735{,}66$$

d. h. das Guthaben beträgt 13 735,66 €.

Lösung 2.48   (Zeit: 20 Min)

(1) Rückzahlung am 31.08.2007 gemäß Formel 10:

$$8\,000 \cdot \left(1 + \frac{10}{12} \cdot 0{,}096\right) \cdot 1{,}096^3 \cdot \left(1 + \frac{8}{12} \cdot 0{,}096\right)$$

$$+ 8\,000 \cdot \left(1 + \frac{1}{2} \cdot 0{,}096\right) \cdot 1{,}096^2 \cdot \left(1 + \frac{8}{12} \cdot 0{,}096\right) = 22\,818{,}37$$

d. h. es sind 22 818,37 € zurückzuzahlen.

(2) x = Zwischenrückzahlung am 31.12.2005

Rückzahlung am 31.08.2007 gemäß Formel 10:

$$x \cdot 1{,}096 \cdot \left(1 + \frac{8}{12} \cdot 0{,}096\right) = 22\,818{,}37 - 16\,000$$

Das ergibt:

$x \cdot 1{,}166144 = 6\,818{,}37$

Division durch 1,166144 ergibt:

$x = 5\,846{,}94$

d. h. die Zwischenrückzahlung müsste 5 846,94 € betragen.

(3) Schuld am 31.12.2005 gemäß Formel 10:

$$8\,000 \cdot \left(1 + \frac{10}{12} \cdot 0{,}096\right) \cdot 1{,}096^2$$

$$+ 8\,000 \cdot \left(1 + \frac{1}{2} \cdot 0{,}096\right) \cdot 1{,}096 = 19\,567{,}37$$

x = Anzahl der Tage im Jahr 2006, bis die Schuld auf 20 000 € gestiegen ist

Endguthaben gemäß Formel 10:

$$19\,567{,}37 \cdot \left(1 + \frac{x}{360} \cdot 0{,}096\right) = 20\,000$$

Division durch 19 567,37 ergibt:

$$1 + \frac{x}{360} \cdot 0{,}096 = 1{,}02211$$

Subtraktion von eins ergibt:

$$\frac{x}{360} \cdot 0{,}096 = 0{,}02211$$

Division durch 0,096 ergibt:

$$\frac{x}{360} = 0{,}2303125$$

Multiplikation mit 360 ergibt:

$x = 82{,}9$

d. h. nach 83 Tagen (d. h. am 24.03.2006)

Lösung 2.49 (Zeit: 6 Min)

(a) Endguthaben gemäß Formel 6:

$$K_5 = 2\,000 \cdot \left(1 + \frac{0{,}055}{4}\right)^{4 \cdot 5} = 2\,000 \cdot 1{,}01375^{20} = 2\,628{,}13$$

d. h. das Guthaben beträgt 2 628,13 €.

(b) effektiver Jahreszinssatz j gemäß Formel 7:

$$j = \left(1 + \frac{0{,}055}{4}\right)^4 - 1 = 1{,}01375^4 - 1 = 1{,}0561 - 1 = 0{,}0561$$

d. h. der Zins beträgt 5,61 % p. a.

Lösungen zu Kapitel 3: Rentenrechnung

Lösung 3.1 (Zeit: 20 Min)

(1) monatlich nachschüssige Zahlungen in Euro:

Dreisatz: $1{,}95583\ \text{GE} \,\hat{=}\, 1\ \text{Euro} \Leftrightarrow 1\ \text{DM} \,\hat{=}\, \frac{1}{1{,}95583} = 0{,}51$ Euro

(2) nachschüssige Jahresersatzrente r_J gemäß Formel 17:

$r_J = 0{,}51 \cdot (12 + 5{,}5 \cdot 0{,}03) = 6{,}20415$ Euro

Rentenbarwert R_0 gemäß Formel 13:

Laufzeit:

1959 und 1960 = 2 Jahre,

1961 bis 2010 = 50 Jahre,

2011 bis 2018 = 8 Jahre

Summe = 60 Jahre

$$R_0 = 6{,}20415 \cdot \frac{1{,}03^{60} - 1}{0{,}03} \cdot \frac{1}{1{,}03^{60}} = 171{,}7033 \approx 171{,}70\ \text{Euro}$$

(3) Laufzeit: 60 Jahre minus 4 Jahre = 56 Jahre

Rentenendwert R_{56} gemäß Formel 12:

$$R_{56} = 6{,}20415 \cdot \frac{1{,}03^{56} - 1}{0{,}03} = 875{,}7392 \approx 875{,}74\ \text{Euro}$$

(4) nachschüssige Jahresersatzrente r_J gemäß Formel 17:

$r_J = 0{,}51 \cdot (12 + 5{,}5 \cdot 0{,}01) = 6{,}14805$ Euro

(a) Rentenendwert gemäß Formel 12:

$$R_4 = 6{,}20415 \cdot \frac{1{,}01^4 - 1}{0{,}01} = 25{,}19134 \approx 25{,}19\ \text{Euro}$$

(b) Auszahlungsbetrag gemäß Formel 2:

$$K_4 = 1\,075 \cdot 1{,}01^4 = 1\,118{,}649 \approx 1\,118{,}65\ \text{Euro}$$

Summe der beiden Beträge: $25{,}19 + 1\,118{,}65 = 1\,143{,}84$

d. h. würde Frau X. den Vertrag vorzeitig beenden und gleichzeitig die ursprünglich vereinbarten Monatsprämien zusammen mit dem vorzeitigen Auszahlungsbetrag auf ein Sparkonto legen, so hätte sie am ursprünglich vereinbarten Vertragsende 1 143,84 Euro zur Verfügung.

Der mögliche Auszahlungsbetrag beträgt gemäß dem Versicherungsvertrag 1 250 Euro. Somit wäre dieser Auszahlungsbetrag größer als das oben berechnete Geld auf dem Sparkonto in Höhe von nur 1 143,84 Euro. Insofern ist die Entscheidung von Frau X. ökonomisch betrachtet nicht sinnvoll.

Lösung 3.2 (Zeit: 8 Min)

In Abbildung 8.1 stehen die Einzahlungen.

Wert der Einzahlungen nach 16 Jahren gemäß Formel 12:

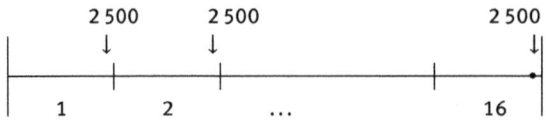

Abb. 8.1: Zeitachse mit Einzahlungen zu Aufgabe 3.2.

$$R_{16} = 2\,500 \cdot \frac{1{,}045^{16} - 1}{0{,}045} = 56\,798{,}34$$

x = Rückzahlung zu Beginn des ersten Jahres

In Abbildung 8.2 stehen die Auszahlungen.

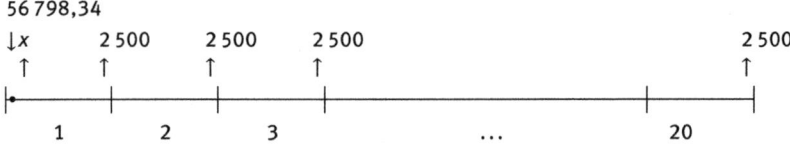

Abb. 8.2: Zeitachse mit Auszahlungen zu Aufgabe 3.2.

Barwert der Rückzahlungen gemäß Formel 13:

$$56\,798{,}34 - x = 2\,500 \cdot \frac{1{,}045^{20} - 1}{0{,}045} \cdot \frac{1}{1{,}045^{20}}$$

Das ergibt:

$56\,798{,}34 - x = 32\,519{,}84$

Somit haben wir:

$x = 24\,278{,}50$

d. h. er darf 24 278,50 € abheben.

Lösung 3.3 (Zeit: 8 Min)

(1) nachschüssige Jahresersatzrente gemäß Formel 17:

$r_J = 800 \cdot (12 + 5{,}5 \cdot 0{,}0288) = 9\,726{,}72$

Rentenbarwert gemäß Formel 13:

$$R_0 = 9\,726{,}72 \cdot \frac{1{,}0288^{10} - 1}{0{,}0288} \cdot \frac{1}{1{,}0288^{10}} = 83\,481{,}34 < 100\,000$$

d. h. die Rückzahlung läuft über mehr als zehn Jahre.

(2) Barwert der Zahlungen am 01.01.2012 gemäß Formel 2:

$$83\,481,34 + \frac{18\,000}{1,0288^2} = 100\,487,67 > 100\,000$$

d. h. das Unternehmen muss keine Rückzahlungen über den 31.12.2021 hinaus leisten.

Lösung 3.4 (Zeit: 4 Min)
nachschüssige Jahresersatzrente r_J gemäß Formel 17:

$$r_J = 600 \cdot (12 + 5,5 \cdot 0,042) = 7\,338,60$$

Restguthaben gemäß Formel 32:

$$K_{10} = 100\,000 \cdot 1,042^{10} - 7\,338,60 \cdot \frac{1,042^{10} - 1}{0,042} = 61\,966,28$$

d. h. die Restschuld nach zehn Jahren beträgt 61 966,28 €.

Lösung 3.5 (Zeit: 4 Min)
nachschüssige Jahresersatzrente r_J gemäß Formel 17:

$$r_J = 400\,(12 + 5,5 \cdot 0,038) = 4\,883,60$$

Rentenendwert gemäß Formel 12:

$$R_4 = 4\,833,60 \cdot \frac{1,038^4 - 1}{0,038} = 20\,676,34$$

d. h. das Guthaben beträgt 20 676,34 EUR.

Lösung 3.6 (Zeit: 4 Min)
nachschüssige Jahresersatzrente r_J gemäß Formel 17:

$$r_J = 600 \cdot (12 + 5,5 \cdot 0,0367) = 7\,321,11$$

Restguthaben gemäß Formel 32:

$$K_5 = 100\,000 \cdot 1,0367^5 - 7\,321,11 \cdot \frac{1,0367^5 - 1}{0,0367} = 80\,354,41$$

d. h. die Restschuld nach fünf Jahren beträgt 80 354,41 €.

Lösung 3.7 (Zeit: 10 Min)
nachschüssige Jahresersatzrente r_J gemäß Formel 18:

$$r_J = 550 \cdot \left(12 + \frac{13}{2} \cdot 0,051\right) = 6\,782,325$$

Schuld am 30.09.2010 gemäß Formel 12:

$$R_4 = 6\,782,325 \cdot \frac{1,051^4 - 1}{0,051} = 29\,276,1544$$

Schuld am 30.09.2012 gemäß Formel 2:

$29\,276,15 \cdot 1,051^2 = 32\,338,47$

nachschüssige Jahresersatzrente r_J gemäß Formel 17:

$$r_J = 450 \cdot \left(4 + \frac{3}{2} \cdot 0,051\right) = 1\,834,425$$

Barwert der quartalsmäßigen Rückzahlungen gemäß Formel 13:

$$R_0 = 1\,834,425 \cdot \frac{1,051^{20} - 1}{0,051} \cdot \frac{1}{1,051^{20}} = 22\,668,3881$$

Einmalzahlung am 30.09.2012:

$32\,338,47 - 22\,668,3881 = 9\,670,08$

d. h. die Einmalzahlung beträgt $9\,670,08$ €.

Lösung 3.8   (Zeit: 10 Min)

(a) *1. Lösungsweg:*

Guthaben der nachschüssigen Jahresrente über $3\,000$ € am 65. Geburtstag gemäß Formel 12:

$$R_{31} = 3\,000 \cdot \frac{1,053^{31} - 1}{0,053} = 224\,020,28$$

d. h. das Kapital beträgt $224\,020,28$ €.

2. Lösungsweg:

Die Einzahlungen können auch als vorschüssige Rente gerechnet werden, müssen dann aber noch ein Jahr abgezinst werden.

Guthaben der vorschüssigen Jahresrente über $3\,000$ € am Vortag des 66. Geburtstags gemäß Formel 16 und Formel 12:

$$R'_{31} = 3\,000 \cdot 1,053 \cdot \frac{1,053^{31} - 1}{0,053} = 235\,893,3536$$

Guthaben der vorschüssigen Jahresrente über $3\,000$ € am 65. Geburtstag gemäß Formel 2:

$$\frac{235\,893,3536}{1,053} = 224\,020,28$$

(b) Je nachdem, ob die Zahlungen über $3\,000$ € als vorschüssig oder nachschüssig aufgefasst werden, sind aufgrund der unpräzisen Angabe „die ersten zehn Jahre der Einzahlungsphase" die Ergebnisse unterschiedlich.

1. Möglichkeit: die Zahlungen über 3000 € sind nachschüssige Zahlungen. Dann sind die ersten zehn Jahre der Einzahlungsphase die Jahre einen Tag nach dem 34. Geburtstag bis zum 44. Geburtstag. Die Lösung lautet dann wie folgt:

Guthaben der nachschüssigen Jahresrente über $3\,000$ € nach 10 Jahren gemäß Formel 12:

$$R_{10} = 3\,000 \cdot \frac{1{,}053^{10} - 1}{0{,}053} = 38\,266{,}27$$

Für das Guthaben am 65. Geburtstag muss R_{10} 21 Jahre aufgezinst werden gemäß Formel 2:

$$R_{10} \cdot 1{,}049^{21} = 38\,266{,}27 \cdot 1{,}049^{21} = 104\,496{,}41$$

Guthaben der nachschüssigen Jahresrente über 3 000 € am 65. Geburtstag gemäß Formel 12:

$$R_{31} = 104\,496{,}41 + 3\,000 \cdot \frac{1{,}049^{21} - 1}{0{,}049}$$

Das ergibt:

$$R_{31} = 104\,496{,}41 + 105\,965{,}56 = 210\,461{,}97$$

d. h. das Kapital beträgt 210 461,97 €.

2. Möglichkeit: die Zahlungen über 3 000 € sind vorschüssige Zahlungen. Dann sind die ersten zehn Jahre der Einzahlungsphase die Jahre ab dem 35. Geburtstag bis einen Tag vor dem 45. Geburtstag. Die Lösung lautet dann wie folgt:

Guthaben der vorschüssigen Jahresrente über 3 000 € ein Jahr nach dem 65. Geburtstag gemäß Formel 12:

$$R'_{31} = 3\,000 \cdot 1{,}053 \cdot \frac{1{,}053^{10} - 1}{0{,}053} \cdot 1{,}049^{21} + 3\,000 \cdot 1{,}049 \cdot \frac{1{,}049^{21} - 1}{0{,}049}$$

Das ergibt:

$$R_{31} = 110\,034{,}70 + 111\,157{,}90 = 221\,192{,}70$$

Guthaben der vorschüssigen Jahresrente über 3 000 € am 65. Geburtstag:

$$\frac{R'_{31}}{1{,}049} = 210\,860{,}50$$

d. h. das Kapital beträgt 210 860,50 €.

Der Unterschied in den beiden Möglichkeiten besteht darin, ob der Zins in dem Jahr vom 44. bis zum 45. Geburtstag 5,3 % oder 4,9 % beträgt.

Lösung 3.9 (Zeit: 20 Min)

(a) unterjährige Rente r_U:

$$r_U = 4\,000 \cdot 0{,}75 = 3000$$

nachschüssige Jahresersatzrente r_J gemäß Formel 18:

$$r_J = 3\,000 \cdot (12 + 6{,}5 \cdot 0{,}04) = 3\,000 \cdot 12{,}26 = 36\,780$$

Rentenbarwert der nachschüssigen Jahresersatzrente gemäß Formel 13:

$$R_0 = 36\,780 \cdot \frac{1{,}04^{10} - 1}{0{,}04} \cdot \frac{1}{1{,}04^{10}} = 36\,780 \cdot 8{,}1109 = 298\,318{,}75$$

d. h. der Barwert beträgt 298 318,75 €.

(b) *1. Lösungsweg:*

unterjährige Rente r_U:

$$r_U = 4\,000 \cdot 0,70 = 2\,800$$

nachschüssige Jahresersatzrente r_J gemäß Formel 18:

$$r_J = 2\,800 \cdot (12 + 6,5 \cdot 0,04) = 34\,328$$

Rentenbarwert der nachschüssigen Jahresersatzrente gemäß Formel 13:

$$R_0 = 34\,328 \cdot \frac{1,04^{10} - 1}{0,04} \cdot \frac{1}{1,04^{10}} = 34\,328 \cdot 8,1109 = 278\,430,83$$

d. h. der Barwert beträgt 278 430,83 €.

2. Lösungsweg:

Mit dem Rentenbarwert 298 318,75 € aus Teilaufgabe (a) ergibt sich:

$$\frac{0,70}{0,75} \cdot 298\,318,75 = 278\,430,83$$

(c) nachschüssige Jahresersatzrente r_J der unterjährig vorschüssigen Rente r'_U gemäß Formel 18:

$$r_J = r'_U \cdot (12 + 6,5 \cdot 0,04) = r'_U \cdot 12,26$$

Rentenbarwert der Rente im 6. bis 10. Jahr gemäß Formel 13:

Tab. 8.4: Tabelle zur Lösung von Aufgabe 3.9.

Zeit	monatlich vorschüssige Rente	nachschüssige Jahresersatzrente
1. Jahr	$4\,000 \cdot 0,75 = 3\,000$	$3\,000 \cdot 12,26 = 36\,780,00$
2. Jahr	$4\,000 \cdot 0,74 = 2\,960$	$2\,960 \cdot 12,26 = 36\,289,60$
3. Jahr	$4\,000 \cdot 0,73 = 2\,920$	$2\,920 \cdot 12,26 = 35\,799,20$
4. Jahr	$4\,000 \cdot 0,72 = 2\,880$	$2\,880 \cdot 12,26 = 35\,308,80$
5. Jahr	$4\,000 \cdot 0,71 = 2\,840$	$2\,840 \cdot 12,26 = 34\,818,40$
6., 7., 8., 9., 10. Jahr	$4\,000 \cdot 0,70 = 2\,800$	$3\,000 \cdot 12,26 = 34\,328,00$

$$R_0 = 34\,328 \cdot \frac{1,04^5 - 1}{0,04} \cdot \frac{1}{1,04^5} = 152\,822,16$$

Barwert gemäß Formel 2:

$$R_0 = \frac{36\,780}{1,04} + \frac{36\,289,60}{1,04^2} + \frac{36\,799,20}{1,04^3} + \frac{35\,308,80}{1,04^4}$$

$$+ \frac{34\,818,40}{1,04^5} + \frac{152\,822,16}{1,04^5}$$

Das ergibt:

$R_0 = 159\,542,8 + 125\,608,67 = 285\,151,47$

d. h. der Barwert beträgt 285 151,47 €.

Lösung 3.10 (Zeit: 7 Min)
nachschüssige Jahresersatzrente gemäß Formel 18:

$1\,000(12 + 6,5 \cdot 0,03)$

Rentenbarwert der nachschüssigen Jahresersatzrente gemäß Formel 13:

$$R_0 = 1\,000(12 + 6,5 \cdot 0,03) \cdot \frac{1,03^{25} - 1}{0,03} \cdot \frac{1}{1,03^{25}} = 212\,353,34$$

$R_0 < 300\,000$

d. h. der Immobilienhändler sollte verkaufen.

Lösung 3.11 (Zeit: 4 Min)
nachschüssige Jahresersatzrente r_J gemäß Formel 17:

$r_J = 1\,500(12 + 5,5 \cdot 0,06) = 18\,495$

Rentenbarwert gemäß Formel 13:

$$R_0 = 18\,495 \cdot \frac{1,06^{20} - 1}{0,06} \cdot \frac{1}{1,06^{20}} = 212\,136,19$$

d. h. es kann einen Kredit über 212 136,19 € aufgenommen werden.

Lösung 3.12 (Zeit: 10 Min)
(1) nachschüssige Jahresersatzrente gemäß Formel 17:

$r_J = 800 \cdot (12 + 5,5 \cdot 0,0288) = 9\,726,72$

Laufzeit gemäß Formel 15:

$$n = -\frac{\ln\left[1 - \frac{100\,000}{9\,726,72} \cdot 0,0288\right]}{\ln 1,0288} = 12,36594$$

d. h. zwölf Jahre lang sind volle Monatszahlungen zu leisten.
(2) Restschuld gemäß Formel 32:

$$K_{12} = 100\,000 \cdot 1,0288^{12} - 9\,726,72 \cdot \frac{1,0288^{12} - 1}{0,0288} = 3\,490,929$$

d. h. die Restschuld beträgt 3 490,93 €.
(3) Vorauszahlung gemäß Formel 2:

$$\frac{3\,490,93}{1,0288^{10}} = 2\,628,038$$

d. h. die Vorauszahlung beträgt 2 628,04 €.

Lösung 3.13   (Zeit: 8 Min)

nachschüssige Jahresersatzrente r_J gemäß Formel 17:

$$r_J = 400\,(12 + 5{,}5 \cdot 0{,}038) = 4\,883{,}60$$

Rentenendwert gemäß Formel 12:

$$R_4 = 4\,833{,}60 \cdot \frac{1{,}038^4 - 1}{0{,}038} = 20\,676{,}34$$

d. h. das Guthaben beträgt 20 676,34 EUR.

nachschüssige Jahresersatzrente gemäß Formel 18:

$$r_J = 606{,}06(12 + 6{,}5 \cdot 0{,}038) = 7\,422{,}417$$

Laufzeit gemäß Formel 15:

$$n = -\frac{\ln\left[1 - \frac{20\,676{,}34}{7\,422{,}417} \cdot 0{,}038\right]}{\ln 1{,}038} = 3{,}013977$$

d. h. drei Jahre lang kann die Monatsrente abgehoben werden.

Lösung 3.14   (Zeit: 10 Min)

(1) Schulden am 31.12.2004 gemäß Formel 9:

$$24\,000 \cdot \left(1 + \frac{3}{4} \cdot 0{,}056\right) \cdot 1{,}056 = 26\,408{,}45$$

nachschüssige Jahresersatzrente r_J gemäß Formel 18:

$$r_J = 300 \cdot (12 + 6{,}5 \cdot 0{,}056) = 3\,709{,}20$$

Laufzeit (in Jahren) gemäß Formel 15:

$$n = -\frac{\ln\left[1 - \frac{26\,408{,}45}{3\,709{,}2} \cdot 0{,}056\right]}{\ln 1{,}056} = 9{,}335 \text{ Jahre}$$

Laufzeit in Monaten:

$$0{,}335 \cdot 12 = 4{,}02 \text{ Monate}$$

d. h. volle Rückzahlungen sind 9 Jahre und 4 Monate zu leisten.

d. h. es sind 112 volle Monatsraten zu zahlen.

(d. h. die letzte volle Rückzahlung erfolgt Anfang April 2016.)

(2) Restschuld am 31.12.2015 gemäß Formel 32:

$$K_9 = 26\,408{,}45 \cdot 1{,}056^9 - 3\,709{,}20 \cdot \frac{1{,}056^9 - 1}{0{,}056} = 1\,199{,}43$$

d. h. die Restschuld am 31.12.2015 beträgt 1 199,43 €.

Lösung 3.15   (Zeit: 12 Min)

nachschüssige Jahresersatzrente r_J gemäß Formel 18:

$$r_J = 550 \cdot \left(12 + \frac{13}{2} \cdot 0{,}051\right) = 6\,782{,}325$$

Schuld am 30.09.2010 gemäß Formel 12:

$$R_4 = 6\,782,325 \cdot \frac{1,051^4 - 1}{0,051} = 29\,276,1544$$

Schuld am 30.09.2012 gemäß Formel 2:

$$29\,276,15 \cdot 1,051^2 = 32\,338,47$$

(1) nachschüssige Jahresersatzrente r_J gemäß Formel 17:

$$r_J = 450 \cdot \left(4 + \frac{3}{2} \cdot 0,051\right) = 1\,834,425$$

Laufzeit der Rückzahlungen gemäß Formel 15:

$$n = -\frac{\ln\left[1 - \frac{32\,338,47}{1\,834,425} \cdot 0,051\right]}{\ln 1,051} = 46,1$$

d. h. 46 Jahre lang erfolgen Rückzahlungen in voller Höhe.

(2) Restschuld gemäß Formel 32:

$$K_{46} = 32\,338,47 \cdot 1,051^{46} - 1\,834,425 \cdot \frac{1,051^{46} - 1}{0,051}$$

Das ergibt:

$$K_{46} - 318\,745,7523 - 318\,562,2954 = 183,4569$$

d. h. die Restschuld nach 46 Jahren beträgt 183,46 €.

Lösung 3.16   (Zeit: 4 Min)

nachschüssige Jahresersatzrente r_J gemäß Formel 17:

$$r_J = 500(12 + 5,5 \cdot 0,0325) = 6\,089,375$$

Laufzeit gemäß Formel 15:

$$n = -\frac{\ln\left[1 - \frac{25\,189}{6\,089,375} \cdot 0,0325\right]}{\ln 1,0325} = 4,5141$$

d. h. vier Jahre lang könnte die volle Monatsrente bezogen werden.

Lösung 3.17   (Zeit: 4 Min)

nachschüssige Jahresersatzrente gemäß Formel 17:

$$800(4 + 1,5 \cdot 0,06) = 3\,272$$

Laufzeit gemäß Formel 15:

$$n = -\frac{\ln\left(1 - \frac{10\,000}{3\,272} \cdot 0,06\right)}{\ln 1,06} = 3,48$$

$$0,48 \text{ Jahre} = 0,48 \cdot 4 = 1,92 \text{ Quartale}$$

d. h. es sind 13 volle Rückzahlungsbeträge zu leisten.

Probe:

Restschuld nach drei Jahren gemäß Formel 32:

$$10\,000 \cdot 1{,}06^3 - 3\,272 \cdot \frac{1{,}06^3 - 1}{0{,}06} = 11\,910{,}16 - 10\,416{,}74 = 1\,493{,}42$$

Restschuld nach 3,25 gemäß Formel 1:

$$1\,493{,}42 \cdot (1 + 0{,}25 \cdot 0{,}06) - 800 = 1\,515{,}82 - 800 = 715{,}82$$

Restschuld nach 3,5 Jahren gemäß Formel 1:

$$715{,}82 \cdot (1 + 0{,}25 \cdot 0{,}06) = 726{,}56$$

Lösung 3.18   (Zeit: 8 Min)

In Abbildung 8.3 stehen die Einzahlungen.

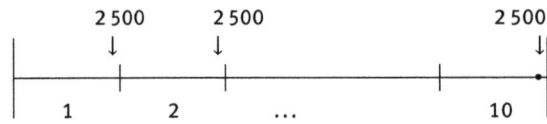

Abb. 8.3: Zeitachse mit Einzahlungen zu Aufgabe 3.18.

Wert der Einzahlungen nach zehn Jahren gemäß Formel 12:

$$R_{10} = 2\,500 \cdot \frac{1{,}045^{10} - 1}{0{,}045} = 30\,720{,}52$$

In Abbildung 8.4 stehen die Auszahlungen.

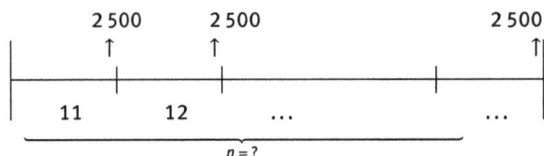

Abb. 8.4: Zeitachse mit Auszahlungen zu Aufgabe 3.18.

Laufzeit der Rückzahlungen gemäß Formel 15:

$$n = -\frac{\ln\left[1 - \frac{30\,720{,}52}{2\,500} \cdot 0{,}045\right]}{\ln 1{,}045} = 18{,}29$$

d. h. volle Rückzahlungen können 18 Jahre lang erfolgen.

Lösung 3.19   (Zeit: 12 Min)

Barwert der vorschüssigen Jahresrente über 1 500 € gemäß Formel 13 und Formel 16:

$$R_0 = 1\,500 \cdot 1{,}043 \cdot \frac{1{,}043^{10} - 1}{0{,}043} \cdot \frac{1}{1{,}043^{10}} = 12\,502{,}09$$

(a) Nachschüssige Jahresersatzrente r_J gemäß Formel 13:

$$12\,502{,}09 = r_J \cdot \frac{1{,}043^5 - 1}{0{,}043} \cdot \frac{1}{1{,}043^5} \Leftrightarrow r_J = 2\,832{,}018$$

Nachschüssige Monatsrente r_M gemäß Formel 17 :

$$2\,832{,}018 = r_M(12 + 5{,}5 \cdot 0{,}043) \Leftrightarrow r_M = 231{,}4402$$

d. h. die Monatsrente beträgt 231,44 €.

(b) Barwert der halbjährlichen Rente gemäß Formel 2:

$$12\,502{,}09 \cdot 1{,}043^2 = 13\,600{,}39$$

Nachschüssige Jahresersatzrente r_J gemäß Formel 13:

$$13\,600{,}39 = r_J \cdot \frac{1{,}043^7 - 1}{0{,}043} \cdot \frac{1}{1{,}043^7} \Leftrightarrow r_J = 2\,291{,}143$$

vorschüssige Halbjahresrente r_H gemäß Formel 18:

$$2\,291{,}143 = r_H(2 + 1{,}5 \cdot 0{,}043) \Leftrightarrow r_H = 1\,109{,}781$$

d. h. die Halbjahresrente beträgt 1 109,78 €.

Lösung 3.20   (Zeit: 12 Min)

(1) Rentenbarwert der vorschüssigen Jahresrente r_J' gemäß Formel 13 und Formel 16:

$$20\,000 = r_J' \cdot 1{,}042 \cdot \frac{1{,}042^5 - 1}{0{,}042} \cdot \frac{1}{1{,}042^5}$$

Das ergibt:

$$20\,000 = r_J' \cdot 4{,}612851 \Leftrightarrow r_J' = 4\,335{,}714$$

d. h. die Zahlungen würden 4 335,71 € betragen

(2) nachschüssige Jahresersatzrente r_J gemäß Formel 16:

$$r_J = 4\,335{,}714 \cdot 1{,}042 = 4\,517{,}814$$

unterjährige Rente r_M' gemäß Formel 18:

$$4\,517{,}814 = r_M' \cdot (12 + 6{,}5 \cdot 0{,}042) = r_M' \cdot 12{,}273 \Leftrightarrow r_M' = 368{,}11$$

d. h. die monatlichen Zahlungen würden 368,11 € betragen.

(3) nachschüssige Jahresersatzrente r_J gemäß Formel 18:

$$r_J = 800(4 + 2{,}5 \cdot 0{,}042) = 3\,284$$

Restschuld am Ende des 6. Jahres gemäß Formel 32:

$$K_6 = 20\,000 \cdot 1{,}042^6 - 3\,284 \cdot \frac{1{,}042^6 - 1}{0{,}042} = 3\,707{,}294$$

Restschuld am Ende des 8. Jahres gemäß Formel 2:

$$3\,707{,}294 \cdot 1{,}042^2 = 4\,025{,}246$$

d. h. die Restzahlung würde $4\,025{,}25$ € betragen.

Lösung 3.21 (Zeit: 3 Min)

unterjährige Rente r'_M gemäß Formel 18:

$$20\,000 = r'_M\left(12 + \frac{13}{2} \cdot 0{,}09\right) \Leftrightarrow r'_M = 1\,589{,}19$$

d. h. monatlich vorschüssige Raten betragen $1\,589{,}19$ Euro.

Lösung 3.22 (Zeit: 5 Min)

nachschüssige Jahresersatzrente r_J gemäß Formel 13:

$$100\,000 = r_J \cdot \frac{1{,}042^{10} - 1}{0{,}042} \cdot \frac{1}{1{,}042^{10}} \Leftrightarrow r_J = 12\,452{,}15$$

Monatsrente r_M gemäß Formel 17:

$$12\,452{,}15 = r_M \cdot (12 + 5{,}5 \cdot 0{,}042) \Leftrightarrow r_M = 1\,018{,}08$$

d. h. die Monatsrente beträgt $1\,018{,}08$ €.

Lösung 3.23 (Zeit: 15 Min)

nachschüssige Jahresersatzrente r_J gemäß Formel 17:

$$r_J = 400\,(12 + 5{,}5 \cdot 0{,}038) = 4\,883{,}60$$

Rentenendwert gemäß Formel 12:

$$R_4 = 4\,833{,}60 \cdot \frac{1{,}038^4 - 1}{0{,}038} = 20\,676{,}34$$

d. h. das Guthaben beträgt $20\,676{,}34$ EUR.

(a) nachschüssige Jahresersatzrente r_J gemäß Formel 13:

$$20\,676{,}34 = r_J \cdot \frac{1{,}038^5 - 1}{0{,}038} \cdot \frac{1}{1{,}038^5} \Leftrightarrow r_J = 4\,618{,}403$$

Monatsrente r'_M gemäß Formel 18:

$$4\,618{,}403 = r'_M(12 + 6{,}5 \cdot 0{,}038) \Leftrightarrow r'_M = 377{,}1048$$

d. h. die Monatsrente beträgt $377{,}10$ EUR.

(b) Barwert der Rente gemäß Formel 2:

$$20\,676{,}34 - \frac{5\,000}{1{,}038^2} = 16\,035{,}73$$

nachschüssige Jahresersatzrente r_J gemäß Formel 13:

$$16\,035{,}73 = r_J \cdot \frac{1{,}038^5 - 1}{0{,}038} \cdot \frac{1}{1{,}038^5} \Leftrightarrow r_J = 3\,581{,}846$$

Monatsrente r'_M gemäß Formel 18:

$$3\,581,846 = r'_M(12 + 6,5 \cdot 0,038) \Leftrightarrow r'_M = 292,4672$$

d. h. die Monatsrente beträgt 292,47 EUR.

Lösung 3.24   (Zeit: 5 Min)

Der Zeitraum 01.01.2010 bis 31.12.2029 beträgt 20 Jahre.

nachschüssige Jahresersatzrente r_j gemäß Formel 12:

$$200\,000 = r_j \cdot \frac{1,04^{20} - 1}{0,04} \Leftrightarrow r_j = 6\,716,,35$$

nachschüssige Monatsrente r_M gemäß Formel 17:

$$6\,716,,35 = r_M(12 + 5,5 \cdot 0,04) \Leftrightarrow r_M = 549,62$$

d. h. die monatlichen Einzahlungen betragen 549,62 GE.

Lösung 3.25   (Zeit: 15 Min)

r_M = monatliche Einzahlungen im Zeitraum 01.01.2010 bis 31.12.2019

nachschüssige Jahresersatzrente r_j im Zeitraum 01.01.2010 bis 31.12.2019 gemäß Formel 17:

$$r_j = r_M \cdot (12 + 5,5 \cdot 0,04) = 12,22 \cdot r_M$$

Rentenendwert R_{10} gemäß Formel 12:

$$R_{10} = 12,22 \cdot r_M \cdot \frac{1,04^{10} - 1}{0,04} = 146,7146 \cdot r_M$$

$1,02 \cdot r_M$ = monatliche Einzahlungen im Zeitraum 01.01.2020 bis 31.12.2029

nachschüssige Jahresersatzrente r_j im Zeitraum 01.01.2020 bis 31.12.2029 gemäß Formel 12:

$$r_j = 1,02 \cdot r_M \cdot (12 + 5,5 \cdot 0,04) = 12,4644 \cdot r_M$$

Rentenendwert R_{10} gemäß Formel 12:

$$R_{10} = 12,4644 \cdot r_M \cdot \frac{1,04^{10} - 1}{0,04} = 149,6489 \cdot r_M$$

Kontostand am 31.12.2029 gemäß Formel 2:

$$200\,000 = 146,7146 \cdot 1,04^{10} \cdot r_M + 149,6489 \cdot r_M$$

$$200\,000 = 217,1735 \cdot r_M + 149,6489 \cdot r_M$$

$$200\,000 = 366,8224 \cdot r_M \Leftrightarrow r_M = 545,223$$

$$1,02 \cdot 545,223 = 556,1274$$

d. h. vor der Erhöhung betragen die Monatsraten 545,22 GE, und nach der Erhöhung 556,13 GE.

Lösung 3.26 (Zeit: 12 Min)

r_M = monatliche Einzahlungen im Zeitraum 01.01.2010 bis 31.12.2019

nachschüssige Jahresersatzrente r_j im Zeitraum 01.01.2010 bis 31.12.2019 gemäß Formel 17:

$$r_j = 520 \cdot (12 + 5{,}5 \cdot 0{,}04) = 6\,354{,}4$$

Rentenendwert R_{10} gemäß Formel 12:

$$R_{10} = 6\,354{,}4 \cdot \frac{1{,}04^{10} - 1}{0{,}04} = 76\,291{,}6$$

Kontostand am 31.12.2029 gemäß Formel 2:

$$200\,000 = 76\,291{,}6 \cdot 1{,}04^{10} + r_M \cdot (12 + 5{,}5 \cdot 0{,}04) \cdot \frac{1{,}04^{10} - 1}{0{,}04}$$

$$200\,000 = 112\,930{,}2 + 146{,}7146 \cdot r_M$$

$$87\,069{,}78 = 146{,}7146 \cdot r_M \Leftrightarrow r_M = 593{,}4636$$

$$\frac{593{,}4636}{520} = 1{,}141276$$

$$1{,}141276 - 1 = 0{,}141276 \approx 0{,}1413$$

d. h. die Monatsrente von 520 GE ist um etwa 14,13 % zu erhöhen auf 593,46 GE.

Lösung 3.27 (Zeit: 20 Min)

(1) $20\,000 - 5\,200 = 14\,800$

nachschüssige Jahresersatzrente gemäß Formel 18:

$$r'_M \cdot (12 + 6{,}5 \cdot 0{,}02)$$

Rentenendwert R_3 gemäß Formel 12:

$$14\,800 = r'_M \cdot (12 + 6{,}5 \cdot 0{,}02) \cdot \frac{1{,}02^3 - 1}{0{,}02}$$

$$r'_M = 14\,800 \cdot \frac{0{,}02}{(12 + 6{,}5 \cdot 0{,}02) \cdot (1{,}02^3 - 1)} = 398{,}68$$

d. h. Frau A. muss drei Jahre lang vorschüssig monatlich 398,68 Euro einzahlen.

(2) Kontostand nach einem Jahr gemäß Formel 18:

$$398{,}68 \cdot (12 + 6{,}5 \cdot 0{,}02) - 1\,000 = 3\,835{,}99$$

Rentenendwert der anschließenden zweijährigen Rente gemäß Formel 2:

$$14\,800 - 3\,835{,}99 \cdot 1{,}02^2 = 10\,809{,}04$$

nachschüssige Jahresersatzrente der anschließenden monatlichen Einzahlungen r'_M gemäß Formel 18:

$$r'_M \cdot (12 + 6{,}5 \cdot 0{,}02)$$

Rentenendwert R_2 gemäß Formel 12:

$$10\,809,04 \;=\; r'_M \cdot (12 + 6,5 \cdot 0,02) \cdot \frac{1,02^2 - 1}{0,02}$$

$$r'_M \;=\; 10\,809,04 \cdot \frac{0,02}{(12 + 6,5 \cdot 0,02) \cdot (1,02^2 - 1)} \;=\; 441,14$$

d. h. in den beiden Jahren 2011 und 2012 muss Frau A. vorschüssig monatlich 441,14 Euro einzahlen.

(3) Kontostand nach zwei Jahren gemäß Formel 2:

$$4\,835,99 \cdot 1,02 + 4\,835,99 + 650 \;=\; 10\,418,70$$

Rentenendwert der anschließenden einjährigen Rente gemäß Formel 2:

$$14\,800 - 10\,418,70 \cdot 1,02 \;=\; 4\,172,93$$

anschließende monatliche Einzahlungen r'_M:

$$4\,172,93 \;=\; r'_M \cdot (12 + 6,5 \cdot 0,02)$$

$$r'_M \;=\; \frac{4\,172,04}{(12 + 6,5 \cdot 0,02)} \;=\; 344,02$$

d. h. im Jahr 2012 muss Frau A. vorschüssig monatlich 344,02 Euro einzahlen.

Lösung 3.28 (Zeit: 12 Min)

nachschüssige Jahresersatzrente r_j gemäß Formel 17:

$$r_j \;=\; 2000 \cdot (12 + 5,5 \cdot 0,05) \;=\; 24\,550$$

Rentenbarwert am 01.01.2007 gemäß Formel 13:

$$R_0 \;=\; 24\,550 \cdot \frac{1,05^5 - 1}{0,05} \cdot \frac{1}{1,05^5} \;=\; 106\,288,66$$

Restschuld am 01.01.2009 gemäß Formel 32:

$$K_2 \;=\; 106\,288,66 \cdot 1,05^2 - 24\,550 \cdot \frac{1,05^2 - 1}{0,05} \;=\; 66\,855,74$$

Barwert der neuen monatlichen Rente r_M gemäß Formel 17 und Formel 13:

$$66\,855,74 \;=\; r_M(12 + 5,5 \cdot 0,05) \cdot \frac{1,05^6 - 1}{0,05} \cdot \frac{1}{1,05^6} \;\Leftrightarrow\; r_M \;=\; 1\,073,06$$

d. h. die monatlichen Zahlungen betragen 1 073,06 GE.

Lösung 3.29 (Zeit: 15 Min)

nachschüssige Jahresersatzrente r_j gemäß Formel 17:

$$r_j \;=\; 2000 \cdot (12 + 5,5 \cdot 0,05) \;=\; 24\,550$$

Rentenbarwert am 01.01.2007 gemäß Formel 13:

$$R_0 \;=\; 24\,550 \cdot \frac{1,05^5 - 1}{0,05} \cdot \frac{1}{1,05^5} \;=\; 106\,288,66$$

Restschuld am 01.01.2009 gemäß Formel 32:

$$K_2 = 106\,288,66 \cdot 1,05^2 - 24\,550 \cdot \frac{1,05^2 - 1}{0,05} = 66\,855,74$$

Restschuld am 01.01.2010 gemäß Formel 32:

$$K_3 = 66\,855,74 \cdot 1,05 - 1\,900 \cdot (12 + 5,5 \cdot 0,05) = 46\,876,03$$

Setze: $y = 1 + \dfrac{x}{100}$

nachschüssige Jahresersatzrente im Jahr 2010 gemäß Formel 17:

$$y \cdot 1\,900 \cdot (12 + 5,5 \cdot 0,05) = 23\,322,50\,y$$

nachschüssige Jahresersatzrente im Jahr 2011 gemäß Formel 17:

$$y^2 \cdot 1\,900 \cdot (12 + 5,5 \cdot 0,05) = 23\,322,50\,y^2$$

Restschuld am 01.01.2012 gemäß Formel 32:

$$0 = 46\,876,03 \cdot 1,05^2 - 1,05 \cdot 23\,322,50\,y - 23\,322,50\,y^2$$

Division durch 23 322,50 ergibt:

$$0 = 2,215921 - 1,05\,y - y^2$$

Multiplikation mit (-1) ergibt:

$$0 = y^2 + 1,05\,y - 2,215921$$

Lösung mit der pq-Formel (siehe [2, Kapitel 6.2]) ergibt:

$$y = -0,525 \pm \sqrt{0,525^2 + 2,215921}$$

Somit haben wir:

$$y = 1,053463 \text{ oder } \underbrace{y = -2,103463}_{\notin \text{Def.bereich}}$$

Mit $y = 1 + \dfrac{x}{100}$ ergibt sich:

$$x = 5,3463\,\%$$

d. h. der gesuchte Prozentsatz beträgt 5,35 %.

Lösung 3.30   (Zeit: 4 Min)

jährliche Kreditzinsen:

$$200\,000 \cdot 0,051 = 10\,200$$

monatliche Kreditzinsen r_u gemäß Formel 17:

$$10\,200 = r_u(12 + 5,5 \cdot 0,051) \Leftrightarrow r_u = 830,59$$

d. h. der Kunde zahlt monatlich 830,59 € an Kreditzinsen.

Lösung 3.31   (Zeit: 5 Min)

nachschüssige Jahresersatzrente r_J gemäß Formel 12:

$$200\,000 = r_J \cdot \frac{1,049^{20} - 1}{0,049} \Leftrightarrow r_J = 6\,112,7235$$

monatlich nachschüssige Einzahlungen r_M gemäß Formel 17:

$$6\,112,7235 = r_M(12 + 5,5 \cdot 0,049) \Leftrightarrow r_M = 498,21$$

d. h. die monatlichen Einzahlungen in die Kapital-Lebensversicherung betragen 498,21 €.

Lösung 3.32   (Zeit: 4 Min)

jährliche Zinszahlungen:

$$26\,408,45 \cdot 0,056 = 1\,478,87$$

monatliche vorschüssige Zahlungen r'_u gemäß Formel 18:

$$1\,478,87 = r'_u(12 + 6,5 \cdot 0,056) \Leftrightarrow r'_u = 119,61$$

d. h. in den Jahren 2005 und 2006 zahlt der Kleinunternehmer monatlich 119,61 €.

Lösung 3.33   (Zeit: 10 Min)

Guthaben der nachschüssigen Jahresrente über 3 000 € am 65. Geburtstag gemäß Formel 12:

$$R_{31} = 3\,000 \cdot \frac{1,053^{31} - 1}{0,053} = 224\,020,28$$

nachschüssige Jahresersatzrente r_J gemäß Formel 13:

$$224\,020,28 = r_J \cdot \frac{1,053^{20} - 1}{0,053} \cdot \frac{1}{1,053^{20}} \Leftrightarrow r_J = 18\,436,04$$

monatlich nachschüssige Rente r_M gemäß Formel 17:

$$18\,436,04 = r_M \left(12 + \frac{11}{2} \cdot 0,053\right) \Leftrightarrow r_M = 1\,499,90$$

d. h. die monatlichen Auszahlungen betragen 1 499,90 €.

Lösung 3.34   (Zeit: 10 Min)

(a) nachschüssige Jahresersatzrente r_J gemäß Formel 13:

$$25\,189 = r_J \cdot \frac{1,0325^5 - 1}{0,0325} \cdot \frac{1}{1,0325^5} \Leftrightarrow r_j = 5\,539,45$$

nachschüssige Monatsrente r_M gemäß Formel 17:

$$5\,539,45 = r_M(12 + 5,5 \cdot 0,0325) \Leftrightarrow r_M = 454,85$$

d. h. die Monatsrente beträgt 454,85 €.

(b) Barwert der fünfjährigen Rente gemäß Formel 2:

$$25\,189 - \frac{6\,500}{1,0325^2} = 19\,091,7608$$

nachschüssige Jahresersatzrente r_J gemäß Formel 13:

$$19\,091,7608 = r_J \cdot \frac{1,0325^5 - 1}{0,0325} \cdot \frac{1}{1,0325^5} \Leftrightarrow r_J = 4\,198,58$$

nachschüssige Monatsrente r_M gemäß Formel 17:

$$4\,198,58 = r_M(12 + 5,5 \cdot 0,0325) \Leftrightarrow r_M = 344,75$$

d. h. die Monatsrente beträgt 344,75 €.

(c) Guthaben am Ende des 2. Jahres gemäß Formel 32:

$$K_2 = 25\,189 \cdot 1,0325^2 - 5\,539,45 \cdot 1,0325 - 5\,539,45 = 15\,593,9588$$

nachschüssige Jahresersatzrente r_J gemäß Formel 13:

$$15\,593,9588 = r_J \cdot \frac{1,03^3 - 1}{0,03} \cdot \frac{1}{1,03^3} \Leftrightarrow r_J = 5\,512,9379$$

nachschüssige Monatsrente r_M gemäß Formel 17:

$$5\,512,9379 = r_M(12 + 5,5 \cdot 0,03) \Leftrightarrow r_M = 453,18$$

d. h. die Monatsrente beträgt 453,18 €.

Lösung 3.35   (Zeit: 10 Min)

monatlich vorschüssige Einzahlung r'_M gemäß Formel 18:

$$2\,500 = r'_M(12 + 6,5 \cdot 0,045) \Leftrightarrow r'_M = 203,38$$

d. h. monatlich sind 203,38 € einzuzahlen.

Lösung 3.36   (Zeit: 10 Min)

nachschüssige Jahresersatzrente r_J gemäß Formel 13:

$$180\,000 = r_J \cdot \frac{1,06^{20} - 1}{0,06} \cdot \frac{1}{1,06^{20}}$$

Das ergibt:

$$180\,000 = r_J \cdot 11,4699$$

Die Division durch 11,4699 ergibt:

$$15\,693,22 = r_J$$

monatlich vorschüssige Rente r'_M gemäß Formel 18:

$$15\,693,22 = r'_M (12 + 6,5 \cdot 0,06) = r'_M \cdot 12,39 \Leftrightarrow r'_M = 1\,266,60$$

d. h. der monatliche vorschüssige Rückzahlungsbetrag beträgt 1 266,60 €.

Lösung 3.37   (Zeit: 20 Min)

(a) nachschüssige Jahresersatzrente r_J gemäß Formel 17:

$$r_J = 60 \cdot (12 + 5,5 \cdot 0,025) = 728,25$$

(1) Rentenbarwert R_0 gemäß Formel 13:

$$R_0 = 728,25 \cdot \frac{1,025^4 - 1}{0,025} \cdot \frac{1}{1,025^4} = 2\,739,658$$

Barwert K_0:

$K_0 = 5\,500 + 2\,739,658 = 8\,239,658$

d. h. der Barwert beträgt 8 239,66 €.

(2) x = Restwert nach vier Jahren

Barwert gemäß Formel 2:

$$14\,000 = 8\,239,658 + \frac{x}{1,025^4}$$

Das ergibt:

$$5\,760,342 = \frac{x}{1,025^4}$$

Multiplikation mit $1,025^4$ ergibt:

$$x = 6\,358,34$$

d. h. der Restwert nach vier Jahren müsste 6 358,34 € betragen.

(b) Rentenbarwert der nachschüssigen Jahresersatzrente r_J gemäß Formel 13:

$$14\,000 = r_J \cdot \frac{1,025^6 - 1}{0,025} \cdot \frac{1}{1,025^6}$$

Das ergibt:

$$r_J = 14\,000 \cdot 1,025^6 \cdot \frac{0,025}{1,025^6 - 1} = 2\,541,70$$

unterjährige Rente r_u' Formel 18:

$$2\,541,70 = r_u'(12 + 6,5 \cdot 0,025) \Leftrightarrow r_u' = 208,9784$$

d. h. die Monatsraten müssen 208,98 € betragen.

Lösung 3.38 (Zeit: 20 Min)

(a) Nachschüssige Jahresersatzrente r_J gemäß Formel 18:

$$r_J = 562(12 + 6,5 \cdot 0,009) = 6\,776,877$$

Rentenbarwert R_0 gemäß Formel 13:

$$R_0 = 6\,776,877 \cdot \frac{1,009^4 - 1}{0,009} \cdot \frac{1}{1,009^4} = 26\,508,40$$

Barwert K_0 gemäß Formel 2:

$$K_0 = 4\,000 + 26\,508,40 + \frac{34\,707,90}{1,009^4} = 63\,994,43$$

d. h. der Verkaufspreis dürfte höchstens 63 994,42 Euro betragen, damit der Barkauf günstiger wäre als das Finanzierungsmodell.

(b) Barwert gemäß Formel 2:

$$R_0 = 63\,994,43 - 5\,000 - \frac{35\,000}{1,009^5} = 25\,527,78$$

Nachschüssige Jahresersatzrente r_J gemäß Formel 13:

$$25\,527{,}78 = r_J \cdot \frac{1{,}009^5 - 1}{0{,}009} \cdot \frac{1}{1{,}009^5} \Leftrightarrow r_J = 5\,244{,}23$$

Vorschüssige Quartalsrate r_Q' gemäß Formel 18:

$$5\,244{,}23 = r_Q'(4 + 2{,}5 \cdot 0{,}009) \Leftrightarrow r_Q' = 1\,303{,}724$$

d. h. die Quartalsraten müssen 1 303,72 Euro betragen.

Lösung 3.39   (Zeit: 20 Min)

(1) Wert der Abhebungen am 01.01.2013 gemäß Formel 2:

$$\frac{10\,000}{1{,}05^6} + \frac{10\,000}{1{,}05^9} + \frac{10\,000}{1{,}05^{13}} = 19\,211{,}46$$

nachschüssige jährliche Ersatzrente r_J gemäß Formel 13:

$$19\,211{,}46 = r_J \cdot \frac{1{,}05^{13} - 1}{0{,}05} \cdot \frac{1}{1{,}05^{13}}$$

Das ergibt:

$$19\,211{,}46 = r_J \cdot 9{,}393573$$

Division durch 9,393573 ergibt:

$$r_J = 2\,045{,}17$$

vorschüssige monatliche Rente r_M' gemäß Formel 18:

$$2\,045{,}17 = r_M'(12 + 6{,}5 \cdot 0{,}05) \Leftrightarrow r_M' = 165{,}94$$

d. h. die vorschüssige Monatsrente beträgt 165,95 Euro.

(2) Kontostand gemäß Formel 12:

$$2\,045{,}17 \cdot \frac{1{,}05^6 - 1}{0{,}05} = 13\,911{,}07$$

d. h. der Kontostand am 31.12.2018 beträgt 13 911,07 Euro.

(3) $13\,911{,}07 - 10\,000 = 3\,911{,}07$

Kontostand gemäß Formel 2 und Formel 12:

$$3\,911{,}07 \cdot 1{,}05^3 + 2\,045{,}17 \cdot \frac{1{,}05^3 - 1}{0{,}05} = 10\,974{,}95$$

d. h. der Kontostand am 31.12.2021 beträgt 10 974,95 Euro.

Lösung 3.40   (Zeit: 20 Min)

(1) nachschüssige Jahresersatzrente gemäß Formel 18:

$$r_J = 200(12 + 6{,}5 \cdot 0{,}04) = 2\,452$$

Rentenendwert gemäß Formel 12:

$$R_6 = 2\,452 \cdot \frac{1{,}04^6 - 1}{0{,}04} = 16\,264{,}06$$

d. h. der Kontostand am 31.12.2015 beträgt 16 264,06 €.

(2) Wert der monatlichen Rente am 31.12.2018 gemäß Formel 2:

$$16\,264{,}06 \cdot 1{,}04^3 = 18\,294{,}85$$

nachschüssige Jahresersatzrente gemäß Formel 18:

$$r_J = 750(4 + 2{,}5 \cdot 0{,}04) = 3\,075$$

Rentenendwert gemäß Formel 12:

$$R_3 = 3075 \cdot \frac{1{,}04^3 - 1}{0{,}04} = 9598{,}92$$

Guthaben K_9 am 31.12.2018:

$$K_9 = 18\,294{,}85 + 9598{,}92 = 27\,893{,}77$$

d. h. das Guthaben am 31.12.2018 beträgt 27 893,77 €.

(3) Barwert der Auszahlungen gemäß Formel 2:

$$27\,893{,}77 \cdot 1{,}04^2 = 30\,169{,}90$$

Laufzeit gemäß Formel 15 und Formel 16:

$$n = -\frac{\ln\left[1 - \frac{30\,169{,}90}{1{,}04 \cdot 2\,000} \cdot 0{,}04\right]}{\ln 1{,}04} = 22{,}13$$

d. h. 22 Jahre lang können die vollen Beträge ausgezahlt werden.

Lösung 3.41   (Zeit: 20 Min)

(a) Rentenbarwert der nachschüssigen Jahresersatzrente r_J gemäß Formel 13:

$$150\,000 = r_J \cdot \frac{1{,}022^{15} - 1}{0{,}022} \cdot \frac{1}{1{,}022^{15}} \Leftrightarrow r_J = 11\,849{,}21$$

unterjährige Rente r'_u gemäß Formel 18:

$$11\,849{,}21 = r'_u(12 + 6{,}5 \cdot 0{,}022) \Leftrightarrow r'_u = 975{,}8058$$

d. h. die Monatsraten betragen 975,81 €.

(b) Endwert gemäß Formel 32:

$$K_{10} = 150\,000 \cdot 1{,}022^{10} - 11\,849{,}21 \cdot \frac{1{,}022^{10} - 1}{0{,}022} = 55\,528{,}01$$

d. h. die Restschuld beträgt 55 528,01 €.

(c) $55\,528{,}01 - 30\,000 = 25\,528{,}01$

(1) Laufzeit gemäß Formel 15:

$$n = -\frac{\ln\left(1 - \frac{25\,528{,}01}{11\,849{,}21} \cdot 0{,}022\right)}{\ln 1{,}022} = 2{,}231326$$

Umrechnung in Monaten:

$$12 \cdot 2{,}231326 = 26{,}77591$$

d. h. es sind noch 26 volle Monatsraten zu zahlen; d. h. die letzte volle Monatsrate ist zu zahlen am 01.02.2029.

(2) Restschuld am 31.12.2028 gemäß Formel 32:

$$K_{12} = 25\,528{,}01 \cdot 1{,}022^2 - 11\,849{,}21 \cdot \frac{1{,}022^2 - 1}{0{,}022} = 2\,704{,}495$$

d. h. die Restschuld am 31.12.2028 beträgt 2 704,50 €.

Lösung 3.42   (Zeit: 20 Min)

(a) (1) nachschüssige Jahresersatzrente gemäß Formel 18:

$$100 \cdot (12 + 6{,}5 \cdot 0{,}008)$$

Kontostand am 31.12.2021 gemäß Formel 32:

$$K_5 = 10\,000 \cdot 1{,}008^5 - 100 \cdot (12 + 6{,}5 \cdot 0{,}008) \cdot \frac{1{,}008^3 - 1}{0{,}008}$$

Das ergibt:

$$K_5 = 6\,761{,}85$$

d. h. der Kontostand am 31.12.2021 beträgt 6 761,85 GE.

(2) nachschüssige Jahresersatzrente gemäß Formel 17:

$$500 \cdot (4 + 1{,}5 \cdot 0{,}008)$$

Kontostand am 31.12.2025 gemäß Formel 2 und Formel 12:

$$K_9 = 6\,761{,}85 \cdot 1{,}008^4 + 500 \cdot (4 + 1{,}5 \cdot 0{,}008) \cdot \frac{1{,}008^2 - 1}{0{,}008}$$

Das ergibt:

$$K_9 = 11\,008{,}89$$

d. h. der Kontostand am 31.12.2025 beträgt 11 008,89 GE.

(b) Kontostand am 31.12.2027 gemäß Formel 2:

$$K_{11} = K_9 \cdot 1{,}008^2 = 11\,185{,}73$$

Laufzeit gemäß Formel 15:

$$n = -\frac{\ln\left[1 - \frac{11\,185{,}73}{900 \cdot 1{,}008} \cdot 0{,}008\right]}{\ln 1{,}008} = 13{,}03$$

d. h. dreizehn Jahre lang sind volle Auszahlungen möglich.

Lösung 3.43   (Zeit: 15 Min)

(a) Rentenendwert gemäß Formel 12:

$$R_6 = 5\,000 \cdot \frac{1{,}012^6 - 1}{0{,}012} = 30\,914{,}53$$

d. h. das Endguthaben beträgt 30 914,53 €.

(b) (1) Barwert der Rente gemäß Formel 2:

$$R_0 = 30\,914{,}53 \cdot 1{,}012 = 31\,285{,}5$$

Laufzeit gemäß Formel 15:

$$n = -\frac{\ln\left[1 - \frac{31\,285,5}{4\,000 \cdot 1,012} \cdot 0,012\right]}{\ln 1,012} = 8,159414$$

d. h. es können acht volle Beträge in Höhe von 4 000 € abgehoben werden.

(2) Restguthaben gemäß Formel 32:

$$K_8 = 31\,285,5 \cdot 1,012^8 - 4\,000 \cdot 1,012 \cdot \frac{1,012^8 - 1}{0,012} = 640,859$$

d. h. das Restguthaben beträgt 640,86 €.

Lösung 3.44   (Zeit: 15 Min)

(1) Wert der Einzahlungen am 31.12.2019 gemäß Formel 2:

$$10\,000 \cdot 1,012^6 + 20\,000 \cdot 1,012^4 + 30\,000 \cdot 1,012^3 = 62\,812,38$$

d. h. der Rentenbarwert beträgt 62 812,38 Euro.

(2) nachschüssige Jahresrente gemäß Formel 16:

$$5\,000 \cdot 1,012$$

Laufzeit gemäß Formel 15:

$$n = -\frac{\ln\left[1 - \frac{62\,812,38}{5\,000 \cdot 1,012} \cdot 0,012\right]}{\ln 1,012} = 13,52205$$

d. h. die volle Rente kann dreizehnmal ausgezahlt werden.

(3) Restguthaben gemäß Formel 32:

$$62\,812,38 \cdot 1,012^{13} - 5\,000 \cdot 1,012 \cdot \frac{1,012^{13} - 1}{0,012} = 2\,617,674$$

d. h. das Restguthaben ein Jahr nach der letzten vollen Auszahlung beträgt 2 617,67 Euro.

Lösung 3.45   (Zeit: 15 Min)

nachschüssige Jahresersatzrente r_J gemäß Formel 18:

$$r_J = 250 \cdot (4 + 2,5 \cdot 0,04) = 1\,025$$

(a) Kaufpreis K_0 gemäß Formel 13 und Formel 2:

$$K_0 = 8\,000 + 1\,025 \cdot \frac{1,04^3 - 1}{0,04} \cdot \frac{1}{1,04^3} + \frac{3\,000}{1,04^3} = 13\,511,46$$

d. h. der Kaufpreis muss mindestens 13 511,47 € betragen.

(b) monatliche Rente r'_M gemäß Formel 18:

$$1\,025 = r'_M(12 + 6,5 \cdot 0,04) \Leftrightarrow r'_M = 83,60522$$

d. h. die Monatsraten müssten 83,61 € betragen.

(c) Einmalzahlung gemäß Formel 2:

$$\frac{1\,025}{1,04} + \frac{3\,000}{1,04} = 3\,870,19$$

d. h. der Käufer muss 3 870,19 € bezahlen, um den Vertrag ein Jahr früher zu beenden.

Lösung 3.46   (Zeit: 20 Min)

(1) Rentenbarwert gemäß Formel 13:

$$R_0 = 17\,200 \cdot 1,05 \cdot \frac{1,05^{14} - 1}{0,05} \cdot \frac{1}{1,05^{14}} = 178\,769,46$$

d. h. der Barwert der Rente beträgt 178 769,46 €.

(2) Rentenbarwert der nachschüssigen Jahresersatzrente r_J gemäß Formel 13:

$$178\,769,46 = r_J \cdot \frac{1,05^{11} - 1}{0,05} \cdot \frac{1}{1,05^{11}}$$

$$178\,769,46 = r_J \cdot 8,3064$$

$$r_J = 21\,521,86$$

d. h. die neuen Jahresauszahlungen betragen 21 521,86 €.

(3) monatliche Rente r'_M gemäß Formel 18:

$$21\,521,86 = r'_M\,(12 + 6,5 \cdot 0,05) = 12,325 r'_M \Leftrightarrow r'_M = 1\,746,20$$

d. h. die monatliche Rente beträgt 1 746,20 €.

(4) nachschüssige Jahresersatzrente r_J gemäß Formel 18:

$$r_J = 1\,600(12 + 6,5 \cdot 0,05) = 19\,720$$

Rentenbarwert gemäß Formel 13:

$$R_0 = 19\,720 \cdot \frac{1,05^{11} - 1}{0,05} \cdot \frac{1}{1,05^{11}} = 163\,802,49$$

Höhe der sofortigen Abhebung:

$$178\,769,46 - 163\,802,49 = 14\,966,97$$

d. h. Frau X. könnte sofort 14 966,97 € von ihrem Konto abheben.

Lösung 3.47   (Zeit: 20 Min)

(a) Barwert des Modells A gemäß Formel 2, Formel 18 und Formel 13:

$$K_0 = 5000 + 300 \cdot \left(12 + \frac{13}{2} \cdot 0,121\right) \cdot \frac{1,121^3 - 1}{0,121} \cdot \frac{1}{1,121^3} + \frac{4200}{1,121^3}$$

Das ergibt:

$$K_0 = 17\,178,98$$

d. h. der Barwert des Modells A beträgt 17 178,98 Euro.

(b) Barwert des Modells A gemäß Formel 2, Formel 18 und Formel 13:

$$K_0 = 3000 + 750 \cdot \left(4 + \frac{5}{2} \cdot 0,121\right) \cdot \frac{1,121^4 - 1}{0,121} \cdot \frac{1}{1,121^4} + \frac{8000}{1,121^4}$$

Das ergibt:

$K_0 = 17\,846,57$

d. h. der Barwert des Modells B beträgt 17 846,57 Euro.

(c) Der Barwert des Modells A ist kleiner als der Barwert von Modell B. Somit ist Modell A für den Interessenten vorteilhafter.

(d) nachschüssige Jahresersatzrente r_J gemäß Formel 12:

$$8\,000 = r_J \cdot \frac{1,018^4 - 1}{0,018} \Leftrightarrow r_J = 1\,946,80$$

Monatsrente r_M gemäß Formel 17:

$$1\,946,80 = r_M(12 + 5,5 \cdot 0,018) \Leftrightarrow r_M = 160,91$$

d. h. der Interessent muss monatlich 160,91 Euro nachschüssig einzuzahlen.

Lösung 3.48 (Zeit: 20 Min)

(1) nachschüssige Jahresersatzrente gemäß Formel 18:

$$200 \cdot (12 + 6,5 \cdot 0,04)$$

Guthaben am 31.12.2010 gemäß Formel 12 und Formel 2:

$$200 \cdot (12 + 6,5 \cdot 0,04) \cdot \frac{1,04^{11} - 1}{0,04} + 20\,000 \cdot 1,04^4 = 56\,465,70$$

d. h. das Guthaben beträgt 56 465,70 €.

(2) nachschüssige Jahresersatzrente r_J gemäß Formel 18:

$$r_J = 1\,000 \cdot (12 + 6,5 \cdot 0,04) = 12\,260$$

Laufzeit gemäß Formel 15:

$$n = -\frac{\ln\left[1 - \frac{56\,465,70}{12\,260} \cdot 0,04\right]}{\ln 1,04} = 5,19$$

d. h. im Jahr 2016 erfolgt die letzte volle monatliche Auszahlung.

(3) nachschüssige Jahresersatzrente r_J gemäß Formel 13:

$$56\,465,70 \cdot 1,04^{10} = r_J \cdot \frac{1,04^{10} - 1}{0,04} \Leftrightarrow r_J = 6\,961,71$$

Quartalsrate r_Q gemäß Formel 17:

$$6\,961,71 = r_Q(4 + 1,5 \cdot 0,04) \Leftrightarrow r_Q = 1\,714,71$$

d. h. die Quartalsraten betragen 1 714,71 €.

(4) Barwert gemäß Formel 2:

$$56\,465,70 \cdot 1,04 - 6\,961,71 = 51\,762,62$$

nachschüssige Jahresersatzrente gemäß Formel 17:

$$1\,200 \cdot (4 + 1,5 \cdot 0,04)$$

Rentenbarwert gemäß Formel 13:

$$51\,762,62 - x = 1\,200 \cdot (4 + 1,5 \cdot 0,04) \cdot \frac{1,04^9 - 1}{0,04} \cdot \frac{1}{1,04^9}$$

Das ergibt:

$$51\,762,62 - x = 36\,224,94$$

Somit haben wir:

$$x = 15\,537,68$$

d. h. es wurden 15 537,68 € entnommen.

Lösung 3.49 (Zeit: 20 Min)

(1) Rentenbarwert gemäß Formel 13:

$$R_0 = 4\,000 \cdot \frac{1,07^7 - 1}{0,07} \cdot \frac{1}{1,07^7} = 4\,000 \cdot 5,3893 = 21\,557,16$$

d. h. der Kaufpreis der Maschine beträgt 21 557,16 GE.

(2) Schulden nach vier Jahren gemäß Formel 2:

$$21\,557,16 \cdot 1,07^4 = 28\,257,04$$

nachschüssige Jahresraten r gemäß Formel 13:

$$28\,257,04 = r \cdot \frac{1,07^3 - 1}{0,07} \cdot \frac{1}{1,07^3} = 2,6243 \cdot r \Leftrightarrow r = 10\,767,39$$

d. h. die drei nachschüssigen Jahresraten betragen 10 767,39 GE.

(3) (a) *1. Lösungsweg:*

Laufzeit n gemäß Formel 13:

$$28\,257,04 \cdot 1,07^n = 4\,000 \cdot \frac{1,07^n - 1}{0,07}$$

Multiplikation mit 0,07 ergibt:

$$1\,977,99 \cdot 1,07^n = 4\,000 \cdot 1,07^n - 4\,000$$

Addition von 4 000 ergibt:

$$4\,000 + 1\,977,99 \cdot 1,07^n = 4\,000 \cdot 1,07^n$$

Subtraktion von 1 977,99 $\cdot$ 1,07^n ergibt:

$$4\,000 = (4\,000 - 1\,977,99) \cdot 1,07^n = 2\,022,01 \cdot 1,07^n$$

Division durch 2 022,01 ergibt:

$$1,9782 = 1,07^n$$

Definition des Logarithmus (siehe [4, Kapitel 8.1]):

$$n = \log_{1,07} 1,9782$$

Umrechnungsformel für den Logarithmus (siehe [4, Kapitel 8.2]):

$$n = \frac{\ln 1,9782}{\ln 1,07} = 10,083$$

d. h. es sind zehn volle Raten zu zahlen.

2. Lösungsweg:

Laufzeit gemäß Formel 15:

$$n = -\frac{\ln\left[1 - \frac{28\,257,04}{4\,000} \cdot 0,07\right]}{\ln 1,07} = 10,083$$

(b) Restschuld unmittelbar nach Zahlung der letzten vollen Rate gemäß Formel 32:

$$K_{14} = 21\,557,16 \cdot 1,07^{14} - 4\,000 \cdot \frac{1,07^{10} - 1}{0,07}$$

Das ergibt:

$$K_{14} = 55\,58587 - 55\,265,79 = 320,08$$

Restzahlung ein Jahr nach der letzten vollen Rate gemäß Formel 2:

$$320,08 \cdot 1,07 = 342,48$$

Die Restzahlung beträgt 342,48 GE.

Lösung 3.50   (Zeit: 20 Min)

(a) nachschüssige Jahresersatzrente gemäß Formel 17:

$$900 \cdot \left(4 + \frac{3}{2} \cdot 0,052\right) = 3\,670,20$$

Rentenbarwert gemäß Formel 13:

$$R_0 = 3\,670,20 \cdot \frac{1,052^2 - 1}{0,052} \cdot \frac{1}{1,052^2} = 6\,805,12$$

Barwert gemäß Formel 2:

$$K_0 = 4000 + 6\,805,12 + \frac{3000}{1,052^2} = 13\,515,87$$

d. h. der Barwert des Modells A beträgt 13,515,87 Euro.

(b) nachschüssige Jahresersatzrente gemäß Formel 18:

$$200 \cdot \left(12 + \frac{13}{2} \cdot 0,052\right) = 2\,467,60$$

Rentenbarwert gemäß Formel 13:

$$R_0 = 2\,467,60 \cdot \frac{1,052^3 - 1}{0,052} \cdot \frac{1}{1,052^3} = 6\,694,78$$

Barwert gemäß Formel 2:

$$K_0 = 3\,000 + 6\,694,78 + \frac{4\,000}{1,052^3} = 13\,130,46$$

d. h. der Barwert des Modells B ist mit 13 130,46 Euro kleiner als der Barwert von Modell A. Somit ist Modell B vorteilhafter.

(c) Rentenendwert der nachschüssigen Jahresersatzrente r_J gemäß Formel 12:

$$4\,000 = r_J \cdot \frac{1,052^3 - 1}{0,052} \Leftrightarrow r_J = 1\,266,34$$

Monatsrente r_M gemäß Formel 17:

$$1\,266,34 = r_M(12 + 5,5 \cdot 0,052) \Leftrightarrow r_M = 103,07$$

d. h. es sind monatlich nachschüssig 103,07 Euro einzuzahlen.

Lösung 3.51 (Zeit: 20 Min)

(1) nachschüssige Jahresersatzrente gemäß Formel 18:

$$2\,000 \cdot (4 + 2,5 \cdot 0,04)$$

Rentenbarwert am 01.01.2010 gemäß Formel 13:

$$R_0 = 2\,000(4 + 2,5 \cdot 0,04) \cdot \frac{1,04^{11} - 1}{0,04} \cdot \frac{1}{1,04^{11}}$$

Barwert K_0 der Rente am 01.01.2008 gemäß Formel 2:

$$K_0 = \frac{R_0}{1,04^2} = 2\,000(4 + 2,5 \cdot 0,04) \cdot \frac{1,04^{11} - 1}{0,04} \cdot \frac{1}{1,04^{13}}$$

Das ergibt:

$$K_0 = 66\,416,34$$

d. h. die Einzahlung betrug 66 416,34 Euro.

(2) nachschüssige Jahresersatzrente gemäß Formel 18:

$$2\,000 \cdot (4 + 2,5 \cdot 0,04) = 8\,200$$

Rentenendwert am 31.12.2014 gemäß Formel 12:

$$R_5 = 8\,200 \cdot \frac{1,04^5 - 1}{0,04} = 44\,413,84$$

Barwert R_0 am 01.01.2016 der neuen Rente gemäß Formel 2:

$$R_0 = 66\,416,34 \cdot 1,04^8 - 44\,413,84 \cdot 1,04 - 20\,000$$

Das ergibt:

$$R_0 = 90\,895,35 - 46\,190,4 - 20\,000 = 24\,704,95$$

Rentenbarwert der nachschüssigen Jahresersatzrente r_J gemäß Formel 13:

$$24\,704,95 = r_J \cdot \frac{1,04^5 - 1}{0,04} \cdot \frac{1}{1,04^5} \Leftrightarrow r_J = \frac{24\,704,95}{4,451822} = 5\,549,402$$

Quartalsrente r'_Q gemäß Formel 17:

$$5\,549,402 = r'_Q(4 + 2,5 \cdot 0,04) \Leftrightarrow r'_Q = \frac{5\,509,402}{4,1} = 1\,353,513$$

d. h. die Entnahmen betragen 1 353,51 Euro.

Lösung 3.52 (Zeit: 20 Min)

(1) nachschüssige Jahresersatzrente gemäß Formel 17:

$$100 \cdot (12 + 5{,}5 \cdot 0{,}04) = 1\,222$$

Rentenendwert gemäß Formel 12:

$$1\,222 \cdot \frac{1{,}04^{11} - 1}{0{,}04} = 16\,480{,}32$$

Guthaben am 31.12.2020 gemäß Formel 2:

$$1\,000 \cdot 1{,}04^{14} + 2\,000 \cdot 1{,}04^{12} + 3\,000 \cdot 1{,}04^{9} + 16\,480{,}32 = 25\,684$$

Guthaben am 31.12.2024 gemäß Formel 2:

$$25\,684 \cdot 1{,}04^{4} = 30\,046{,}65$$

d. h. das Guthaben beträgt 30 046,65 €.

(2) nachschüssige Jahresersatzrente gemäß Formel 18:

$$550 \cdot (12 + 6{,}5 \cdot 0{,}04) = 6\,743$$

Laufzeit gemäß Formel 15:

$$n = -\frac{\ln\left[1 - \frac{30\,046{,}65}{6\,743} \cdot 0{,}04\right]}{\ln 1{,}04} = 5{,}005155$$

d. h. volle fünf Jahre lang können die Beträge entnommen werden.

(3) vorschüssige Monatsrente r'_M gemäß Formel 17:

$$30\,046{,}65 = r'_M \cdot (12 + 6{,}5 \cdot 0{,}04) \cdot \frac{1{,}04^{6} - 1}{0{,}04} \cdot \frac{1}{1{,}04^{6}}$$

Das ergibt:

$$30\,046{,}65 = r'_M \cdot 64{,}2686$$

Somit haben wir:

$$r'_M = 467{,}52$$

d. h. über sechs Jahre können 467,52 € jeweils zu Beginn eines Monats entnommen werden.

Lösung 3.53 (Zeit: 20 Min)

(a) nachschüssige Jahresersatzrente r_J gemäß Formel 18:

$$r_J = 50(12 + 6{,}5 \cdot 0{,}032) = 610{,}40$$

Laufzeit n in Jahren gemäß Formel 14:

$$n = \frac{\ln\left[1 + \frac{10\,572}{610{,}4} \cdot 0{,}032\right]}{\ln 1{,}032} = 14$$

d. h. Student A. muss 14 Jahre lang sparen.

(b) Barwert gemäß Formel 2:

$$K_0 = \frac{10\,572}{1{,}032^{14}} = 6\,802{,}08$$

d. h. der Barwert beträgt 6 802,08 €.

(c) Barwert gemäß Formel 2:

$$\frac{10\,572 - 8\,000}{1{,}032^{10}} = 1\,877{,}04$$

d. h. Student A. könnte am Ende des vierten Jahres 1 877,04 € abheben.

(d) Sechs Abhebungen r_j gemäß Formel 32:

$$10\,572 - r_j \cdot \frac{1{,}032^6 - 1}{0{,}032} \cdot 1{,}032^8 = 8\,000$$

Das ergibt:

$$r_j \cdot \frac{1{,}032^6 - 1}{0{,}032} \cdot 1{,}032^8 = 2\,572$$

Das ergibt:

$$r_j \cdot 8{,}364043 = 2\,572$$

Division durch 8,364043 ergibt:

$$r_j = 307{,}51$$

d. h. Student A. kann sechs Jahre lang jeweils 307,51 € am Ende des Jahres abheben.

Lösung 3.54   (Zeit: 20 Min)

(1) nachschüssige Jahresersatzrente r_J gemäß Formel 18:

$$r_J = 200(12 + 6{,}5 \cdot 0{,}04) = 2\,452$$

Rentenendwert R_6 gemäß Formel 12:

$$R_6 = 2\,452 \cdot \frac{1{,}04^6 - 1}{0{,}04} = 16\,264{,}06$$

d. h. der Kontostand am 31.12.2015 beträgt 16 264,06 €.

(2) Guthaben nach drei Jahren gemäß Formel 2:

$$16\,264{,}06 \cdot 1{,}04^3 = 18\,294{,}85$$

nachschüssige Jahresersatzrente r_J gemäß Formel 18:

$$r_J = 750(4 + 2{,}5 \cdot 0{,}04) = 3\,075$$

Rentenendwert R_3 gemäß Formel 12:

$$R_3 = 3\,075 \cdot \frac{1{,}04^3 - 1}{0{,}04} = 9\,598{,}92$$

Guthaben am 31.12.2018:

$K_9 = 18\,294{,}85 + 9\,598{,}92 = 27\,893{,}77$

d. h. das Guthaben am 31.12.2018 beträgt 27 893,77 €.

(3) Guthaben am 31.12.2020 gemäß Formel 2:

$27\,893{,}77 \cdot 1{,}04^2 = 30\,169{,}90$

Laufzeit gemäß Formel 15:

$$n = -\frac{\ln\left[1 - \frac{30\,169{,}90}{1{,}04 \cdot 2\,000} \cdot 0{,}04\right]}{\ln 1{,}04} = 22{,}13$$

d. h. 22 Jahre lang können die vollen Beträge ausgezahlt werden.

Lösung 3.55 (Zeit: 20 Min)

(a) nachschüssige Jahresersatzrente über 15 Jahre gemäß Formel 17:

$3\,000 \cdot (4 + 1{,}5 \cdot 0{,}04) = 12\,180$

Rentenendwert der Rente über 12 180 € gemäß Formel 12:

$$R_{15} = 12\,180 \cdot \frac{1{,}04^{15} - 1}{0{,}04} = 243\,887{,}30$$

nachschüssige Jahresersatzrente über 10 Jahre gemäß Formel 18:

$1\,000 \cdot (12 + 6{,}5 \cdot 0{,}05) = 12\,325$

Rentenendwert der Rente über 12 325 € gemäß Formel 12:

$$R_{10} = 12\,325 \cdot \frac{1{,}05^{10} - 1}{0{,}05} = 155\,022{,}53$$

Wert der Rückzahlungen am Ende des 25. Jahres:

$K_n = 243\,887{,}30 \cdot 1{,}05^{10} + 10\,000 \cdot 1{,}05^{10} + 155\,022{,}53$

Das ergibt:

$K_n = 397\,266{,}71 + 16\,288{,}95 + 155\,022{,}53 = 568\,578{,}18$

Wert des Kredits am Ende des 25. Jahres gemäß Formel 2:

$195\,000 \cdot 1{,}04^{15} \cdot 1{,}05^{10} = 572\,041{,}70$

Differenz Kredit minus Rückzahlungen:

$572\,041{,}70 - 568\,578{,}18 = 3\,463{,}52$

d. h. einen Monat nach der letzten Monatsrate sind noch 3 463,52 € zu zahlen, damit der Kredit vollständig zurückgezahlt ist.

(b) nachschüssige Jahresersatzrente in den ersten 15 Jahren gemäß Formel 18:

$3\,500 \cdot (4 + 2{,}5 \cdot 0{,}04) = 14\,350$

Restschuld am Ende des 15. Jahres gemäß Formel 32:

$$K_{15} = 195\,000 \cdot 1{,}04^{15} - 14\,350 \cdot \frac{1{,}04^{15} - 1}{0{,}04}$$

Das ergibt:

$$K_{15} = 351\,183{,}98 - 287\,338{,}48 = 63\,845{,}50$$

nachschüssige Jahresersatzrente ab dem 16. Jahr gemäß Formel 18:

$$3\,500 \cdot (4 + 2{,}5 \cdot 0{,}05) = 14\,437{,}50$$

Laufzeit n (in Jahren) gemäß Formel 15:

$$n = -\frac{\ln\left[1 - \frac{63\,845{,}50}{14\,437{,}50} \cdot 0{,}05\right]}{\ln 1{,}05} = 5{,}1216$$

d. h. es sind insgesamt $15 \cdot 4 + 5 \cdot 4 = 80$ volle Quartalsraten über $3\,500\,€$ zu zahlen.

Restschuld am Ende des 20. Jahres gemäß Formel 32:

$$K_{20} = 63\,845{,}50 \cdot 1{,}05^5 - 14\,437{,}50 \cdot \frac{1{,}05^5 - 1}{0{,}5}$$

Das ergibt:

$$K_{20} = 81\,484{,}84 - 79\,776{,}30 = 1\,708{,}53$$

d. h. die Restschuld drei Monate nach der letzten vollen Quartalsrate beträgt $1\,708{,}53\,€$.

Lösung 3.56 (Zeit: 20 Min)

(1) nachschüssige Jahresersatzrente r_J gemäß Formel 18:

$$r_J = 200 \cdot \left(12 + \frac{13}{2} \cdot 0{,}06\right) = 2\,478$$

Rentenbarwert gemäß Formel 13:

$$R_0 = 2\,478 \cdot \frac{1{,}06^3 - 1}{0{,}06} \cdot \frac{1}{1{,}06^3} = 6\,623{,}72$$

Barwert K_0 gemäß Formel 2:

$$K_0 = 5\,000 + R_0 + \frac{4\,021{,}20}{1{,}06^3}$$

Das ergibt:

$$K_0 = 5\,000 + 6\,623{,}72 + 3\,376{,}28 = 15\,000$$

d. h. der Barwert beträgt $15\,000\,€$.

(2) (a) Modell A:

Zuerst bestimmen wir den Barwert R_0 der unterjährigen Rente gemäß Formel 2:

$$15\,000 = 4\,000 + R_0 + \frac{4\,809{,}92}{1{,}06^4}$$

Das ergibt:

$$15\,000 = 4\,000 + R_0 + 3\,809,91$$

Somit haben wir:

$$R_0 = 7\,190,09$$

nachschüssige Ersatzrente r_J gemäß Formel 13:

$$7\,190,09 = r_J \cdot \frac{1,06^4 - 1}{0,06} \cdot \frac{1}{1,06^4} \Leftrightarrow r_J = 2\,075$$

vorschüssige Quartalsraten r'_U gemäß Formel 18:

$$2\,075 = r'_U \cdot \left(4 + \frac{5}{2} \cdot 0,06\right) \Leftrightarrow r'_U = 500$$

d. h. die Quartalsraten betragen 500 €.

(b) Modell B:

nachschüssige Jahresersatzrente r_J gemäß Formel 18:

$$r_J = 1\,703,80 \cdot \left(2 + \frac{3}{2} \cdot 0,06\right) = 3\,560,942$$

Laufzeit gemäß Formel 15:

$$n = -\frac{\ln\left[1 - \frac{15\,000}{3\,560,942} \cdot 0,06\right]}{\ln 1,06} = 5$$

d. h. die Quartalsraten sind fünf Jahre lang zu zahlen.

Lösung 3.57 (Zeit: 20 Min)

(1) Nachschüssige jährliche Ersatzrente r_J gemäß Formel 18:

$$r_J = 500(12 + 6,5 \cdot 0,0425) = 6\,138,125$$

Barwert der Rentenzahlungen gemäß Formel 13:

$$R_0 = 6\,138,125 \cdot \frac{1,0425^{10} - 1}{0,0425} \cdot \frac{1}{1,0425^{10}} = 49\,171,83$$

d. h. der angelegte Betrag betrug 49\,171,83 €.

(2) Guthaben am 31.12.2005 gemäß Formel 32:

$$K_4 = 49\,171,83 \cdot 1,0425^4 - 6\,138,125 \cdot \frac{1,0425^4 - 1}{0,0425} = 31\,916,659$$

Guthaben am 31.12.2006 gemäß Formel 2:

$$31\,916,659 \cdot 1,0425 - 8\,500 = 24\,773,117$$

nachschüssige Jahresersatzrente r_J gemäß Formel 13:

$$24\,773,117 = r_J \frac{1,0425^5 - 1}{0,0425} \cdot \frac{1}{1,0425^5} \Leftrightarrow r_J = 5\,603,8534$$

vorschüssige Monatsrente r'_M gemäß Formel 18:

$$5\,603{,}8534 = r'_M \cdot (12 + 6{,}5 \cdot 0{,}0425) \Leftrightarrow r'_M = 456{,}48$$

d. h. die Monatsrente in den Jahren 2007 bis 2011 beträgt 456,48 €.

(3) Barwert der Monatsrente gemäß Formel 2:

$$49\,171{,}83 - \frac{8\,500}{1{,}0425^5} = 42\,268{,}8183$$

nachschüssige Jahresersatzrente r_J gemäß Formel 13:

$$42\,268{,}8183 = r_J \cdot \frac{1{,}0425^{10} - 1}{0{,}0425} \cdot \frac{1}{1{,}0425^{10}} \Leftrightarrow r_J = 5\,276{,}42$$

vorschüssige Monatsrente r'_M gemäß Formel 18:

$$5\,276{,}42 = r'_M \cdot (12 + 6{,}5 \cdot 0{,}0425) \Leftrightarrow r'_M = 429{,}81$$

d. h. die Monatsrente beträgt 429,81 €.

Lösung 3.58 (Zeit: 20 Min)

In Abbildung 8.5 wurde eine Zeitachse angelegt.

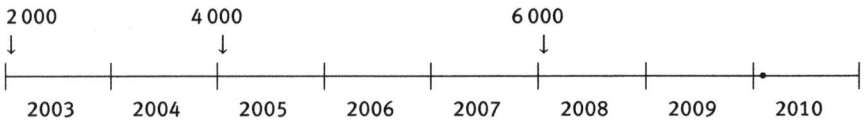

Abb. 8.5: Zeitachse zu Aufgabe 3.58.

Guthaben am 01.01.2010 gemäß Formel 2:

$$2\,000 \cdot 1{,}04^7 + 4\,000 \cdot 1{,}04^5 + 6\,000 \cdot 1{,}04^2 = 13\,988{,}08$$

(a) nachschüssige Jahresrente gemäß Formel 16:

$$1\,000 \cdot 1{,}04 = 1\,040$$

Laufzeit gemäß Formel 15:

$$n = -\frac{\ln\left[1 - \frac{13\,988{,}08}{1\,040} \cdot 0{,}04\right]}{\ln 1{,}04} = 19{,}7$$

d. h. volle Beträge können 19 Jahre lang entnommen werden.

(b) nachschüssige Ersatzrente r_j gemäß Formel 18:

$$r_j = 90(12 + 6{,}5 \cdot 0{,}04) = 1\,103{,}40$$

Restguthaben gemäß Formel 32:

$$13\,988{,}08 \cdot 1{,}04^{18} - 1\,103{,}40 \cdot \frac{1{,}04^{18} - 1}{0{,}04} = 40{,}15$$

d. h. am 31.12.2027 beträgt das Restguthaben 40,15 €.

(c) Rentenbarwert $R_0 = 13\,988{,}08$

ewige nachschüssige Rente:

$13\,988{,}08 \cdot 0{,}04 = 559{,}59$

ewige vorschüssige Rente:

$\dfrac{559{,}59}{1{,}04} = 538$

d. h. die ewige vorschüssige Rente beträgt 538 €.

Lösung 3.59   (Zeit: 20 Min)

⚠ Der Zeitraum von 01.01.2010 bis 31.12.2018 beträgt neun Jahre!

nachschüssige Jahresersatzrente r_j gemäß Formel 17:

$r_j = 350\,(12 + 5{,}5 \cdot 0{,}0375) = 4\,272{,}1875$

Rentenendwert gemäß Formel 12:

$$R_9 = 4\,272{,}1875 \cdot \frac{1{,}0375^9 - 1}{0{,}0375} = 44\,751{,}271$$

Guthaben K_9 am 31.12.2018 gemäß Formel 2:

$K_9 = R_9 + 16\,000 \cdot 0{,}0375 = 44\,751{,}271 + 16\,600 = 61\,351{,}27$

(1) nachschüssige Jahresersatzrente r_j gemäß Formel 13:

$$61\,351{,}27 = r_j \cdot \frac{1{,}0375^{15} - 1}{0{,}0375} \cdot \frac{1}{1{,}0375^{15}}$$

Multiplikation mit $1{,}0375^{15} \cdot \dfrac{0{,}0375}{1{,}0375^{15} - 1}$ ergibt:

$$r_j = 61\,351{,}27 \cdot 1{,}0375^{15} \cdot \frac{0{,}0375}{1{,}0375^{15} - 1} = 5\,421{,}9766$$

vorschüssige Monatsrente r'_M gemäß Formel 18:

$5\,421{,}9766 = r'_M \cdot (12 + 6{,}5 \cdot 0{,}0375) \Leftrightarrow r'_M = 442{,}84$

d. h. der gesuchte monatliche Betrag beträgt 442,84 GE.

(2) nachschüssige Jahresersatzrente r_j gemäß Formel 18:

$r_j = 395{,}92\,(12 + 6{,}5 \cdot 0{,}0375) = 4\,847{,}5455$

Rentenbarwert gemäß Formel 13:

$$R_0 = 4\,847{,}5455 \cdot \frac{1{,}0375^{15} - 1}{0{,}0375} \cdot \frac{1}{1{,}0375^{15}} = 54\,851{,}4316$$

Abhebung am 01.01.2019:

$61\,351{,}27 - 54\,851{,}4316 = 6\,499{,}84$

d. h. am 01.01.2019 wurden 6 499,84 GE entnommen.

Lösungen zu Kapitel 4: Tilgungsrechnung

Lösung 4.1 (Zeit: 10 Min)

nachschüssige Jahresersatzrente von Angebot 1 gemäß Formel 17:

$$1\,200 \cdot \left(12 + \frac{11}{2} \cdot 0{,}0325\right)$$

Restschuld von Angebot 1 nach 10 Jahren gemäß Formel 32:

$$K_{10} = 300\,000 \cdot 1{,}0325^{10} - 1\,200 \cdot (12 + 5{,}5 \cdot 0{,}0325) \cdot \frac{1{,}0325^{10} - 1}{0{,}0325}$$

Das ergibt:

$$K_{10} = 243\,587{,}62$$

nachschüssige Jahresersatzrente von Angebot 2 gemäß Formel 17:

$$1\,200 \cdot \left(12 + \frac{11}{2} \cdot 0{,}0375\right)$$

Restschuld von Angebot 2 nach 10 Jahren gemäß Formel 32:

$$K_{10} = 300\,000 \cdot 1{,}0375^{10} - 1\,200 \cdot (12 + 5{,}5 \cdot 0{,}0375) \cdot \frac{1{,}0375^{10} - 1}{0{,}0375}$$

Das ergibt:

$$K_{10} = 259\,679{,}02$$

$$259\,679{,}02 - 243\,587{,}62 = 16\,091{,}40$$

d. h. nach zehn Jahren übersteigt die Restschuld von Angebot 2 die Restschuld von Angebot 1 um 16 091,40 Euro.

Lösung 4.2 (Zeit: 12 Min)

nachschüssige Jahresersatzrente zu 3,25 % Zinsen p. a. von Angebot 1 gemäß Formel 17:

$$1\,200 \cdot (12 + 5{,}5 \cdot 0{,}0325)$$

Restschuld von Angebot 1 nach 10 Jahren gemäß Formel 32:

$$K_{10} = 300\,000 \cdot 1{,}0325^{10} - 1\,200 \cdot (12 + 5{,}5 \cdot 0{,}0325) \cdot \frac{1{,}0325^{10} - 1}{0{,}0325}$$

Das ergibt:

$$K_{10} = 243\,587{,}62$$

nachschüssige Jahresersatzrente zu 5,5 % Zinsen p. a. von Angebot 1 gemäß Formel 17:

$$1\,200 \cdot (12 + 5{,}5 \cdot 0{,}055)$$

Restschuld von Angebot 1 nach 15 Jahren gemäß Formel 32:

$$K_{15} = 243\,587{,}62 \cdot 1{,}055^{5} - 1\,200 \cdot (12 + 5{,}5 \cdot 0{,}055) \cdot \frac{1{,}055^{5} - 1}{0{,}055}$$

Das ergibt:

$K_{15} = 235\,965,63$

nachschüssige Jahresersatzrente zu 3,75 % Zinsen p. a. von Angebot 2 gemäß Formel 17:

$1\,200 \cdot (12 + 5,5 \cdot 0,0375)$

Restschuld von Angebot 2 nach 15 Jahren gemäß Formel 32:

$$K_{15} = 300\,000 \cdot 1,0375^{15} - 1\,200 \cdot (12 + 5,5 \cdot 0,0375) \cdot \frac{1,0375^{15} - 1}{0,0375}$$

Das ergibt:

$K_{15} = 233\,219,91$

d. h. Angebot 2 ist günstiger.

Lösung 4.3 (Zeit: 15 Min)

nachschüssige Jahresersatzrente r_j gemäß Formel 17:

$r_j = 400(12 + 5,5 \cdot 0,031) = 4\,868,2$

(1) Restschuld am 31.10.20121 gemäß Formel 32:

$$K_{10} = 100\,000 \cdot 1,031^{10} - 4\,868,2 \cdot \frac{1,031^{10} - 1}{0,031}$$

Das ergibt:

$K_{10} = 135\,702,13 - 56\,066,16 = 79\,635,97$

d. h. die Restschuld beträgt 79 635,97 €.

(2) Restschuld am 31.10.20121 gemäß Formel 2:

$K_{10} - 20\,000 \cdot 1,031^8 = 54\,103,12$

d. h. die Restschuld beträgt 54 103,12 €.

(3) x = Sondertilgung am 31.10.2013

Restschuld am 31.10.20121 gemäß Formel 2:

$50\,000 = K_{10} - x \cdot 1,031^8$

Für K_{10} setzen wir den Betrag aus Teilaufgabe (2) ein und erhalten:

$50\,000 = 79\,635,97 - x \cdot 1,031^8$

Das ergibt:

$50\,000 = 79\,635,97 - x \cdot 1,276643$

Somit haben wir:

$29\,635,97 = x \cdot 1,276643$

Division durch 1,276643 ergibt:

$$x = \frac{29\,635,97}{1,276643} = 23\,213,99$$

d. h. die Sondertilgung beträgt 23 213,99 €.

Lösung 4.4 (Zeit: 2 Min)

(a) Raten-Tilgung: $K_0 = 50\,000$

(b) Annuitäten-Tilgung: $K_0 = 50\,000$

Lösung 4.5 (Zeit: 10 Min)

Restschuld von Angebot 1 nach 10 Jahren ohne Sondertilgung gemäß Formel 32:

$$K_{10} = 300\,000 \cdot 1{,}0325^{10} - 1\,200 \cdot (12 + 5{,}5 \cdot 0{,}0325) \cdot \frac{1{,}0325^{10} - 1}{0{,}0325}$$

Das ergibt:

$$K_{10} = 243\,587{,}62$$

Restschuld von Angebot 1 nach 15 Jahren ohne Sondertilgung gemäß Formel 32:

$$K_{15} = 243\,587{,}62 \cdot 1{,}055^5 - 1\,200 \cdot (12 + 5{,}5 \cdot 0{,}055) \cdot \frac{1{,}055^5 - 1}{0{,}055}$$

Das ergibt:

$$K_{15} = 235\,965{,}63$$

Restschuld von Angebot 1 nach 15 Jahren mit Sondertilgung gemäß Formel 2:

$$235\,965{,}63 - 40\,000 \cdot 1{,}0325^5 \cdot 1{,}055^5 = 174\,621{,}56$$

Restschuld von Angebot 2 nach 15 Jahren ohne Sondertilgung gemäß Formel 32:

$$K_{15} = 243\,587{,}62 \cdot 1{,}055^5 - 1\,200 \cdot (12 + 5{,}5 \cdot 0{,}055) \cdot \frac{1{,}055^5 - 1}{0{,}055}$$

Das ergibt:

$$K_{15} = 235\,965{,}63$$

Restschuld von Angebot 2 nach 15 Jahren mit Sondertilgung gemäß Formel 2:

$$233\,219{,}91 - 40\,000 \cdot 1{,}0375^{10} = 175\,418{,}16$$

d. h. Angebot 1 ist günstiger.

Lösung 4.6 (Zeit: 15 Min)

(a) Tilgungsrate gemäß Formel 21:

$$T = \frac{50\,000}{5} = 10\,000$$

Barwert Z_0 aller Zinszahlungen gemäß Formel 25:

$$Z_0 = 50\,000 - 10\,000 \cdot \frac{1{,}07^5 - 1}{0{,}07} \cdot \frac{1}{1{,}07^5} = 8\,998{,}026$$

d. h. der Barwert aller Zinszahlungen beträgt $8\,998{,}03$ €.

(b) Annuität A gemäß Formel 28:

$$50\,000 \cdot 1{,}07^5 = A \cdot \frac{1{,}07^5 - 1}{0{,}07}$$

Das ergibt:

$$A = 50\,000 \cdot 1{,}07^5 \cdot \frac{0{,}07}{1{,}07^5 - 1} = 12\,194{,}54$$

erste Zinszahlung Z_1:

$$Z_1 = K_0 \cdot i = 50\,000 \cdot 0{,}07 = 3\,500$$

erster Tilgungsbetrag T_1:

$$T_1 = A - Z_1 = 12\,194{,}54 - 3\,500 \cdot 0{,}07 = 8\,694{,}54$$

Zinszahlung Z_k am Ende des k-ten Jahres gemäß Formel 26 und Formel 31:

$$Z_k = A - T_k = A - T_1 \cdot q^{k-1}$$

Das ergibt:

$$Z_2 = 12\,194{,}54 - 8\,694{,}54 \cdot 1{,}07 = 2\,891{,}38$$
$$Z_3 = 12\,194{,}54 - 8\,694{,}54 \cdot 1{,}07^2 = 2\,240{,}16$$
$$Z_4 = 12\,194{,}54 - 8\,694{,}54 \cdot 1{,}07^3 = 1\,543{,}36$$
$$Z_5 = 12\,194{,}54 - 8\,694{,}54 \cdot 1{,}07^4 = 797{,}77$$

Barwert Z_0 aller Zinszahlungen:

$$Z_0 = \frac{3\,500}{1{,}07} + \ldots + \frac{797{,}77}{1{,}07^5} = 9\,371{,}33$$

d. h. der Barwert aller Zinszahlungen beträgt 9 371,33 €.

Lösung 4.7 (Zeit: 10 Min)

Annuität gemäß Formel 27:

$$A = (0{,}0615 + 0{,}0132) \cdot 120\,000 = 7\,380 + 1\,584 = 8\,964$$

(1) Laufzeit gemäß Formel 33:

$$n = -\frac{\ln\left[1 - \frac{120\,000}{8\,964} \cdot 0{,}0615\right]}{\ln 1{,}0615} = 29{,}04$$

d. h. es sind 29 volle Annuitäten zu zahlen.

(2) Restzahlung unmittelbar nach Zahlung der letzten vollen Annuität gemäß Formel 32:

$$K_{29} = 120\,000 \cdot 1{,}0615^{29} - 8\,964 \cdot \frac{1{,}0615^{29} - 1}{0{,}0615} = 357{,}57$$

Restzahlung ein Jahr nach Zahlung der letzten vollen Annuität gemäß Formel 2:

$$357{,}57 \cdot 1{,}0615 = 379{,}56$$

d. h. die Restzahlung beträgt 379,56 GE.

Lösung 4.8   (Zeit: 4 Min)

Laufzeit gemäß Formel 33:

$$n = -\frac{\ln\left[1 - \frac{200\,000}{20\,000} \cdot 0{,}09\right]}{\ln(1{,}09)} = 26{,}7$$

d. h. es sind 26 volle Annuitäten zu zahlen.

Lösung 4.9   (Zeit: 12 Min)

Annuität gemäß Formel 27:

$$A = 300\,000 \cdot (0{,}05 + 0{,}03) = 24\,000$$

(1) Laufzeit gemäß Formel 33:

$$n = -\frac{\ln\left[1 - \frac{300\,000}{24\,000} \cdot 0{,}05\right]}{\ln 1{,}05} = 20{,}1$$

d. h. es sind 20 volle Annuitäten zu zahlen.

(2) Restschuld an 20 Jahren gemäß Formel 32:

$$K_{20} = 300\,000 \cdot 1{,}05^{20} - 24\,000 \cdot \frac{1{,}05^{20} - 1}{0{,}05} = 2\,406{,}41$$

Restschuld an 21 Jahren gemäß Formel 2:

$$K_{20} \cdot 1{,}05 = 2\,526{,}73$$

d. h. die Restschuld beträgt 2 526,73 €.

Lösung 4.10   (Zeit: 10 Min)

(1) Laufzeit gemäß Formel 33:

$$n = -\frac{\ln\left[1 - \frac{100\,000}{20\,000} \cdot 0{,}0615\right]}{\ln 1{,}0615} = 6{,}1566$$

d. h. es sind sechs volle Annuitäten zu zahlen.

(2) Restschuld unmittelbar nach Zahlung der letzten vollen Annuität gemäß Formel 32:

$$K_6 = 100\,000 \cdot 1{,}0615^6 - 20\,000 \cdot \frac{1{,}0615^6 - 1}{0{,}0615} = 3\,026{,}17$$

Restschuld ein Jahr nach Zahlung der letzten vollen Annuität gemäß Formel 2:

$$3\,026{,}17 \cdot 1{,}0615 = 3\,212{,}28$$

d. h. die Restschuld ein Jahr nach Zahlung der letzten vollen Annuität beträgt 3 212,28 GE.

Lösung 4.11   (Zeit: 15 Min)

Annuität gemäß Formel 27:

$$A = (0{,}09 + 0{,}01) \cdot 500\,000 = 50\,000$$

(1) Laufzeit gemäß Formel 33:

$$n = -\frac{\ln\left[1 - \frac{500\,000}{50\,000} \cdot 0,09\right]}{\ln 1,09} = 26,71904$$

d. h. es sind 26 volle Prozentannuitäten zu leisten.

(2) Restschuld unmittelbar nach Zahlung der letzten vollen Annuität gemäß Formel 32:

$$K_{26} = 500\,000 \cdot 1,09^{26} - 50\,000 \cdot \frac{1,09^{26} - 1}{0,09} = 33\,380,12$$

Restschuld ein Jahr nach Zahlung der letzten vollen Annuität gemäß Formel 2:

$33\,380,12 \cdot 1,09 = 36\,384,33$

Die Restzahlung beträgt 36 384,33 €.

(3) *1. Lösungsweg:*

Restschuld am Ende des k-ten Jahres gemäß Formel 32:

$$350\,000 = 500\,000 \cdot 1,09^k - 50\,000 \cdot \frac{1,09^k - 1}{0,09}$$

Multiplikation mit 0,09 ergibt:

$31\,500 = 45\,000 \cdot 1,09^k - 50\,000 \cdot 1,09^k + 50\,000$

Ausklammern des Faktors $1,09^k$ ergibt:

$31\,500 = -5\,000 \cdot 1,09^k + 50\,000$

Subtraktion von 50 000 ergibt:

$-18\,500 = -5\,000 \cdot 1,09^k$

Division durch $-5\,000$ ergibt:

$3,7 = 1,09^k$

Aufgrund der Definition des Logarithmus ergibt sich:

$k = \log_{1,09} 3,7$

Mit der Umrechnungsformel für den Logarithmus (siehe [4, Kapitel 8.1]) ergibt sich:

$$k = \frac{\ln 3,7}{\ln 1,09} = 15,18$$

d. h. nach 16 Tilgungs-Jahren

d. h. nach $16 + 1 = 17$ Jahren

2. Lösungsweg:

Laufzeit gemäß Formel 33:

$$n = -\frac{\ln\left[1 - \frac{350\,000}{50\,000} \cdot 0,09\right]}{\ln 1,09} = 11,53723$$

$26,71904 - 11,53723 = 15,18181$ Jahre

Lösung 4.12   (Zeit: 5 Min)
Annuität gemäß Formel 28:

$$A = 10\,000\,000 \cdot 1{,}03^{25} \cdot \frac{0{,}03}{1{,}03^{25} - 1} = 574\,278{,}71$$

d. h. die Annuität muss mindestens 574 278,71 Euro betragen.

Lösung 4.13   (Zeit: 10 Min)
(a) Annuität gemäß Formel 27:

$$A = (0{,}0615 + 0{,}0132) \cdot 120\,000 = 7\,380 + 1\,584 = 8\,964$$

   d. h. die jährlich zu zahlende Prozent-Annuität beträgt 8 964 GE.
(b) Annuität gemäß Formel 28:

$$A = 120\,000 \cdot 1{,}0595^{29} \cdot \frac{0{,}0595}{1{,}0595^{29} - 1} = 8\,783{,}36$$

   d. h. die Annuität beträgt 8 783,36
   anfänglicher Tilgungssatz t gemäß Formel 27:
   $8\,783{,}36 = 120\,000 \cdot (0{,}0595 + t) \Leftrightarrow t = 0{,}0137$
   d. h. die anfängliche Tilgung beträgt 1,37 %.

Lösung 4.14   (Zeit: 10 Min)
Restschuld gemäß Formel 32:

$$K_{14} = 200\,000 \cdot 1{,}09^{14} - 20\,000 \cdot \frac{1{,}09^{14} - 1}{0{,}09} = 147\,961{,}62$$

$147\,961{,}62 - 50\,000 = 97\,961{,}62$

Annuität gemäß Formel 28:

$$A = 97\,961{,}62 \cdot 1{,}1^{5} \cdot \frac{0{,}1}{1{,}1^{5} - 1} = 25\,842{,}03$$

d. h. die Annuitäten betragen 25 842,03 Euro.

Lösung 4.15   (Zeit: 8 Min)
2019 = 5. Tilgungsjahr
Restschuld am 31.12.2019:

$$K_{10} = 200\,000 - 5 \cdot 10\,000 = 150\,000$$

Restschuld am 31.12.2019 nach Sondertilgung:

$$150\,000 - 30\,000 = 120\,000$$

Annuität:

$$120\,000 \cdot 0{,}043 + 8\,000 = 5\,160 + 8\,000 = 13\,160$$

d. h. die gesuchte Annuität beträgt 13 160 Euro.

Lösung 4.16   (Zeit: 10 Min)
Restschuld am Ende des dritten Jahres gemäß Formel 32:

$$K_3 = 100\,000 \cdot 1{,}0615^3 - 20\,000 \cdot \frac{1{,}0615^3 - 1}{0{,}0615} = 55\,842{,}30$$

Restschuld am Ende des vierten Jahres gemäß Formel 2:

$$K_4 = 55\,842{,}29 \cdot 1{,}0615 = 59\,276{,}59$$

restliche vier Annuitäten A gemäß Formel 28:

$$59\,276{,}60 \cdot 1{,}0615^4 = A \cdot \frac{1{,}0615^4 - 1}{0{,}0615}$$

Multiplikation mit $\dfrac{0{,}0615}{1{,}0615^4 - 1}$ ergibt:

$$A = 59\,276{,}60 \cdot 1{,}0615^4 \cdot \frac{0{,}0615}{1{,}0615^4 - 1} = 17\,165{,}52$$

d. h. die Annuität beträgt 17 165,5 GE.

Lösung 4.17 (Zeit: 6 Min)
(1) Prozentsatz der Prozentannuität gemäß Formel 27:

$$\frac{20\,000}{200\,000} = 0{,}1 = 10\,\%$$

erster Tilgungssatz t gemäß Formel 27:

$$10\,\% - 9\,\% = 1\,\%$$

d. h. der erste Tilgungssatz beträgt 1 %.
(2) Tilgungsbetrag T_1:

$$200\,000 \cdot 0{,}01 = 2\,000$$

d. h. die erste Tilgungsrate beträgt 2 000 Euro.

Lösung 4.18 (Zeit: 10 Min)
2019 = 5. Tilgungsjahr
Restschuld am 31.12.2019:

$$K_{10} = 200\,000 - 5 \cdot 10\,000 = 150\,000$$

Restschuld am 31.12.2019 nach Sondertilgung:

$$150\,000 - 30\,000 = 120\,000$$

(a) Tilgungsbetrag gemäß Formel 21:

$$T = \frac{120\,000}{15} = 8\,000$$

d. h. die Tilgungsbeträge ab dem Jahr 2020 betragen 8 000 Euro.
(b) 2020, 2022, 2024 ..., 2034 = 8 Tilgungsjahre
Tilgungsbetrag gemäß Formel 21:

$$T = \frac{120\,000}{8} = 15\,000$$

d. h. die Tilgung beträgt 15 000 Euro.

Lösung 4.19 (Zeit: 10 Min)

Zinsbetrag am Ende des ersten Jahres:

$Z_1 = K_0 \cdot i$

Annuität am Ende des ersten Jahres:

$A_1 = Z_1$

Tilgungsbetrag am Ende des ersten Jahres:

$T_1 = 0$

Restschuld am Ende des ersten Jahres:

$K_1 = K_0$

Annuität gemäß Formel 27:

$A = (0{,}0615 + 0{,}0132) \cdot 120\,000 = 7\,380 + 1\,584 = 8\,964$

zweiter Zinsbetrag $Z_2 = K_1 \cdot i$

zweiter Tilgungsbetrag T_2 gemäß Formel 26:

$T_2 = A - Z_2$

Restschuld $K_2 = K_1 - T_2$

dritter Zinsbetrag $Z_3 = K_2 \cdot i$

dritter Tilgungsbetrag T_3 gemäß Formel 26:

$T_3 = A - Z_3$

Restschuld $K_3 = K_2 - T_3$

vierter Zinsbetrag $Z_4 = K_3 \cdot i$

vierter Tilgungsbetrag T_4 gemäß Formel 26:

$T_4 = A - Z_4$

Restschuld $K_4 = K_3 - T_4$

Tilgungsplan mit Jahresschuld am Anfang des Jahres (JA) und am Ende des Jahres (JE):

Tab. 8.5: Tabelle zur Lösung von Aufgabe 4.19.

Jahr	Schuld (JA)	Zinsen	Tilgung	Annuität	Schuld (JE)
1	120 000	7 380	-	7 380	120 000
2	120 000	7 380	1 584	8 964	118 416
3	118 416	7 282,58	1 681,42	8 964	116 734,58
4	116 734,58	7 179,18	1 784,82	8 964	114 949,76

Lösung 4.20 (Zeit: 12 Min)

Annuität gemäß Formel 27:

$A = 300\,000 \cdot (0{,}05 + 0{,}03) = 24\,000$

Restschuld am Ende des 6. Jahres gemäß Formel 32:

$K_6 = 300\,000 \cdot 1{,}05^6 - 24\,000 \cdot \dfrac{1{,}05^6 - 1}{0{,}05} = 238\,782{,}78$

Zinsen am Ende des 7. Jahres:

$Z_7 = K_6 \cdot 0{,}05 = 11\,939{,}14$

Tilgung am Ende des 7. Jahres gemäß Formel 26:

$T_7 = A - Z_7 = 12\,060{,}86$

Restschuld am Ende des 7. Jahres:

$K_7 = K_6 - T_7 = 226\,721{,}92$

Tab. 8.6: Tabelle zur Lösung von Aufgabe 4.20.

Jahr	Zinsen	Tilgung	Annuität	Schuld (JE)
7	11 939,14	12 060,86	24 000	226 721,92

Lösung 4.21 (Zeit: 8 Min)

Jahr 2013 = 4. Jahr = tilgungsfreies Jahr

Zinsen am Ende des 4. Jahres:

$Z_4 = 200\,000 \cdot 0{,}043 = 8\,600$

Annuität am Ende des 4. tilgungsfreien Jahres:

$A_4 = Z_4$

Restschuld am Ende des 4. tilgungsfreien Jahres:

$K_4 = K_0$

Jahr 2029 = 20. Jahr (in der Tilgungsphase)

Tilgungsrate gemäß Formel 21:

$T = \dfrac{200\,000}{20} = 10\,000$

Kapital am Ende des 19. Jahres:

$K_{19} = 200\,000 - 14 \cdot 10\,000 = 60\,000$

Zinsen am Ende des 20. Jahres:

$Z_{20} = K_{19} \cdot 0{,}043 = 2\,580$

Kapital am Ende des 20. Jahres:

$$K_{20} = K_{19} - 10\,000 = 50\,000$$

Tab. 8.7: Tabelle zur Lösung von Aufgabe 4.21.

Jahr	Zinsen a. E. d. J.	Tilgung a. E. d. J.	Annuität a. E. d. J.	Restschuld a. E. d. J.
4	8 600	-	8 600	200 000
20	2 580	10 000	12 580	50 000

Lösung 4.22   (Zeit: 6 Min)

Annuität gemäß Formel 27:

$$A = (0{,}09 + 0{,}01) \cdot 500\,000 = 50\,000$$

Zinsen $Z_1 = K_0 \cdot i = 500\,000 \cdot 0{,}09 = 45\,000$

erster Tilgungsbetrag $= K_0 \cdot 0{,}01 = 500\,000 \cdot 0{,}01 = 5\,000$

Tab. 8.8: Tabelle zur Lösung von Aufgabe 4.22.

Jahr	Zinsen	Tilgung	Annuität	Restschuld
1	45 000	–	45 000	500 000
2	45 000	5 000	50 000	495 000

Lösung 4.23   (Zeit: 20 Min)

(a) Tilgungsrate gemäß Formel 21:

$$T = \frac{50\,000}{5} = 10\,000$$

erster Zinsbetrag $Z_1 = K_0 \cdot i$

erste Annuität A_1 gemäß Formel 22:

$$A_1 = Z_1 + T$$

Restschuld $K_1 = K_0 - T$

zweiter Zinsbetrag $Z_2 = K_1 \cdot i$

zweite Annuität A_2 gemäß Formel 22:

$$A_2 = Z_2 + T$$

Restschuld $K_2 = K_0 - 2 \cdot T$

dritter Zinsbetrag $Z_3 = K_2 \cdot i$

dritte Annuität A_3 gemäß Formel 22:

$A_3 = Z_3 + T$

Restschuld $K_3 = K_0 - 3 \cdot T$

vierter Zinsbetrag $Z_4 = K_3 \cdot i$

vierte Annuität A_4 gemäß Formel 22:

$A_4 = Z_4 + T$

Restschuld $K_4 = K_0 - 4 \cdot T$

fünfter Zinsbetrag $Z_5 = K_4 \cdot i$

fünfte Annuität A_5 gemäß Formel 22:

$A_5 = Z_5 + T$

Restschuld $K_5 = K_0 - 5 \cdot T$

Tab. 8.9: Tabelle zur Lösung von Aufgabe 4.23(a).

Jahr	Zinsen a. E. d. J.	Tilgung a. E. d. J.	Annuität a. E. d. J.	Restschuld a. E. d. J.
1	3 500	10 000	13 500	40 000
2	2 800	10 000	12 800	30 000
3	2 100	10 000	12 100	20 000
4	1 400	10 000	11 400	10 000
5	700	10 000	10 700	0

(b) Annuität A gemäß Formel 28:

$$50\,000 \cdot 1{,}07^5 = A \cdot \frac{1{,}07^5 - 1}{0{,}07}$$

Das ergibt:

$$A = 50\,000 \cdot 1{,}07^5 \cdot \frac{0{,}07}{1{,}07^5 - 1} = 12\,194{,}54$$

erster Zinsbetrag $Z_1 = K_0 \cdot i$

erster Tilgungsbetrag T_1 gemäß Formel 26:

$T_1 = A - Z_1$

Restschuld $K_1 = K_0 - T_1$

zweiter Zinsbetrag $Z_2 = K_1 \cdot i$

zweiter Tilgungsbetrag T_2 gemäß Formel 26:

$T_2 = A - Z_2$

Restschuld $K_2 = K_1 - T_2$

dritter Zinsbetrag $Z_3 = K_2 \cdot i$

dritter Tilgungsbetrag T_3 gemäß Formel 26:

$T_3 = A - Z_3$

Restschuld $K_3 = K_2 - T_3$

vierter Zinsbetrag $Z_4 = K_3 \cdot i$

vierter Tilgungsbetrag T_4 gemäß Formel 26:

$T_4 = A - Z_4$

Restschuld $K_4 = K_3 - T_4$

fünfter Zinsbetrag $Z_5 = K_4 \cdot i$

fünfter Tilgungsbetrag T_5 gemäß Formel 26:

$T_5 = A - Z_5$

Restschuld $K_5 = K_4 - T_5$

Tab. 8.10: Tabelle zur Lösung von Aufgabe 4.23(b).

Jahr	Zinsen a. E. d. J.	Tilgung a. E. d. J.	Annuität a. E. d. J.	Restschuld a. E. d. J.
1	3 500,00	8 694,54	12,194,54	41 305,47
2	2 891,38	9 303,16	12 194,54	32 002,31
3	2 240,16	9 954,38	12 194,54	22 047,93
4	1 543,36	10 651,19	12 194,54	11 396,75
5	797,77	11 396,77	12 194,54	≈ 0

Lösung 4.24   (Zeit: 10 Min)

Annuität $A = 20\,000$

Zinsen am Ende des ersten Jahres:

$Z_1 = 100\,000 \cdot 0{,}0615 = 6\,150$

Tilgung am Ende des ersten Jahres gemäß Formel 26:

$T_1 = 20\,000 - 6\,150 = 13\,850$

Restschuld am Ende des ersten Jahres:

$K_1 = 100\,000 - 13\,850 = 86\,150$

Zinsen am Ende des zweiten Jahres:

$Z_2 = 86\,250 \cdot 0{,}0615 = 5\,298{,}23$

Tilgung am Ende des zweiten Jahres gemäß Formel 26:

$T_2 = 20\,000 - 5\,298{,}23 = 14\,701{,}77$

Restschuld am Ende des zweiten Jahres:

$$K_2 = K_1 - T_2$$

Tab. 8.11: Tabelle zur Lösung von Aufgabe 4.24.

Jahr	Zinsen a. E. d. J.	Tilgung a. E. d. J.	Annuität a. E. d. J.	Restschuld a. E. d. J.
1	6 150,00	13 850,00	20 000	86 150,00
2	5 298,23	14 701,77	20 000	71 448,23
3	4 394,07	15 605,93	20 000	55 842,30
4	3 434,30	16 565,70	20 000	39 276,60
5	2 415,51	17 584,49	20 000	21 692,11

Lösung 4.25 (Zeit: 12 Min)

Restschuld am Ende des dritten Jahres gemäß Formel 32:

$$K_3 = 100\,000 \cdot 1,0615^3 - 20\,000 \cdot \frac{1,0615^3 - 1}{0,0615} = 55\,842,30$$

Annuität A ab dem 4. Jahr gemäß Formel 28:

$$55\,842,30 \cdot 1,0615^5 = A \cdot \frac{1,0615^5 - 1}{0,0615}$$

Multiplikation mit $\dfrac{0,0615}{1,0615^5 - 1}$ ergibt:

$$A = 55\,842,30 \cdot 1,0615^5 \cdot \frac{0,0615}{1,0615^5 - 1} = 13\,310,90$$

Tab. 8.12: Tabelle zur Lösung von Aufgabe 4.25.

Jahr	Zinsen a. E. d. J.	Tilgung a. E. d. J.	Annuität a. E. d. J.	Restschuld a. E. d. J.
4	3 434,30	9 876,60	13 310,90	45 965,70
5	2 826,89	10 484,01	13 310,90	35 481,69

Lösung 4.26 (Zeit: 15 Min)

Nach zehn Jahren soll die Restschuld aufgrund von Annuitäten-Tilgung eine Million betragen, nach weiteren zwölf Jahren soll die Schuld durch Raten-Tilgung vollständig beglichen sein.

(1) Annuität A in den ersten zehn Jahren gemäß Formel 32:

$$1\,000\,000 = K_{10} = 3\,000\,000 \cdot 1{,}06^{10} - A \cdot \frac{1{,}06^{10} - 1}{0{,}06}$$

Das ergibt:

$$1\,000\,000 = 5\,372\,543{,}09 - A \cdot 13{,}1808$$

Subtraktion von $5\,372\,543{,}09$ ergibt:

$$-4\,372\,542{,}09 = -A \cdot 13{,}1808$$

Division durch $-13{,}1808$ ergibt:

$$A = 331\,735{,}92$$

erster Zinsbetrag Z_1:

$$Z_1 = 3\,000\,000 \cdot 0{,}06 = 180\,000$$

erster Tilgungsbetrag T_1 gemäß Formel 26:

$$T_1 = A - Z_1 = 331\,735{,}92 - 180\,000 = 151\,735{,}92$$

Tab. 8.13: Tabelle zur Lösung von Aufgabe 4.26(1).

Jahr	Zinsen a. E. d. J.	Tilgung a. E. d. J.	Annuität a. E. d. J.	Restschuld a. E. d. J.
1	180 000	151 735,92	331 735,92	2 848 264,08

(2) zehnter Tilgungsbetrag T_{10} gemäß Formel 31:

$$T_{10} = T_1 \cdot 1{,}06^9 = 151\,735{,}92 \cdot 1{,}06^9 = 256\,354{,}64$$

zehnter Zinsbetrag Z_{10} gemäß Formel 26:

$$Z_{10} = A - T_{10} = 331\,735{,}92 - 256\,354{,}64 = 75\,381{,}28$$

Tab. 8.14: Tabelle zur Lösung von Aufgabe 4.26(2).

Jahr	Zinsen a. E. d. J.	Tilgung a. E. d. J.	Annuität a. E. d. J.	Restschuld a. E. d. J.
10	75 381,28	256 354,64	331 735,92	1 000 000

(3) Mit einer Raten-Tilgung sind $1\,000\,000$ GE binnen 12 Jahren zu tilgen.

Tilgungsbetrag gemäß Formel 21:

$$T = \frac{1\,000\,000}{12} = 83\,333{,}33$$

vorletzte Restschuld K_{21}:

$K_{21} = T = 83\,333{,}33$

Zinsbetrag am Ende des 22. Jahres:

$Z_{22} = K_{21} \cdot 0{,}06 = 83\,333{,}33 \cdot 0{,}06 = 5\,000$

Tab. 8.15: Tabelle zur Lösung von Aufgabe 4.26(3).

Jahr	Zinsen a. E. d. J.	Tilgung a. E. d. J.	Annuität a. E. d. J.	Restschuld a. E. d. J.
22	5 000	83 333,33	88 333,33	0

Lösung 4.27 (Zeit: 20 Min)

(a) Barwert der Annuitäten-Tilgung gemäß Formel 2:

$K_0 = 100\,000 \cdot 1{,}022 + 50\,000 = 152\,200$

Annuität A gemäß Formel 28:

$A = 152\,200 \cdot 1{,}022^{15} \cdot \dfrac{0{,}022}{1{,}022^{15} - 1} = 12\,022{,}997 \approx 12\,023$

d. h. die Annuitäten betragen 12 023 €.

(b) Restschuld gemäß Formel 32:

$K_7 = 152\,200 \cdot 1{,}022^7 - 12\,023 \cdot \dfrac{1{,}022^7 - 1}{0{,}022} = 87\,319{,}94$

d. h. die Restschuld beträgt 87 319,94 €.

(c) Das Jahr 2015 ist das achte Tilgungsjahr.

$Z_8 = K_7 \cdot i$
$T_8 = A - Z_8$
$K_8 = K_7 - T_8$

Tab. 8.16: Tabelle zur Lösung von Aufgabe 4.27.

Jahr	Zinsen a. E. d. J.	Tilgung a. E. d. J.	Annuität a. E. d. J.	Restschuld a. E. d. J.
8	1 921,04	10 101,96	12 023,00	77 217,98

(d) $K_0 = 87\,319{,}94 - 20\,000 = 67\,319{,}94$

(1) Laufzeit gemäß Formel 33:

$n = -\dfrac{\ln\left[1 - \frac{67\,319{,}94}{12\,023} \cdot 0{,}022\right]}{\ln 1{,}022} = 6{,}040848$

d. h. es sind noch sechs volle Annuitäten in Höhe von 12 023 € zu zahlen; d. h. am 31.12.2030 ist die letzte volle Annuität zu zahlen.

(2) Restzahlung gemäß Formel 32:

$$K_6 = 67\,319{,}94 \cdot 1{,}022^6 - 12\,023 \cdot \frac{1{,}022^6 - 1}{0{,}022} = 485{,}58$$

$$485{,}58 \cdot 1{,}022 = 496{,}26$$

d. h. die Restzahlung beträgt 496,25 €.

Lösung 4.28   (Zeit: 20 Min)

(a) Laufzeit gemäß Formel 33:

$$n = -\frac{\ln\left[1 - \frac{150\,000}{9\,650} \cdot 0{,}031\right]}{\ln 1{,}031} = 21{,}53741$$

d. h. es sind 21 volle Annuitäten zu zahlen.

(b) *1. Lösungsweg:*

erster Tilgungsbetrag gemäß Formel 26:

$$T_1 = A - K_0 \cdot 0{,}031 = 5\,000$$

zwölfter Tilgungsbetrag gemäß Formel 31:

$$T_{12} = T_1 \cdot 1{,}031^{11} = 6\,995{,}445$$

2. Lösungsweg:

Restschuld gemäß Formel 32:

$$K_{11} = 150\,000 \cdot 1{,}031^{11} - 9\,650 \cdot \frac{1{,}031^{11} - 1}{0{,}031} = 85\,630{,}82$$

$$Z_{12} = K_{11} \cdot 0{,}031 = 2\,654{,}555$$

zwölfter Tilgungsbetrag gemäß Formel 26:

$$T_{12} = A - Z_{12} = 6\,995{,}445$$

3. Lösungsweg:

erster Tilgungsbetrag gemäß Formel 30:

$$A = T_1 \cdot 1{,}031^n \Leftrightarrow T_1 = \frac{A}{1{,}031^n} = \frac{9\,650}{1{,}031^{21{,}53741}} = 5\,000$$

zwölfter Tilgungsbetrag gemäß Formel 31:

$$T_{12} = T_1 \cdot 1{,}031^{11} = 6\,995{,}445$$

d. h. die Tilgung beträgt 6 995,45€.

(c) Restschuld am 01.01.2020 gemäß Formel 32:

$$K_6 = 150\,000 \cdot 1{,}031^6 - 9\,650 \cdot \frac{1{,}031^6 - 1}{0{,}031} = 117\,576{,}6378$$

(1) Laufzeit gemäß Formel 33:

$$n = -\frac{\ln\left[1 - \frac{117\,576{,}6378}{9\,650} \cdot 0{,}052\right]}{\ln 1{,}052} = 19{,}80461$$

d. h. die letzte volle Annuität ist zu zahlen am 31.12.2038.

(2) Restschuld gemäß Formel 32:

$$K_{6+19} = 117\,576,6378 \cdot 1,052^{19} - 9\,650 \cdot \frac{1,052^{19} - 1}{0,052} = 7\,417,092$$

Restzahlung gemäß Formel 2:

$7\,417,092 \cdot 1,052 = 7\,802,78$

die Restzahlung beträgt 7 802,78 €.

Lösung 4.29 (Zeit: 15 Min)

(1) nachschüssige Jahresersatzrente gemäß Formel 18:

$$r_{\text{jährlich}} = 184,93\,(12 + 6,5 \cdot 0,065) = 2\,297,29$$

d. h. die Annuitäten betragen 2 297,29 €.

(2) Quotient $\dfrac{R_0}{r_{\text{jährlich}}}$:

$$\frac{R_0}{r_j} = \frac{30\,000}{2\,297,29} = 13,0588$$

Laufzeit gemäß Formel 13:

$$n = -\frac{\ln\,[1 - 13,0588 \cdot 0,065]}{\ln 1,065} = 30,0012$$

d. h. es sind 30 volle Annuitäten zu zahlen.

(3) Jahr $2010 \cong 8$. Jahr

Restschuld Ende des 7. Jahres gemäß Formel 32:

$$K_7 = 30\,000 \cdot 1,065^7 - 2\,297,29 \cdot \frac{1,065^7 - 1}{0,065} = 27\,040,09$$

Zinsen Ende des 8. Jahres:

$Z_8 = K_7 \cdot 0,065 = 1\,757,61$

Tilgung Ende des 8. Jahres gemäß Formel 26:

$T_8 = A - Z_8$

Restschuld Ende des 8. Jahres:

$K_8 = K_7 - T_8$

Tab. 8.17: Tabelle zur Lösung von Aufgabe 4.29.

Jahr	Zinsen a. E. d. J.	Tilgung a. E. d. J.	Annuität a. E. d. J.	Restschuld a. E. d. J.
8	1 757,61	539,67	2 297,29	26 500,40

d. h. Herr F. könnte Anfang des Jahres 2021 mit der Erbschaft von 27 000 € seine Restschuld von 26 500,40 € begleichen.

Lösung 4.30 (Zeit: 18 Min)

(1) Annuität gemäß Formel 29:

$$A = 250\,000 \cdot 1{,}04^{20} \cdot \frac{0{,}04}{1{,}04^{20} - 1} = 18\,395{,}44$$

d. h. die Annuitäten betragen 18 395,44 €.

(2) Laufzeit gemäß Formel 33:

$$n = -\frac{\ln\left[1 - \frac{250\,000}{15\,000} \cdot 0{,}04\right]}{\ln 1{,}04} = 28{,}01102$$

d. h. es sind 28 volle Annuitäten zu leisten.

Restschuld gemäß Formel 32:

$$K_{28} = 250\,000 \cdot 1{,}04^{28} - 15\,000 \cdot \frac{1{,}04^{28} - 1}{0{,}04} = 162{,}0851$$

Restzahlung gemäß Formel 2:

$$K_{28} \cdot q = 168{,}5685$$

d. h. die Restzahlung beträgt 168,57 €.

(3) Barwert der drei Zahlungen in Höhe von jeweils x € gemäß Formel 2:

$$250\,000 = \frac{x}{1{,}04^5} + \frac{x}{1{,}04^{10}} + \frac{x}{1{,}04^{12}}$$

Das ist:

$$250\,000 = \frac{1}{1{,}04^5} \cdot x + \frac{1}{1{,}04^{10}} \cdot x + \frac{1}{1{,}04^{12}} \cdot x$$

Das ergibt:

$$250\,000 = 0{,}821927x + 0{,}675564x + 0{,}624597x$$

Somit haben wir:

$$250\,000 = 2{,}122088x \Leftrightarrow x = 117\,808{,}5$$

d. h. die Zahlungen betragen jeweils 117 808,5 €.

Lösung 4.31 (Zeit: 16 Min)

(a) Laufzeit gemäß Formel 33:

$$n = -\frac{\ln\left[1 - \frac{200\,000}{14\,000} \cdot 0{,}048\right]}{\ln 1{,}048} = 24{,}7$$

d. h. es sind vierundzwanzig volle Annuitäten zu zahlen.

(b) Annuität gemäß Formel 28:

$$200\,000 = A \cdot \frac{1{,}048^{20} - 1}{0{,}048} \cdot \frac{1}{1{,}048^{20}}$$

Wird die Gleichung nach A aufgelöst, so ergibt sich:

$$A = \frac{200\,000 \cdot 1,048^{20} \cdot 0,048}{1,048^{20} - 1} = 15\,777,49$$

d. h. die Annuitäten betragen 15 777,49 Euro.

(c) Restschuld gemäß Formel 32:

$$K_{10} = 200\,000 \cdot 1,048^{10} - 11\,600 \cdot \frac{1,048^{10} - 1}{0,048} = 175\,077,81$$

Annuität gemäß Formel 29:

$$175\,077,81 \cdot 1,052^{10} = A \cdot \frac{1,052^{10} - 1}{0,052} \Leftrightarrow A = 22\,894,12$$

d. h. die weiteren Jahreszahlungen betragen 22 894,12 Euro.

Lösung 4.32 (Zeit: 15 Min)

(1) Restschuld gemäß Formel 32:

$$K_{15} = 150\,000 \cdot 1,048^{15} - 10\,000 \cdot \frac{1,048^{15} - 1}{0,048} = 90\,481,58$$

d. h. die Restschuld nach 15 Jahren beträgt 90 481,58 Euro.

(2) A = Annuität ab dem 16. Jahr

Annuität A gemäß Formel 28:

$$90\,481,58 = A \cdot \frac{1,048^5 - 1}{0,048} \cdot \frac{1}{1,048^5} \Leftrightarrow A = 20\,783,56$$

d. h. die restlichen Annuitäten betragen jeweils 20 783,56 Euro.

(3) *1. Lösungsweg:*

Tilgung gemäß Formel 26:

$$T_{16} = 20\,783,56 - 90\,481,58 \cdot 0,048 = 16\,440,44$$

Tilgung gemäß Formel 31:

$$T_{20} = T_{16} \cdot 1,048^4 = 19\,831,64$$

d. h. der letzte Tilgungsbetrag beträgt 19 831,64 Euro.

2. Lösungsweg:

Restschuld gemäß Formel 32:

$$T_{20} = K_{19} = 90\,481,58 \cdot 1,048^4 - 20\,783,56 \cdot \frac{1,048^4 - 1}{0,048} = 19\,831,64$$

3. Lösungsweg:

Restschuld gemäß Formel 32:

$$K_{19} = 90\,481,58 \cdot 1,048^4 - 20\,783,56 \cdot \frac{1,048^4 - 1}{0,048} = 19\,831,64$$

Zinsen:

$$Z_{20} = K_{19} \cdot 0,048 = 951,92$$

Tilgung gemäß Formel 26:

$$T_{20} = A - Z_{20} = 20\,783,56 - 951,92 = 19\,831,64$$

Lösung 4.33   (Zeit: 20 Min)

(a) Tilgungsrate gemäß Formel 21:

$$T = \frac{180\,000}{15} = 12\,000$$

d. h. die Tilgungsrate beträgt 12 000 Euro.

(b) (1) Prozentannuität gemäß Formel 27:

$$A = K_0 \cdot (i + t) = 180\,000 \cdot 0,10 = 18\,000$$

d. h. die Prozentannuität beträgt 18 000 Euro.

(2) Laufzeit gemäß Formel 33:

$$n = -\frac{\ln\left[1 - \frac{180\,000}{18\,000} \cdot 0,042\right]}{\ln 1,042} = 13,24019$$

d. h. es sind dreizehn volle Prozentannuitäten zu leisten.

(3) Restschuld unmittelbar nach Zahlung der letzten vollen Annuität gemäß Formel 32:

$$K_{13} = 180\,000 \cdot 1,042^{13} - 18\,000 \cdot \frac{1,042^{13} - 1}{0,042} = 4\,214,248$$

Restschuld ein Jahr nach Zahlung der letzten vollen Annuität gemäß Formel 2:

$$4\,214,248 \cdot 1,042 = 4\,391,25$$

d. h. die Restschuld beträgt 4 391,25 Euro.

(4) Restschuld am Ende des Jahres 2023 gemäß Formel 32:

$$K_9 = 180\,000 \cdot 1,042^9 - 18\,000 \cdot \frac{1,042^9 - 1}{0,042} = 68\,606,10$$

Zinsen am Ende des Jahres 2024:

$$Z_{10} = K_9 \cdot i = 2\,881,46$$

Tilgungsrate am Ende des Jahres 2024 gemäß Formel 26:

$$T_{10} = A - Z_{10} = 15\,118,54$$

Restschuld am Ende des Jahres 2024:

$$K_{10} = K_9 - T_{10} = 53\,487,55$$

Tab. 8.18: Tabelle zur Lösung von Aufgabe 4.33.

Jahr	Zinsen a. E. d. J.	Tilgung a. E. d. J.	Annuität a. E. d. J.	Restschuld a. E. d. J.
2024	2 881,46	15 118,54	18 000	53 487,55

Lösung 4.34 (Zeit: 18 Min)

(1) Annuität gemäß Formel 27:

$$A = (i + t) \cdot K_0 = (0{,}042 + 0{,}01) \cdot 150\,000 = 7\,800$$

d. h. die Annuitäten betragen 7 800 Euro.

(2) Laufzeit gemäß Formel 33:

$$n = -\frac{\ln\left[1 - \frac{150\,000}{7\,800} \cdot 0{,}042\right]}{\ln 1{,}042} = 40{,}0725$$

d. h. es sind 40 volle Annuitäten zu leisten.

(3) Restschuld am Ende des 20. Jahres gemäß Formel 32:

$$K_{20} = 150\,000 \cdot 1{,}042^{20} - 7\,800 \cdot \frac{1{,}042^{20} - 1}{0{,}042} = 104\,394{,}50$$

Zinsen:

$$Z_{21} = K_{20} \cdot i$$

Tilgung gemäß 26:

$$T_{21} = A - Z_{21}$$

Restschuld am Ende des 21. Jahres:

$$K_{21} = K_{20} - T_{21}$$

Tab. 8.19: Tabelle zur Lösung von Aufgabe 4.34.

Jahr	Zinsen	Tilgung	Annuität	Restschuld
21	4 384,57	3 415,43	7 800	100 979,00

(4) Restschuld unmittelbar nach Zahlung der letzten vollen Annuität gemäß Formel 32:

$$K_{40} = 150\,000 \cdot 1{,}042^{40} - 7\,800 \cdot \frac{1{,}042^{40} - 1}{0{,}042} = 552{,}77$$

Restschuld ein Jahr nach Zahlung der letzten vollen Annuität:

$$552{,}77 \cdot 1{,}042 = 575{,}99$$

d. h. die Zahlung beträgt 575,99 Euro.

Lösung 4.35 (Zeit: 16 Min)

Kredit = Kaufpreis − Eigenkapital = 300 000 − 100 000 = 200 000

(1) Laufzeit gemäß Formel 33:

$$n = -\frac{\ln\left[1 - \frac{200\,000}{16\,000} \cdot 0{,}07\right]}{\ln 1{,}07} = 30{,}7$$

d. h. es sind 30 volle Annuitäten zu zahlen.

(2) Restschuld unmittelbar nach Zahlung der letzten vollen Annuität gemäß Formel 32:

$$K_{30} = 200\,000 \cdot 1{,}07^{30} - 16\,000 \cdot \frac{1{,}07^{30} - 1}{0{,}07} = 11\,078{,}43$$

Restschuld ein Jahr nach Zahlung der letzten vollen Annuität gemäß Formel 2:

$$11\,078{,}43 \cdot 1{,}07 = 11\,853{,}92$$

d. h. ein Jahr nach Zahlung der letzten vollen Annuität beträgt die Restschuld 11 853,92 €.

(3) nachschüssige Jahresersatzrente r_j gemäß Formel 18:

$$r_j = 1\,250(12 + 6{,}5 \cdot 0{,}07) = 15\,568{,}75$$

Laufzeit n gemäß Formel 15:

$$n = -\frac{\ln\left[1 - \frac{200\,000}{15\,568{,}75} \cdot 0{,}07\right]}{\ln 1{,}07} = 33{,}9$$

d. h. die letzten monatlichen Rückzahlungen erfolgen im 34. Jahr nach Darlehnsaufnahme.

Lösung 4.36 (Zeit: 20 Min)

Kredit $= 250\,000 - 60\,000 = 190\,000$

(1) Annuität A_1 gemäß Formel 27:

$$A_1 = (0{,}03 + 0{,}051) \cdot 190\,000 = 15\,390$$

d. h. die erste Annuität beträgt 15 390 €.

(2) Restschuld K_{10} gemäß Formel 32:

$$K_{10} = 190\,000 \cdot 1{,}051^{10} - 15\,390 \cdot \frac{1{,}051^{10} - 1}{0{,}051} = 117\,970{,}49$$

d. h. die Restschuld nach zehn Jahren beträgt 117 970,49 €.

(3) Annuität A_{11} gemäß Formel 27:

$$A_{11} = (0{,}02 + 0{,}049) \cdot 117\,970{,}49 = 8\,139{,}96$$

d. h. die elfte Annuität beträgt 8 139,96 €.

(4) Laufzeit gemäß Formel 33:

$$n = -\frac{\ln\left[1 - \frac{117\,970{,}49}{8\,139{,}96} \cdot 0{,}049\right]}{\ln 1{,}049} = 25{,}89$$

d. h. am Ende des 35. Jahres erfolgt die letzte volle Rückzahlung.

(5) Restschuld unmittelbar nach Zahlung der letzten vollen Annuität gemäß Formel 32:

$$K_{25} = 117\,970{,}49 \cdot 1{,}049^{25} - 8\,139{,}96 \cdot \frac{1{,}049^{25} - 1}{0{,}049} = 6\,903{,}03$$

Restschuld ein Jahr nach Zahlung der letzten vollen Annuität gemäß Formel 2:

$$6\,903{,}03 \cdot 1{,}049 = 7\,241{,}28$$

d. h. die Restschuld ein Jahr nach Zahlung der letzten vollen Annuität beträgt
7 241,28 €.

Lösung 4.37   (Zeit: 18 Min)

Kredit = Kaufpreis – Eigenkapital = 300 000 – 100 000 = 200 000

(1) Laufzeit gemäß Formel 33:

$$n = -\frac{\ln\left[1 - \frac{200\,000}{16\,000} \cdot 0,07\right]}{\ln 1,07} = 30,7$$

d. h. es sind 30 volle Annuitäten zu zahlen.

(2) Restschuld unmittelbar nach Zahlung der letzten vollen Annuität gemäß Formel 32:

$$K_{30} = 200\,000 \cdot 1,07^{30} - 16\,000 \cdot \frac{1,07^{30} - 1}{0,07} = 11\,078,43$$

Restschuld ein Jahr nach Zahlung der letzten vollen Annuität gemäß Formel 2:

11 078,43 · 1,07 = 11 853,92

d. h. ein Jahr nach Zahlung der letzten vollen Annuität beträgt die Restschuld
11 853,92 €.

(3) Restschuld am Ende des 26. Jahres gemäß Formel 32:

$$K_{26} = 200\,000 \cdot 1,07^{26} - 16\,000 \cdot \frac{1,07^{26} - 1}{0,07} = 62\,647,06$$

Zinsen am Ende des 27. Jahres:

$$Z_{27} = K_{26} \cdot 0,07 = 4\,385,29$$

Tilgung am Ende des 27. Jahres gemäß Formel 26:

$$T_{27} = A - Z_{27} = 11\,614,71$$

Restschuld am Ende des 27. Jahres:

$$K_{27} = K_{26} - T_{27} = 51\,032,35$$

Tab. 8.20: Tabelle zur Lösung von Aufgabe 4.37.

Jahr	Zinsen a. E. d. J.	Tilgung a. E. d. J.	Annuität a. E. d. J.	Restschuld a. E. d. J.
27	4 385,29	11 614,71	16 000	51 032,35

Lösung 4.38   (Zeit: 18 Min)

(1) Annuität A gemäß Formel 28:

$$25\,000 \cdot 1,065^{30} = A \cdot \frac{1,065^{30} - 1}{0,065}$$

Multiplikation mit dem Kehrwert $\dfrac{0,065}{1,065^{30} - 1}$ ergibt:

$$A = 25\,000 \cdot 1,065^{30} \cdot \frac{0,065}{1,065^{30} - 1} = 1\,914,44$$

monatlich vorschüssige Rate r'_u gemäß Formel 18:

$$1\,941,44 = r'_u \,(12 + 6,5 \cdot 0,065) \Leftrightarrow r'_u = 154,11$$

d. h. die jährliche Annuität beträgt 1 914,44 € und die monatlich vorschüssige Rate beträgt 154,11 €.

(2) Zuerst müssen wir die Restschuld berechnen, die mit den neuen Annuitäten zurückgezahlt werden soll. In Abbildung 8.6 sind die Zahlungsströme zur Berechnung der Restschuld dargestellt.

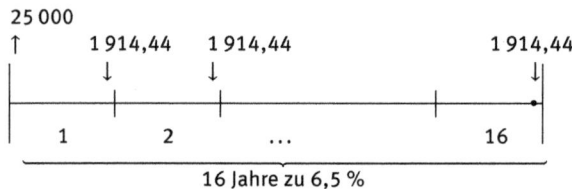

Abb. 8.6: Zeitachse für Restschuld zu Aufgabe 4.38.

Restschuld K_{16} gemäß Formel 32:

$$K_{16} = 25\,000 \cdot 1,065^{16} - 1\,914,44 \cdot \frac{1,065^{16} - 1}{0,065} = 17\,256,32$$

(a) Jetzt können wir aus der Restschuld die neue Annuität A für die letzten 14 Jahre berechnen. In Abbildung 8.7 sind die Zahlungsströme zur Berechnung der neuen Annuität dargestellt.

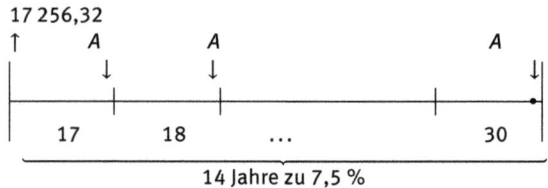

Abb. 8.7: Zeitachse mit neuen Annuitäten A zu Aufgabe 4.38.

neue Annuität A gemäß Formel 28:

$$17\,256,32 \cdot 1{,}075^{14} = A \cdot \frac{1{,}075^{14} - 1}{0{,}075}$$

Multiplikation mit dem Kehrwert $\dfrac{0{,}075}{1{,}075^{14} - 1}$ ergibt:

$$A = 17\,256,32 \cdot 1{,}075^{14} \cdot \frac{0{,}075}{1{,}075^{14} - 1} = 2\,032{,}75$$

d. h. nach 16 Jahren erhöht sich die Annuität auf $2\,032{,}75$ €.

(b) In Abbildung 8.8 sind die Zahlungsströme zur Berechnung der Laufzeit dargestellt.

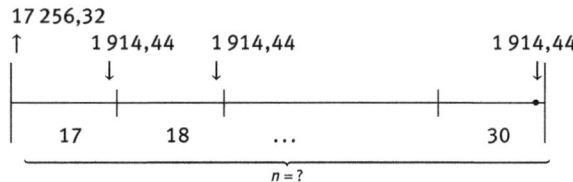

Abb. 8.8: Zeitachse für Laufzeit zu Aufgabe 4.38.

Laufzeit gemäß Formel 33:

$$n = -\frac{\ln\left[1 - \frac{17\,256,32}{1\,914,44} \cdot 0{,}075\right]}{\ln 1{,}075} = 15{,}6$$

d. h. es sind noch 15 Jahre volle Annuitäten zu zahlen.

Lösungen zu Kapitel 5: Investitionsrechnung

Lösung 5.1 (Zeit: 12 Min)

Kapitalwert der Alternative A gemäß Formel 9 und Formel 35:

$$K_0 = \frac{80\,000}{1{,}045} + \frac{35\,000}{1{,}045\left(1 + \frac{6}{12} \cdot 0{,}045\right)} + \frac{50\,000}{1{,}045^2}$$
$$+ \frac{50\,000}{1{,}045^2\left(1 + \frac{6}{12} \cdot 0{,}045\right)} - 200\,000$$

Das ergibt:

$$K_0 = 76\,555{,}02 + 32\,755{,}82 + 45\,786{,}50 + 44\,778{,}97 - 200\,000$$

Somit haben wir:

$K_0 = 199\,876,31 - 200\,000 = -123,69$

Kapitalwert der Alternative B gemäß Formel 9 und Formel 35:

$$K_0 = \frac{50\,000}{1 + \frac{9}{12} \cdot 0,045} + \frac{50\,000}{1,045\left(1 + \frac{6}{12} \cdot 0,045\right)} + \frac{60\,000}{1,045\left(1 + \frac{8}{12} \cdot 0,045\right)}$$
$$+ \frac{60\,000}{1,045^2} - 200\,000$$

Das ergibt:

$K_0 = 48\,367,59 + 46\,794,02 + 55\,743,95 + 54\,943,80 - 200\,000$

Somit haben wir:

$K_0 = 205\,849,36 - 200\,000 = +5\,849,36$

Kapitalwert der Alternative C gemäß Formel 9 und Formel 35:

$$K_0 = \frac{30\,000}{1 + \frac{3}{12} \cdot 0,045} + \frac{80\,000}{1,045} + \frac{50\,000}{1,045\left(1 + \frac{6}{12} \cdot 0,045\right)} + \frac{55\,000}{1,045^2} - 200\,000$$

Das ergibt:

$K_0 = 29\,666,26 + 76\,555,02 + 46\,794,02 + 50\,365,15 - 200\,000$

Somit haben wir:

$K_0 = 203\,380,45 - 200\,000 = +3\,380,45$

d. h. am vorteilhaftesten ist Alternative B gefolgt von Alternative C, nicht vorteilhaft ist Alternative A.

Lösung 5.2 (Zeit: 4 Min)

Verkaufspreis K_0 gemäß Formel 2:

$$3\,600\,000 = K_0 \cdot 1,15^2 \Leftrightarrow K_0 = \frac{3\,600\,000}{1,15^2} = 2\,722\,117$$

d. h. der Verkaufspreis darf höchstens 2 722 117 € betragen.

Lösung 5.3 (Zeit: 18 Min)

(a) *1. Lösungsweg:*

aufgezinste Anschaffungskosten nach drei Jahren gemäß Formel 2:

$50\,000 \cdot 1,1^3 = 66\,550$

Wert der Investition in Alternative *A* nach drei Jahren gemäß Formel 2:

$20\,000 \cdot 1,1^2 + 15\,000 \cdot 1,1 + 10\,000 = 50\,700 < 66\,550$

Wert der Investition in Alternative *B* nach drei Jahren gemäß Formel 2:

$25\,000 \cdot 1,1^2 + 10\,000 \cdot 1,1 + 15\,000 = 56\,250 < 66\,550$

Wert der Investition in Alternative *C* nach drei Jahren gemäß Formel 2:

$$15\,000 \cdot 1{,}1^2 + 35\,000 \cdot 1{,}1 + 15\,000 = 71\,650 > 66\,550$$

d. h. die Investition in Alternative C lohnt sich.

2. Lösungsweg:

Kapitalwert unter Berücksichtigung der ersten drei Jahre der Alternative A gemäß Formel 35:

$$K_0^A = \frac{20\,000}{1{,}10} + \frac{15\,000}{1{,}10^2} + \frac{10\,000}{1{,}10^3} - 50\,000 = -11\,908{,}34 < 0$$

Kapitalwert unter Berücksichtigung der ersten drei Jahre der Alternative B gemäß Formel 35:

$$K_0^B = \frac{25\,000}{1{,}10} + \frac{10\,000}{1{,}10^2} + \frac{15\,000}{1{,}10^3} - 50\,000 = -7\,738{,}54 < 0$$

Kapitalwert unter Berücksichtigung der ersten drei Jahre der Alternative C gemäß Formel 35:

$$K_0^C = \frac{15\,000}{1{,}10} + \frac{35\,000}{1{,}10^2} + \frac{15\,000}{1{,}10^3} - 50\,000 = 3\,831{,}71 > 0$$

d. h. der Kapitalwert von Alternative C ist positiv, somit lohnt sich die Investition.

3. Lösungsweg:

Nennwert der ersten drei Periodenüberschüsse von Alternative A:

$$20\,000 + 15\,000 + 10\,000 = 45\,000 < 50\,000$$

Nennwert der ersten drei Periodenüberschüsse von Alternative B:

$$25\,000 + 10\,000 + 15\,000 = 50\,000 = 50\,000$$

Nennwert der ersten drei Periodenüberschüsse von Alternative C:

$$15\,000 + 35\,000 + 15\,000 = 65\,000 > 50\,000$$

d. h. nur die Investition in Alternative C könnte sich lohnen. Genauer gilt:

$$K_0^C = \frac{15\,000}{1{,}10} + \frac{35\,000}{1{,}10^2} + \frac{15\,000}{1{,}10^3} - 50\,000 = 3\,831{,}71 > 0$$

d. h. der Kapitalwert ist positiv, somit lohnt sich die Investition.

(b) Kapitalwert der Alternative A gemäß Formel 35:

$$K_0^A = \frac{20\,000}{1{,}10} + \frac{15\,000}{1{,}10^2} + \frac{10\,000}{1{,}10^3} + \frac{40\,000}{1{,}10^4} - 50\,000 = 15\,412{,}20$$

Kapitalwert der Alternative B gemäß Formel 35:

$$K_0^B = \frac{25\,000}{1{,}10} + \frac{10\,000}{1{,}10^2} + \frac{15\,000}{1{,}10^3} + \frac{25\,000}{1{,}10^4} - 50\,000 = 9\,336{,}79$$

Kapitalwert der Alternative C gemäß Formel 35:

$$K_0^C = \frac{15\,000}{1{,}10} + \frac{35\,000}{1{,}10^2} + \frac{15\,000}{1{,}10^3} + \frac{5\,000}{1{,}10^4} - 50\,000 = 7\,246{,}77$$

Fazit: $K_0^A > K_0^B > K_0^C > 0$

d. h. die Alternative A ist vorteilhafter als B und C.

Lösung 5.4 (Zeit: 4 Min)

Kapitalwert gemäß Formel 35:

$$K_0 = \frac{10\,000}{1,1} + \frac{10\,000}{1,1^2} + \frac{15\,000}{1,1^3} + \frac{3\,000}{1,1^4} + \frac{2\,500}{1,1^5} - 32\,220 = 6,437588 > 0$$

d. h. mathematisch betrachtet lohnt sich die Investition, weil der Kapitalwert positiv ist. Wirtschaftlich betrachtet sollten jedoch bei einem Plus von 6 Euro andere Gründe für oder gegen die Investition herangezogen werden.

Lösung 5.5 (Zeit: 8 Min)

1. Lösungsweg:

Barwert der Ausgaben für die bestehende Anlage gemäß Formel 2:

$$K_0 = \frac{180\,000}{1,05} + \frac{180\,000}{1,05^2} + \frac{180\,000}{1,05^3} + \frac{180\,000}{1,05^4} + \frac{180\,000}{1,05^5}$$

Barwert der Ausgaben für die bestehende Anlage gemäß Formel 13:

$$K_0 = 180\,000 \cdot \frac{1,05^5 - 1}{0,05} \cdot \frac{1}{1,05^5} = 779\,305,8$$

variable Kosten für die Produktion von 800 000 Flaschen:

$800\,000 \cdot 0,02 \,€ = 16\,000 \,€$

Barwert der Ausgaben für die neue Anlage gemäß Formel 2:

$$K_0 = \frac{66\,000}{1,05} + \frac{66\,000}{1,05^2} + \frac{66\,000 + 30\,000}{1,05^3} + \frac{66\,000}{1,05^4}$$
$$+ \frac{66\,000 - 40\,000}{1,05^5} + 450\,000$$

Das ergibt:

$K_0 = 730\,319,5$

d. h. um $779\,305,8 - 730\,319,5 = 48\,986,3 \,€$ ist der Barwert der Ausgaben für die bestehende Anlage höher, somit lohnt sich der Austausch der alten Anlage.

2. Lösungsweg:

Endwert der Ausgaben für die bestehende Anlage gemäß Formel 12:

$$180\,000 \cdot \frac{1,05^{12} - 1}{0,05} = 994\,613,6 \,€$$

Endwert der Ausgaben für die neue Anlage gemäß Formel 12 und Formel 2:

$$66\,000 \cdot \frac{1,05^{12} - 1}{0,05} + 30\,000 \cdot 1,05^2 - 40\,000 + 450\,000 \cdot 1,05^5 = 932\,093,4 \,€$$

$994\,613,6 \,€ > 932\,093,4 \,€$

d. h. der Endwert der Ausgaben für die bestehende Anlage ist höher, somit lohnt sich der Austausch der alten Anlage.

3. Lösungsweg:

Tab. 8.21: Tabelle zur Lösung von Aufgabe 5.5.

Jahr	Kosten (fixe plus variable)		Differenz
	Alte Anlage	Neue Anlage	(Periodenüberschuss)
1	100 000 + 80 000	50 000 + 16 000	+114 000
2	100 000 + 80 000	50 000 + 16 000	+114 000
3	100 000 + 80 000	50 000 + 16 000	+114 000
4	100 000 + 80 000	50 000 + 16 000	+114 000
5	100 000 + 80 000	50 000 + 16 000	+114 000

Kapitalwert gemäß Formel 35:

$$K_0 = \frac{114\,000}{1,05} + \frac{114\,000}{1,05^2} + \frac{114\,000 - 30\,000}{1,05^3} + \frac{114\,000}{1,05^4}$$

$$+ \frac{114\,000 + 40\,000}{1,05^5} - 450\,000 = 48\,986,26 > 0$$

d. h. die Ersparnis würde 48 986,26 Euro betragen; d. h. der Kauf der neuen Anlage lohnt sich.

Lösung 5.6   (Zeit: 4 Min)

Wert K_0 der Forderungen am 31.12.2004 gemäß Formel 9:

$$K_0 = \frac{35\,000}{1,035 \cdot \left(1 + \frac{3}{12} \cdot 0,035\right)} + \frac{50\,000}{1,035^2 \cdot \left(1 + \frac{9}{12} \cdot 0,035\right)} + \frac{25\,000}{1,035^5}$$

Das ergibt:

$$K_0 = 33\,523,10 + 45\,481,64 + 21\,049,33 = 100\,054,07$$

d. h. in die Bilanz zum 31.12.2004 gehen die Forderungen mit einem Betrag von 100 054,07 GE ein.

Lösung 5.7   (Zeit: 20 Min)

Rentenbarwert von Modell A gemäß Formel 16 und Formel 13:

$$R_0 = 1\,000 \cdot 1,05 \cdot \frac{1,05^4 - 1}{0,05} \cdot \frac{1}{1,05^4} = 3\,723,25$$

Barwert von Modell A gemäß Formel 2:

$$K_0 = 60\,000 + \frac{40\,000}{1,05^2} + \frac{3\,723,25}{1,05^2}$$

Das ergibt:

$$K_0 = 60\,000 + 36\,281,18 + 3\,377,10 = 99\,658,28$$

d. h. der Barwert von Modell A beträgt 99 658,28 €.

Modell B:

nachschüssige Jahresersatzrente gemäß Formel 18:

$$1\,500 \cdot \left(12 + \frac{13}{2} \cdot 0,05\right) = 18\,487,50$$

Rentenbarwert der nachschüssigen Jahresersatzrente gemäß Formel 13:

$$R_0 = 18\,487,50 \cdot \frac{1,05^3 - 1}{0,05} \cdot \frac{1}{1,05^3} = 50\,346,05$$

nachschüssige Jahresersatzrente gemäß Formel 17:

$$1\,000 \cdot \left(4 + \frac{3}{2} \cdot 0,05\right) = 4\,075$$

Rentenbarwert der nachschüssigen Jahresersatzrente gemäß Formel 13:

$$R_0 = 4\,075 \cdot \frac{1,05^2 - 1}{0,05} \cdot \frac{1}{1,05^5} = 7\,577,10$$

Barwert von Modell B gemäß Formel 2:

$$K_0 = 20\,000 + 50\,346,05 + \frac{7\,577,10}{1,05^3} + \frac{30\,000}{1,05^7}$$

Das ergibt:

$$K_0 = 20\,000 + 50\,346,05 + 6\,545,38 + 21\,320,44 = 98\,211,87$$

d. h. der Barwert von Modell B beträgt 98 211,87 €.

Modell B mit dem kleineren Barwert ist vorteilhafter.

Lösung 5.8   (Zeit: 5 Min)

A = Periodenüberschuss jeweils am Ende eines Jahres

Kapitalwert der geplanten Investition gemäß Formel 35:

$$K_0 = \frac{A}{1,021} + \frac{A}{1,021^2} + \frac{A}{1,021^3} + \frac{A}{1,021^4} + \frac{A}{1,021^5} + \frac{A + 12\,000}{1,021^6} - 150\,000$$

Das ergibt mit Formel 29:

$$K_0 = A \cdot \frac{1,021^6 - 1}{0,021} \cdot \frac{1}{1,021^6} + \frac{12\,000}{1,021^6} - 150\,000$$

Das ergibt:

$$K_0 = A \cdot 5,582576 + 10\,593,19 - 150\,000 = A \cdot 5,582576 - 139\,406,81$$

Damit sich die geplante Investition lohnt, muss der Kapitalwert größer als null sein. Wir berechnen zunächst den Wert von A, für den der Kapitalwert null beträgt:

$$0 = A \cdot 5,582576 - 139\,406,81$$

Addition von 139 406,81 ergibt:

139 406,81 $= A \cdot 5{,}582576$

Division durch 5,582576 ergibt:

24 971,77 $= A$

Für $A = 24\,971{,}77$ beträgt der Kapitalwert somit null. Für jeden größeren Wert von A ist der Kapitalwert größer als null. D. h. die sechs Periodenüberschüsse müssen jeweils mindestens 24 971,78 € betragen, damit sich die Investition lohnt.

Lösung 5.9 (Zeit: 4 Min)

interner Zinsfaktor q gemäß Formel 36:

$$0 = \frac{2\,900\,000}{q^{42}} - 40\,000 \Leftrightarrow q = \sqrt[42]{\frac{2\,900\,000}{40\,000}} = 1{,}10737$$

d. h. der interne Zins beträgt etwa 10,74 %.

Lösung 5.10 (Zeit: 5 Min)

Abzug der Vermittlungsgebühr:

1 200 000 $\cdot 0{,}85 = 1\,020\,000$

interner Zinsfaktor q gemäß Formel 36:

$$0 = \frac{1\,020\,000}{q^{10}} - 150\,000 \Leftrightarrow q = \sqrt[10]{\frac{1\,020\,000}{150\,000}} = 1{,}211298$$

d. h. der interne Zins beträgt etwa 21,1 %.

Lösung 5.11 (Zeit: 8 Min)

(a) Kapitalwert von Angebot 1 gemäß Formel 35:

$$K_0 = \frac{20\,000}{1{,}02} + \frac{-10\,000}{1{,}02^2} - 9\,967{,}96 = +28{,}20$$

Kapitalwert von Angebot 2 gemäß Formel 35:

$$K_0 = \frac{5\,078}{1{,}02} + \frac{5\,500}{1{,}02^2} - 9\,967{,}96 = +296{,}90$$

d. h. gemessen am Kapitalwert ist Angebot 2 vorteilhafter als Angebot 1.

(b) interner Zinsfaktor q von Angebot 1 gemäß Formel 36:

$$0 = \frac{20\,000}{q} + \frac{-10\,000}{q^2} - 9\,967{,}96$$

Multiplikation mit q^2 ergibt:

$$0 = 20\,000q - 10\,000 - 9\,967{,}96q^2$$

Division durch $-9\,967{,}96$ ergibt:

$$0 = q^2 - 2{,}006429q + 1{,}003214$$

Anwendung der pq-Formel (siehe [4, Kapitel 10.4] oder [2, Kapitel 6.2]) ergibt:

$$q = 1,003214 \pm \sqrt{1,003214^2 - 1,003214}$$

Das ergibt:

$$q = 0,9464285 \text{ oder } q = 1,06$$

Da ein Wert von q, der kleiner als eins ist, nicht zum Definitionsbereich von q gehört, beträgt der interne Zins von Angebot 1 etwa 6 %.

interner Zinsfaktor q von Angebot 2 gemäß Formel 36:

$$0 = \frac{5\,078}{q} + \frac{5\,500}{q^2} - 9\,967,96$$

Multiplikation mit q^2 ergibt:

$$0 = -9\,967,96 q^2 + 5\,078 q + 5\,500$$

Division durch $-9\,967,96$ ergibt:

$$0 = q^2 - 0,5094322 q - 0,5517679$$

Anwendung der pq-Formel (siehe [4, Kapitel 10.4] oder [2, Kapitel 6.2]) ergibt:

$$q = 0,2547161 \pm \sqrt{0,2547161^2 + 0,5517679}$$

Das ergibt:

$$q = -0,5305534 \text{ oder } q = 1,039986 \approx 1,04$$

Da ein negativer Wert von q nicht zum Definitionsbereich von q gehört, beträgt der interne Zins von Angebot 2 etwa 4 %.

Der interne Zins mit 6 % von Angebot 1 ist größer als der interne Zins mit 4 % von Angebot 2. D. h. Angebot 1 ist mit einer höheren erwarteten Rendite vorteilhafter als Angebot 2, wenn der interne Zins zur Beurteilung herangezogen wird.

Lösungen zu Kapitel 6: Abschreibungsverfahren

Lösung 6.1 (Zeit: 10 Min)

y = Anzahl der Jahre, in denen linear abgeschrieben wird gemäß Formel 48:

$$y \leq \frac{1}{0,20} = 5$$

d. h. in den letzten fünf Jahren wird linear abgeschrieben; d. h. in den Jahren 8, 9, 10, 11 und 12 wird linear abgeschrieben.

Buchwert am Ende des 6. Jahres gemäß Formel 44:

$$26\,000 \cdot 0,80^6 = 6\,815,744$$

Abschreibungsbetrag am Ende des 7. Jahres gemäß Formel 43:

$6\,815,744 \cdot 0,20 = 1\,363,149$

Buchwert am Ende des 7. Jahres:

$6\,815,744 - 1\,363,149 = 5\,452,60$

Abschreibungsbetrag am Ende des 8., 9., 10., 11., 12. Jahres gemäß Formel 40:

$$\frac{5\,452,60}{5} = 1\,090,52$$

d. h. der Abschreibungsbetrag am Ende des 7. Jahres beträgt $1\,363,15$ €, der Abschreibungsbetrag am Ende des 8. Jahres beträgt $1\,090,52$ €.

Lösung 6.2 (Zeit: 6 Min)

y = Anzahl der Jahre, in denen linear abgeschrieben wird gemäß Formel 48:

$$y \le \frac{1}{0,30} = 3,3 \Rightarrow y = 3$$

d. h. in den letzten drei Jahren wird linear abgeschrieben; d. h. in den Jahren 9, 10 und 11 wird linear abgeschrieben.

Buchwert am Ende des 8. Jahres gemäß Formel 44:

$20\,000 \cdot 0,70^8 = 1\,152,96$

Buchwert am Ende des 9. Jahres gemäß Formel 41:

$$1\,152,96 - \frac{1\,152,96}{3} \cdot 1 = 768,64$$

Der Buchwert am Ende des 8. Jahres beträgt $1\,152,96$ €, der Buchwert am Ende des 9. Jahres beträgt $768,64$ €.

Lösung 6.3 (Zeit: 15 Min)

y = Anzahl der Jahre, in denen linear abgeschrieben wird gemäß Formel 48:

$$y \le \frac{1}{0,25} = 4$$

d. h. in den letzten vier Jahren wird linear abgeschrieben; d. h. in den Jahren 5, 6, 7 und 8 wird linear abgeschrieben.

1. Lösungsweg:

Abschreibungsbetrag am Ende des 1. Jahres gemäß Formel 43:

$40\,000 \cdot 0,25 = 10\,000$

Abschreibungsbetrag am Ende des 2. Jahres gemäß Formel 43:

$40\,000 \cdot 0,75 \cdot 0,25 = 7\,500$

Abschreibungsbetrag am Ende des 3. Jahres gemäß Formel 43:

$40\,000 \cdot 0,75^2 \cdot 0,25 = 5\,625$

Abschreibungsbetrag am Ende des 4. Jahres gemäß Formel 43:

$$40\,000 \cdot 0{,}75^3 \cdot 0{,}25 = 4\,218{,}75$$

Barwert der vier geometrisch-degressiven Abschreibungsbeträge gemäß Formel 2:

$$\frac{10\,000}{1{,}04} + \frac{7\,500}{1{,}04^2} + \frac{5\,625}{1{,}04^3} + \frac{4\,218{,}75}{1{,}04^4} = 25\,156{,}37$$

Buchwert am Ende des 4. Jahres gemäß Formel 44:

$$40\,000 \cdot 0{,}75^4 = 12\,656{,}25$$

Abschreibungsbetrag am Ende des 5., 6., 7., 8. Jahres gemäß Formel 40:

$$\frac{12\,656{,}25}{4} = 3\,164{,}062$$

Barwert aller acht Abschreibungsbeträge gemäß Formel 2:

$$25\,156{,}37 + \frac{3\,164{,}062}{1{,}04^5} + \frac{3\,164{,}062}{1{,}04^6} + \frac{3\,164{,}062}{1{,}04^7} + \frac{3\,164{,}062}{1{,}04^8} = 34\,973{,}97$$

d. h. der Barwert aller Abschreibungsbeträge beträgt 34 973,97 €.

2. Lösungsweg:

Barwert der vier geometrisch-degressiven Abschreibungsbeträge gemäß Formel 46:

$$40\,000 \cdot 0{,}25 \cdot \frac{1{,}04^4 - 0{,}75^4}{[1{,}04 - 0{,}75] \cdot 1{,}04^4} = 25\,156{,}37$$

Buchwert am Ende des 4. Jahres gemäß Formel 44:

$$40\,000 \cdot 0{,}75^4 = 12\,656{,}25$$

Barwert der vier linearen Abschreibungsbeträge gemäß Formel 42:

$$\frac{1{,}04^4 - 1}{0{,}04} \cdot \frac{1}{1{,}04^8} \cdot \frac{12\,656{,}25}{4} = 9\,817{,}61$$

Barwert aller acht Abschreibungsbeträge:

$$25\,156{,}37 + 9\,817{,}61 = 34\,973{,}98$$

Lösung 6.4 (Zeit: 10 Min)

(1) Übergangszeitpunkt x gemäß Formel 47:

$$x \geq n + 1 - \frac{1}{a} = 25 + 1 - \frac{1}{0{,}1} = 26 - 10 = 16$$

d. h. im 16. Jahr sollte erstmals linear abgeschrieben werden.

(2) geometrisch-degressiver Abschreibungsbetrag am Ende des 1. Jahres gemäß Formel 43:

$$10\,000\,000 \cdot 0{,}9^0 \cdot 0{,}1 = 1\,000\,000$$

Buchwert am Ende des 1. Jahres der geometrisch-degressiven Abschreibung gemäß Formel 44:

$$10\,000\,000 \cdot 0{,}9^1 = 9\,000\,000$$

geometrisch-degressiver Abschreibungsbetrag am Ende des 2. Jahres gemäß Formel 43:

$$10\,000\,000 \cdot 0,9^1 \cdot 0,1 = 900\,000$$

Buchwert am Ende des 2. Jahres der geometrisch-degressiven Abschreibung gemäß Formel 44:

$$10\,000\,000 \cdot 0,9^2 = 8\,100\,000$$

geometrisch-degressiver Abschreibungsbetrag am Ende des 3. Jahres gemäß Formel 43:

$$10\,000\,000 \cdot 0,9^2 \cdot 0,1 = 810\,000$$

Buchwert am Ende des 3. Jahres der geometrisch-degressiven Abschreibung gemäß Formel 44:

$$10\,000\,000 \cdot 0,9^3 = 7\,290\,000$$

Tab. 8.22: Tabelle zur Lösung von Aufgabe 6.4.

Jahr	A-Betrag	Buchwert
1	1 000 000	9 000 000
2	900 000	8 100 000
3	810 000	7 290 000

Lösung 6.5 (Zeit: 20 Min)
(1) (a) Der Restbuchwert am Ende der Laufzeit beträgt null.
   (b) Buchwert am Ende des 9. Jahres gemäß Formel 44:

   $$36\,000 \cdot 0,8^9 = 4\,381,84$$

   Der Restbuchwert am Ende der Laufzeit beträgt 4 381,84 €.
   (c) Der Restbuchwert am Ende der Laufzeit beträgt null.
(2) (a) Abschreibungsbetrag am Ende des 9. Jahres gemäß Formel 40:

   $$\frac{36\,000}{9} = 4\,000$$

   Der Abschreibungsbetrag am Ende des 9. Jahres beträgt 4 000 €.
   (b) Abschreibungsbetrag am Ende des 9. Jahres gemäß Formel 43:

   $$36\,000 \cdot 0,8^8 \cdot 0,2 = 1\,207,96$$

   Der Abschreibungsbetrag am Ende des 9. Jahres beträgt 1 207,96 €.
   (c) Anzahl y der Jahre, in denen linear abgeschrieben wird gemäß Formel 48:

   $$y \le \frac{1}{0,2} = 5 \Rightarrow y = 5$$

   d. h. in den letzten fünf Jahren wird linear abgeschrieben; d. h. in den Jahren

5, 6, 7, 8, 9 wird linear abgeschrieben.

Buchwert am Ende des 4. Jahres gemäß Formel 44:

$$36\,000 \cdot 0{,}8^4 = 14\,745{,}60$$

linearer Abschreibungsbetrag in den letzten fünf Jahren gemäß Formel 40:

$$\frac{14\,745{,}60}{5} = 2\,949{,}12$$

Der Abschreibungsbetrag am Ende des 9. Jahres beträgt 2 949,12 €.

(3) (a) Buchwert am Ende des 6. Jahres gemäß Formel 41:

$$36\,000 - \frac{36\,000}{9} \cdot 6 = 12\,000$$

Tab. 8.23: Tabelle zur Lösung von Aufgabe 6.5(3a).

Jahr	A-Betrag	Buchwert
6	4 000	12 000

(b) Abschreibungsbetrag am Ende des 6. Jahres gemäß Formel 43:

$$36\,000 \cdot 0{,}8^5 \cdot 0{,}2 = 2\,359{,}30$$

Buchwert am Ende des 6. Jahres gemäß Formel 44:

$$36\,000 \cdot 0{,}8^6 = 9\,437{,}18$$

Tab. 8.24: Tabelle zur Lösung von Aufgabe 6.5(3b).

Jahr	A-Betrag	Buchwert
6	2 359,30	9 437,18

(c) Buchwert am Ende des 6. Jahres gemäß Formel 41:

$$14\,745{,}60 - \frac{14\,745{,}60}{5} \cdot 2 = 8\,847{,}36$$

Tab. 8.25: Tabelle zur Lösung von Aufgabe 6.5(3c).

Jahr	A-Betrag	Buchwert
6	2 949,12	8 847,36

Lösungen zu Kapitel 7: Vermischte Aufgaben

Lösung 7.1   (Zeit: 20 Min)
(1) Guthaben am 31.12.2020 gemäß Formel 2:

$$1000 \cdot 1{,}04^{14} + 2000 \cdot 1{,}04^{12} + 3000 \cdot 1{,}04^{9}$$
$$+ \, 100 \cdot (12 + 5{,}5 \cdot 0{,}04) \cdot \frac{1{,}04^{11} - 1}{0{,}04} = 25\,684$$

Guthaben am 31.12.2024 gemäß Formel 2:

$$25\,684 \cdot 1{,}04^{4} = 30\,046{,}65$$

d. h. das Guthaben beträgt 30 046,65 €.
(2) Laufzeit gemäß Formel 15:

$$n = -\frac{\ln\left[1 - \frac{30\,046{,}65}{550 \cdot (12 + 6{,}5 \cdot 0{,}04)} \cdot 0{,}04\right]}{\ln 1{,}04} = 5{,}005155$$

d. h. volle fünf Jahre lang können die Beträge entnommen werden.
(3) unterjährig vorschüssige Monatsrente r'_M gemäß Formel 18:

$$30\,046{,}65 = r'_M \cdot (12 + 6{,}5 \cdot 0{,}04) \cdot \frac{1{,}04^{6} - 1}{0{,}04} \cdot \frac{1}{1{,}04^{6}} \Leftrightarrow r'_M = 467{,}52$$

d. h. über sechs Jahre können 467,52 € jeweils zu Beginn eines Monats entnommen werden.

Lösung 7.2   (Zeit: 20 Min)
$0{,}6 \cdot 220\,000 = 132\,000$
(1) jährliche nachschüssige Ersatzrente r_J gemäß Formel 18:

$$r_J = 4\,000 \cdot \left(4 + \frac{5}{2} \cdot 0{,}06\right) = 16\,600$$

Laufzeit bei bekanntem Barwert gemäß Formel 15:

$$n = -\frac{\ln\left[1 - \frac{132\,000}{16\,600} \cdot 0{,}06\right]}{\ln 1{,}06} = 11{,}1274$$

d. h. elf Jahre lang sind volle Rückzahlungen zu leisten.
(2) Restschuld gemäß Formel 32:

$$K_8 = 132\,000 \cdot 1{,}06^{8} - 16\,600 \cdot \frac{1{,}06^{8} - 1}{0{,}06}$$

Das ergibt:

$$K_8 = 210\,387{,}95 - 164\,297{,}97 = 46\,089{,}98$$

d. h. zu Beginn des neunten Jahres beträgt die Restschuld 46 089,98 €.
(3) Restschuld gemäß Formel 2:

$$46\,089{,}98 \cdot 1{,}025 = 1\,152{,}25 + 46\,089{,}98 = 47\,242{,}23$$

d. h. es sind 47 242,23 € zu zahlen.

Lösung 7.3 (Zeit: 20 Min)

(a) (1) Jahresersatzrente gemäß Formel 17:

$1\,000 \cdot (12 + 5{,}5 \cdot 0{,}04)$

Rentenbarwert gemäß Formel 13:

$$R_0 = 1\,000 \cdot (12 + 5{,}5 \cdot 0{,}04) \cdot \frac{1{,}04^{25} - 1}{0{,}04} \cdot \frac{1}{1{,}04^{25}} = 190\,901{,}82$$

Der Barwert 190 901,82 Euro der nachschüssigen monatlichen Auszahlungen von 1 000 € ist der Endwert der jährlich nachschüssigen Einzahlungen von 1 435,95 Euro in die Rentenkasse.

Laufzeit gemäß Formel 14:

$$n = \frac{\ln\left[1 + \frac{190\,901{,}82}{1\,435{,}95} \cdot 0{,}04\right]}{\ln 1{,}04} = 46{,}99987 \approx 47 \text{ Jahre}$$

(2) $\dfrac{R_0}{1{,}04^{47}} = 30\,216{,}43$ gemäß Formel 2

d. h. das Unternehmen hätte 30 216,43 Euro anlegen müssen.

(b) Endguthaben gemäß Formel 11:

$$K_{10} = 500\,000 \cdot e^{10 \cdot 0{,}02} = 610\,701{,}38$$

d. h. das Guthaben wäre auf 610 701,38 Euro angewachsen.

(c) Laufzeit gemäß Formel 15:

$$n = -\frac{\ln\left[1 - \frac{200\,000}{14\,716{,}35} \cdot 0{,}04\right]}{\ln 1{,}04} = 20$$

d. h. die volle Annuität ist 20 Jahre lang zu zahlen.

Lösung 7.4 (Zeit: 20 Min)

(a) (1) Endguthaben gemäß Formel 1:

$22\,600 = 20\,000 \cdot (1 + n \cdot 0{,}021)$

Division durch 20 000 ergibt:

$1{,}13 = 1 + n \cdot 0{,}021$

Minus 1 ergibt:

$0{,}13 = n \cdot 0{,}021$

Division durch 0,021 ergibt:

$n = 6{,}190476$

d. h. bei linearer Verzinsung übersteigen die Schulden erstmals den Wert von 22 600 € nach sieben Jahren.

(2) Laufzeit gemäß Formel 3:

$$n = \frac{\ln \frac{22\,600}{20\,000}}{\ln 1{,}021} = 5{,}880784$$

d. h. bei nachschüssiger Verzinsung übersteigen die Schulden erstmals den Wert von 22 600 € nach sechs Jahren.

(b) Barwert der nachschüssigen Ersatzjahresrente r_J gemäß Formel 13:

$$20\,000 = r_J \cdot \frac{1,021^4 - 1}{0,021} \cdot \frac{1}{1,021^4} = r_J \cdot 3,798506 \Leftrightarrow r_J = 5\,265,227$$

unterjährig vorschüssige Rente r'_U gemäß Formel 18:

$$5\,265,227 = r'_U \cdot (4 + 2,5 \cdot 0,021) = r'_U \cdot 4,0525 \Leftrightarrow r'_U = 1\,299,254$$

d. h. die Quartalsraten betragen 1 299,25 €.

(c) nachschüssige Jahresersatzrente r_J gemäß Formel 12:

$$r_J = 350 \cdot (12 + 5,5 \cdot 0,021) = 4\,240,425$$

(1) Laufzeit gemäß Formel 15:

$$n = -\frac{\ln\left[1 - \frac{20\,000}{4\,240,425} \cdot 0,021\right]}{\ln 1,021} = 5,018724$$

d. h. es sind $5 \cdot 12 = 60$ volle Monatsraten zu zahlen. (Die letzte volle Monatsrate ist fällig am 31.12.2021.)

(2) Restschuld gemäß Formel 32:

$$K_5 = 20\,000 \cdot 1,021^5 - 4\,240,425 \cdot \frac{1,021^5 - 1}{0,021} = 78,56003$$

d. h. die Restschuld beträgt 78,56 €.

Lösung 7.5 (Zeit: 20 Min)

(a) (1) nachschüssige Jahresersatzrente r_J gemäß Formel 18:

$$r_J = 500(4 + 2,5 \cdot 0,06) = 2\,075$$

Kontostand nach zehn Jahren gemäß Formel 32:

$$K_{10} = 100\,000 \cdot 1,06^{10} - 2\,075 \cdot \frac{1,06^{10} - 1}{0,06} = 151\,734,62$$

d. h. er kann über 151 734,62 Euro verfügen.

(2) Zinsen am Ende des ersten Jahres $= 100\,000 \cdot 0,06 = 6\,000$ Euro.

ewige vorschüssige Jahresrente $= \dfrac{6\,000}{1,06} = 5\,660,38$

d. h. er dürfte jeweils zu Beginn eines Jahres 5 660,38 Euro abheben.

(b) Endguthaben gemäß Formel 11:

$$200\,000 = 100\,000 \cdot e^{10 \cdot i}$$

Division durch 100 000 ergibt:

$$2 = e^{10 \cdot i}$$

Jetzt nehmen wir auf beiden Seiten der Gleichung den natürlichen Logarithmus:

$$\ln 2 = \ln\left(e^{10 \cdot i}\right) = 10 \cdot i \cdot \ln(e) = 10 \cdot i$$

Division durch 10 ergibt:

$$i = \frac{\ln 2}{10} = 0{,}06931472$$

d. h. der Jahreszinssatz müsste 6,931472 % betragen.

(c) 1. Möglichkeit:

Tilgungsbetrag der Raten-Tilgung gemäß Formel 11:

$$\frac{400\,000}{20} = 20\,000$$

Barwert aller Zinszahlungen einer Raten-Tilgung gemäß Formel 25:

$$Z_0 = 400\,000 - 20\,000 \cdot \frac{1{,}03^{20} - 1}{0{,}03} \cdot \frac{1}{1{,}03^{20}} = 102\,450{,}50$$

2. Möglichkeit:

Schulden nach 15 Jahren gemäß Formel 2, wenn nichts zurückgezahlt wird:

$$K_{15} = 400\,000 \cdot 1{,}02^{15} = 538\,347{,}3$$

Summe der Zinszahlungen am Ende des 15. Jahres:

$$538\,347{,}3 - 400\,000 = 138\,347{,}3$$

Barwert aller Zinszahlungen gemäß Formel 2:

$$\frac{138\,347{,}3}{1{,}02^{15}} = 102\,794{,}1$$

d. h. der Barwert aller Zinszahlungen ist bei der ersten Möglichkeit geringer und somit ist die erste Möglichkeit günstiger.

Lösung 7.6   (Zeit: 20 Min)

(1) Vermögen am 31.12.2017 gemäß Formel 18:

$$K_1 = 300 \cdot \left(4 + \frac{5}{2} \cdot 004\right) = 1230$$

Vermögen am 31.12.2017 gemäß Formel 12 und Formel 2:

$$K_{11} = 1200 \cdot \frac{1{,}06^{10} - 1}{0{,}06} + 1230 \cdot 1{,}06^{10}$$

$$= 15\,816{,}954 + 2\,202{,}743 = 18\,019{,}697 \approx 18\,019{,}70$$

Vermögen am 31.12.2037 gemäß Formel 12 und Formel 2:

$$K_{21} = 1\,200 \cdot 1{,}07 \cdot \frac{1{,}07^{10} - 1}{0{,}07} + 18\,019{,}70 \cdot 1{,}07^{10}$$

$$= 17\,740{,}319 + 35\,447{,}477 = 53\,187{,}796 \approx 53\,187{,}80$$

d. h. das Vermögen am 31.12.2037 beträgt 53 187,80 Euro.

(2) Barwert gemäß Formel 2:

$$K_0 = \frac{53\,187{,}80}{1{,}06^{21}} = 15\,645{,}48$$

d. h. am 31.12.2016 sind 15 645,48 Euro einzuzahlen.

(3) Endwert gemäß Formel 11:

$$15\,645{,}48 \cdot e^{i \cdot 21} = 53\,187{,}80 \qquad |\div 15\,645{,}48$$
$$e^{i \cdot 21} = 3{,}399563 \qquad | \ln$$
$$i \cdot 21 = \ln 3{,}399563 \qquad |\div 21$$
$$i = \frac{\ln 3{,}399563}{21}$$
$$i = 0{,}0582689 \approx 0{,}0583$$

d. h. der Jahreszins muss 5,83 % betragen.

(4) ewige nachschüssige Jahresrente r_J:

$$r_J = 53\,187{,}80 \cdot 0{,}04 = 2\,127{,}512$$

d. h. die ewige Entnahme beträgt 2 127,51 Euro.

Lösung 7.7 (Zeit: 20 Min)

(a) (1) nachschüssige Jahresersatzrente gemäß Formel 17:

$$1\,000 \cdot (12 + 5{,}5 \cdot 0{,}04)$$

Rentenbarwert gemäß Formel 13:

$$R_0 = 1\,000 \cdot (12 + 5{,}5 \cdot 0{,}04) \cdot \frac{1{,}04^{25} - 1}{0{,}04} \cdot \frac{1}{1{,}04^{25}} = 190\,901{,}82$$

Laufzeit gemäß Formel 14:

$$n = \frac{\ln\left[1 + \frac{190\,901{,}82}{1\,435{,}95} \cdot 0{,}04\right]}{\ln 1{,}04} = 46{,}99987 \approx 47 \text{ Jahre}$$

(2) Barwert gemäß Formel 2:

$$\frac{R_0}{1{,}04^{47}} = 30\,216{,}43$$

d. h. das Unternehmen hätte 30 216,43 Euro anlegen müssen.

(b) Endwert gemäß Formel 11:

$$K_{10} = 500\,000 \cdot e^{10 \cdot 0{,}02} = 610\,701{,}38$$

d. h. das Guthaben wäre auf 610 701,38 Euro angewachsen.

(c) Laufzeit gemäß Formel 33:

$$n = -\frac{\ln\left[1 - \frac{200\,000}{14\,716{,}35} \cdot 0{,}04\right]}{\ln 1{,}04} = 20$$

d. h. die volle Annuität ist 20 Jahre lang zu zahlen.

Lösung 7.8 (Zeit: 20 Min)

(a) (1) Rentenbarwert gemäß Formel 13:

$$R_0 = 20\,000 \cdot \frac{1{,}038^7 - 1}{0{,}038} \cdot \frac{1}{1{,}038^7} = 120\,933{,}36 > 100\,000$$

d. h. die Investition lohnt sich.

(2) Laufzeit gemäß Formel 15:

$$n = -\frac{\ln\left[1 - \frac{100\,000}{20\,000} \cdot 0{,}038\right]}{1{,}038} = 5{,}65$$

d. h. die Jahresrente muss mindestens sechs Jahre bezogen werden.

(b) nachschüssige Jahresersatzrente gemäß Formel 17:

$$4\,950 \cdot \left(4 + \frac{3}{2} \cdot 0{,}038\right)$$

Rentenbarwert gemäß Formel 13:

$$R_0 = 4\,950 \cdot (4 + 1{,}5 \cdot 0{,}038) \cdot \frac{1{,}038^7 - 1}{0{,}038} \cdot \frac{1}{1{,}038^7}$$

Das ergibt:

$$R_0 = 121\,430{,}09 > 100\,000$$

d. h. die Investition lohnt sich.

(c) Barwert gemäß Formel 9:

$$K_0 = \frac{30\,000}{1{,}038\left(1 + \frac{2}{12} \cdot 0{,}038\right)} + \frac{40\,000}{1{,}038^3\left(1 + \frac{10}{12} \cdot 0{,}038\right)}$$
$$+ \frac{45\,000}{1{,}038^5\left(1 + \frac{4}{12} \cdot 0{,}038\right)} + \frac{25\,000}{1{,}038^6\left(1 + \frac{5}{12} \cdot 0{,}038\right)}$$

Das ergibt:

$$K_0 = 28\,719{,}84 + 34\,667{,}98 + 36\,877{,}31 + 19\,675{,}85$$

Somit haben wir:

$$K_0 = 119\,940{,}98 > 100\,000$$

d. h. die Investition lohnt sich.

(d) x = Zahlung (in GE) am 1. Juni 2022
Barwert gemäß Formel 9:

$$120\,000 = \frac{0{,}001 \cdot x^2}{1{,}038\left(1 + \frac{2}{12} \cdot 0{,}038\right)} + 34\,667{,}98 + 36\,877{,}32$$
$$+ \frac{x}{1{,}038^6\left(1 + \frac{5}{12} \cdot 0{,}038\right)}$$

Somit haben wir:

$$120\,000 = \frac{0{,}001}{1{,}038\left(1 + \frac{2}{12} \cdot 0{,}038\right)} \cdot x^2 + 71\,545{,}29$$
$$+ \frac{1}{1{,}038^6\left(1 + \frac{5}{12} \cdot 0{,}038\right)} \cdot x$$

Das ergibt:

$120\,000 = 0,000\,957\,328\,1\,x^2 + 71\,545,29 + 0,789495\,x$

Subtraktion von 120 000 ergibt:

$0 = 0,000\,957\,328\,1\,x^2 + 0,789495\,x - 48\,454,71$

Um die pq-Formel zu nutzen, wird die Gleichung durch $0,000\,957\,328\,1$ dividiert:

$0 = x^2 + 824,6859\,x - 50\,614\,530,244$

Mit der pq-Formel ergibt sich:

$x = -412,343 \pm \sqrt{170\,026,714 + 50\,614\,530,244}$

Das ergibt:

$x = -412,343 \pm \sqrt{50\,784\,556,958}$

Nach dem Ziehen der Wurzel haben wir:

$x = -412,343 \pm 7\,126,328$

Die quadratische Gleichung hat die folgenden zwei Lösungen:

$x = -7\,538,726 \notin$ Definitionsbereich oder $x = 6\,714,04$

d. h. die gesuchte Zahlung beträgt 6 714,04 GE.

Lösung 7.9 (Zeit: 20 Min)
Barwert der Schulden am 01.01.2013 gemäß Formel 2:

$$K_0 = 10\,000 + \frac{20\,000}{1,042^4} + \frac{15\,000}{1,042^5} = 39\,176,25$$

(a) Die Laufzeit der vorschüssigen Quartalsrente beträgt genau sechs Jahre.

1. Lösungsweg:

Barwert der nachschüssigen Jahresersatzrente r_J gemäß Formel 13:

$$39\,176,25 = r_J \cdot \frac{1,042^6 - 1}{0,042} \cdot \frac{1}{1,042^6} \Leftrightarrow r_J = 7\,522,065$$

vorschüssige Quartalsraten r'_Q gemäß Formel 18:

$$7\,522,065 = r'_Q \cdot \left(4 + \frac{5}{2} \cdot 0,042\right) \Leftrightarrow r'_Q = 1\,832,42$$

d. h. die Quartalsraten betragen 1 832,42 Euro.

2. Lösungsweg:

vorschüssige Quartalsraten r'_Q gemäß Formel 13 und Formel 18:

$$r'_Q = 39\,176,25 \cdot 1,042^6 \cdot \frac{0,042}{(4 + 2,5 \cdot 0,042) \cdot (1,042^6 - 1)} = 1\,832,42$$

(b) nachschüssige jährliche Ersatzrente r_J gemäß Formel 18:

$$r_J = 1\,000 \cdot (12 + 6{,}5 \cdot 0{,}042) = 12\,273$$

Laufzeit n in Jahren gemäß Formel 18:

$$n = -\frac{\ln\left[1 - \frac{39\,176{,}25}{12\,273} \cdot 0{,}042\right]}{\ln 1{,}042} = 3{,}498803$$

$$3{,}498803 \text{ Jahre} = 3{,}498803 \cdot 12 = 41{,}98564 \text{ Monate}$$

d. h. es sind 41 volle Monatsbeträge zu zahlen.

(c) Wert der drei Rückzahlungen in Höhe von jeweils x Euro am 01.01.2013 gemäß Formel 2:

$$39\,176{,}25 = x + \frac{x}{1{,}042^4} + \frac{x}{1{,}042^6}$$

Somit haben wir:

$$39\,176{,}25 = x + \frac{1}{1{,}042^4} \cdot x + \frac{1}{1{,}042^6} \cdot x$$

Das ergibt:

$$39\,176{,}25 = 2{,}629517 \cdot x \Leftrightarrow x = \frac{39\,176{,}25}{2{,}629517} = 14\,898{,}65$$

d. h. die drei gleich hohen Rückzahlungen betragen 14 898,65 Euro.

Lösung 7.10 (Zeit: 20 Min)

(a) (1) nachschüssige Jahresersatzrente r_J gemäß Formel 18:

$$r_J = 1\,500 \cdot (12 + 6{,}5 \cdot 0{,}038) = 18\,370{,}50$$

Laufzeit gemäß Formel 15:

$$n = -\frac{\ln\left[1 - \frac{246\,000}{18\,370{,}50} \cdot 0{,}038\right]}{\ln 1{,}038} = 19{,}06448$$

d. h. neunzehn Jahre lang sind volle Monatsraten zu zahlen.

(2) Schulden einen Monat nach Zahlung der letzten vollen Monatsrate gemäß Formel 32:

$$K_{19} = 246\,000 \cdot 1{,}038^{19} - 18\,370{,}5 \cdot \frac{1{,}038^{19} - 1}{0{,}038} = 1\,161{,}14$$

d. h. die Restzahlung beträgt 1 161,14 Euro.

(b) (1) Annuität gemäß Formel 28:

$$A = 246\,000 \cdot 1{,}038^{20} \cdot \frac{0{,}038}{1{,}038^{20} - 1} = 17\,782{,}00$$

d. h. die Annuitäten betragen 17 782,00 Euro.

(2) Restschuld unmittelbar nach Zahlung der letzten vollen Annuität gemäß Formel 32:

$$K_6 = 246\,000 \cdot 1{,}038^6 - 17\,782{,}00 \cdot \frac{1{,}038^6 - 1}{0{,}038} = 190\,338$$

Zinsen am Ende des 7. Jahres:

$Z_7 = K_6 \cdot 0,038 = 7\,232,84$

Tilgung am Ende des 7. Jahres gemäß Formel 26:

$T_7 = A - Z_7 = 10\,549,16$

Restschuld am Ende des 7. Jahres:

$K_7 = K_6 - T_7 = 179\,788,84$

Tab. 8.26: Tabelle zur Lösung von Aufgabe 7.10.

Jahr	Zinsen a. E. d. J.	Tilgung a. E. d. J.	Annuität a. E. d. J.	Restschuld a. E. d. J.
7	7 232,84	10 549,16	17 782,00	179 788,84

Lösung 7.11 (Zeit: 20 Min)
nachschüssige Jahresersatzrente gemäß Formel 18:

$200 \cdot (12 + 6,5 \cdot 0,04)$

Barwert des Angebots des Händlers gemäß Formel 13:

$$R_0 = 200 \cdot (12 + 6,5 \cdot 0,04) \cdot \frac{1,04^5 - 1}{0,04} \cdot \frac{1}{1,04^5} = 10\,915,87$$

(a) nachschüssige Jahresersatzrente gemäß Formel 18:

$740 \cdot (4 + 2,5 \cdot 0,04)$

Barwert des Angebots der Konkurrenz gemäß Formel 13:

$$R_0 = 740 \cdot (4 + 2,5 \cdot 0,04) \cdot \frac{1,04^4 - 1}{0,04} \cdot \frac{1}{1,04^4} = 11\,013,10$$

d. h. gemessen am Barwert ist das Händler-Angebot günstiger.

(b) nachschüssige Jahresersatzrente r_J gemäß Formel 13:

$$10\,915,87 = r_J \cdot \frac{1,04^3 - 1}{0,04} \cdot \frac{1}{1,04^3} \Leftrightarrow r_J = 3\,933,518$$

vorschüssige Monatsrente r'_M gemäß Formel 18:

$$3\,933,518 = r'_M \cdot (12 + 6,5 \cdot 0,04) \Leftrightarrow r'_M = 320,8416$$

d. h. die Monatsraten würden 320,84 Euro betragen.

(c) Wert der beiden Zahlungen in Höhe von jeweils x Euro zum Zeitpunkt des Kaufs gemäß Formel 2:

$$10\,915,87 = x + \frac{x}{1,04^2} = x + \frac{1}{1,04^2} \cdot x$$

Das ergibt:

$$10\,915{,}87 = x + 0{,}9245562 \cdot x = 1{,}9245562 \cdot x \Leftrightarrow x = 5\,671{,}889$$

d. h. die beiden Zahlungen müssten 5 671,89 Euro betragen.

Lösung 7.12 (Zeit: 20 Min)
(a) Annuität A gemäß Formel 28:

$$200\,000 \cdot 1{,}042^{20} = A \cdot \frac{0{,}042}{1{,}042^{20} - 1}$$

Das ergibt:

$$A = 200\,000 \cdot 1{,}042^{20} \cdot \frac{0{,}042}{1{,}042^{20} - 1} = 14\,978{,}15$$

(1) d. h. die Annuitäten betragen 14 978,15 €.
(2) Restschuld am 31.12.2019 gemäß Formel 32:

$$K_{10} = 200\,000 \cdot 1{,}042^{10} - 14\,978{,}15 \cdot \frac{1{,}042^{10} - 1}{0{,}042} = 120\,285{,}60$$

Barwert der neuen Annuitäten-Tilgung:

$$120\,285{,}60 - 30\,000 = 90\,285{,}60$$

neue Annuität A gemäß Formel 28:

$$90\,285{,}60 \cdot 1{,}042^{10} = A \cdot \frac{0{,}042}{1{,}042^{10} - 1}$$

Das ergibt:

$$A = 90\,285{,}60 \cdot 1{,}042^{10} \cdot \frac{0{,}042}{1{,}042^{10} - 1} = 11\,242{,}50$$

d. h. die restlichen zehn Annuitäten betragen 11 242,50 €.

(b) nachschüssige Jahresersatzrente r_j gemäß Formel 17:

$$r_j = 3\,000 \cdot (4 + 1{,}5 \cdot 0{,}042) = 12\,189$$

Laufzeit gemäß Formel 15:

$$n = -\frac{\ln\left[1 - \frac{200\,000}{12\,189} \cdot 0{,}042\right]}{\ln 1{,}042} = 28{,}4$$

01.01.2010 bis 31.12.2019 = 10 Jahre
01.01.2020 bis 31.12.2029 = 10 Jahre
01.01.2030 bis 31.12.2037 = 8 Jahre (Restschuld 4 737,07)

d. h. im Jahr 2038 ist die letzte volle Quartalsrate über 3 000 € fällig.

Lösung 7.13 (Zeit: 20 Min)
(1) nachschüssige Jahresersatzrente r_J gemäß Formel 18:

$$r_J = 300 \cdot (12 + 6{,}5 \cdot 0{,}029) = 3\,656{,}55$$

Rentenbarwert gemäß Formel 13:

$$R_0 = 3\,656{,}55 \cdot \frac{1{,}029^4 - 1}{0{,}029} \cdot \frac{1}{1{,}029^4} = 13\,624{,}32$$

Barwert gemäß Formel 2:

$$K_0 = 1\,600 + 13\,624{,}32 + \frac{6\,000}{1{,}029^4} = 20\,576{,}00$$

d. h. der Verkaufspreis müsste über 20 576 Euro liegen, damit das Finanzierungsmodell günstiger wäre.

(2) Barwert gemäß Formel 2:

$$R_0 = 20\,576 - 4\,000 - \frac{5\,000}{1{,}029^5} = 12\,241{,}96$$

Rentenbarwert der nachschüssigen Jahresersatzrente gemäß Formel 13:

$$12\,241{,}96 = r_J \cdot \frac{1{,}029^5 - 1}{0{,}029} \cdot \frac{1}{1{,}029^5} \Leftrightarrow r_J = 2\,665{,}46$$

vorschüssige Quartalsrente r'_Q gemäß Formel 18:

$$2\,665{,}46 = r'_Q \cdot (4 + 2{,}5 \cdot 0{,}029) \Leftrightarrow r'_Q = 654{,}50$$

d. h. die Quartalsraten müssen 654,50 Euro betragen.

Formeln

Zinsmodelle

Bezeichnungen	
K_0	Anfangskapital
n	Laufzeit in Jahren
K_n	Kapital nach n Jahren
p	Jährlicher Zinsfuß
$i = \dfrac{p}{100}$	Jährlicher Zinssatz
$q = 1 + i$	Jährlicher Aufzinsungsfaktor
i' bzw. j	Effektiver Jahreszinssatz
m	Anzahl der unterjährigen Zinsperioden innerhalb eines Jahres
k	Anzahl der in der Laufzeit enthaltenen vollen Jahre
$\gamma, \gamma_1, \gamma_2$	Jahresbruchteile

Lineare Verzinsung

$$K_n = K_0(1 + i \cdot n); \quad n \geq 0 \tag{1}$$

Jährlich nachschüssige Verzinsung mit Zinseszins

$$K_n = K_0 \cdot q^n; \quad n \in \mathbb{N} \tag{2}$$

$$n = \frac{\ln(K_n) - \ln(K_0)}{\ln(q)} = \frac{\ln\left(\frac{K_n}{K_0}\right)}{\ln(q)} \tag{3}$$

Jährlich vorschüssige Verzinsung mit Zinseszins

$$K_n = \frac{K_0}{(1 - i)^n}; \quad n \in \mathbb{N} \tag{4}$$

$$i' = \frac{i}{1 - i} \quad \text{(effektiver Jahreszinssatz)} \tag{5}$$

https://doi.org/10.1515/9783110595116-009

Unterjährige Verzinsung zum relativen Zinssatz

$$K_n = K_0 \cdot \left(1 + \frac{i}{m}\right)^{n \cdot m} ; \quad n \geq 0, m \in \mathbb{N}, n \cdot m \in \mathbb{N} \tag{6}$$

$$j = \left(1 + \frac{i}{m}\right)^m - 1 \text{ (effektiver Jahreszinssatz)} \tag{7}$$

Konforme Verzinsung

$$K_n = K_0 \cdot q^n; \quad n \geq 0 \tag{8}$$

Relativ gemischte Verzinsung

$$K_{k+\gamma} = K_0 \cdot q^k \cdot (1 + \gamma \cdot i); \quad k \in \mathbb{N}_0; \gamma \in (0, 1) \tag{9}$$

Bankmäßig gemischte Verzinsung

$$K_{\gamma_1+k+\gamma_2} = K_0 \cdot (1 + \gamma_1 \cdot i) \cdot q^k \cdot (1 + \gamma_2 \cdot i); \quad k \in \mathbb{N}_0; \gamma_1, \gamma_2 \in (0, 1) \tag{10}$$

Stetige Verzinsung

$$K_n = K_0 \cdot e^{i \cdot n}; n \geq 0 \tag{11}$$

Rentenrechnung

Jährliche Rentenzahlungen bei nachschüssiger Verzinsung mit Zinseszins

Bezeichnungen	
n	Laufzeit einer Rente in Jahren
R_n	Rentenendwert
R_0	Rentenbarwert
r	Jährliche Rentenrate bei nachschüssiger Zahlweise
r'	Jährliche Rentenrate bei vorschüssiger Zahlweise

Rentenendwert bei nachschüssiger Zahlweise

$$R_n = r \cdot \frac{q^n - 1}{q - 1} \tag{12}$$

Rentenbarwert bei nachschüssiger Zahlweise

$$R_0 = r \cdot \frac{q^n - 1}{q - 1} \cdot \frac{1}{q^n} \tag{13}$$

Laufzeit einer Rente bei nachschüssiger Zahlweise

$$n = \frac{\ln\left(1 + \frac{R_n}{r} \cdot (q - 1)\right)}{\ln(q)} \qquad \text{(bei gegebenem Endwert)} \tag{14}$$

$$n = -\frac{\ln\left(1 - \frac{R_0}{r} \cdot (q - 1)\right)}{\ln(q)} \qquad \text{(bei gegebenem Barwert)} \tag{15}$$

Zusammenhang zwischen vorschüssigen und nachschüssigen Jahresrenten

$$r = r' \cdot q \tag{16}$$

Unterjährige Rentenzahlungen

Bezeichnungen

---
r_u Rentenrate bei nachschüssiger unterjähriger Zahlweise
r'_u Rentenrate bei vorschüssiger unterjähriger Zahlweise
r_j Jährlich nachschüssige Ersatzrente
m Anzahl der unterjährigen Rentenzahlungen innerhalb eines Jahres

---

Unterjährig nachschüssige Zahlweise zu relativ gemischter Verzinsung

$$r_j = r_u \cdot \left(m + \frac{m - 1}{2} \cdot i\right) \tag{17}$$

Unterjährig vorschüssige Zahlweise zu relativ gemischter Verzinsung

$$r_j = r'_u \cdot \left(m + \frac{m + 1}{2} \cdot i\right) \tag{18}$$

Unterjährig nachschüssige Zahlweise zu unterjähriger Verzinsung zum relativen Zins

$$R_n = r_u \cdot \frac{\left(1 + \frac{i}{m}\right)^{n \cdot m} - 1}{\frac{i}{m}} \tag{19}$$

Unterjährig vorschüssige Zahlweise zu unterjähriger Verzinsung zum relativen Zins

$$R_n = r_u' \cdot \left(1 + \frac{i}{m}\right) \cdot \frac{\left(1 + \frac{i}{m}\right)^{n \cdot m} - 1}{\frac{i}{m}} \tag{20}$$

Tilgungsrechnung

Bezeichnungen

K_0	Anfangskapital
n	Laufzeit in Jahren
K_k	Kapital am Ende des k-ten Jahres
T_k	Tilgungsrate für das k-te Jahr
A_k	Annuität für das k-te Jahr
Z_k	Zinsen für das k-te Jahr
i	Jährlicher Zinssatz
q	Jährlicher Aufzinsungsfaktor
t	Anfänglicher Tilgungssatz (Prozentannuitäten-Tilgung)

Raten-Tilgung

$$T = T_k = \frac{K_0}{n} \qquad \text{Tilgungsrate (gleich bleibend)} \tag{21}$$

$$A_k = T_k + Z_k = T + Z_k \qquad \text{Annuität für das } k\text{-te Jahr} \tag{22}$$

$$K_k = (n - k) \cdot T \qquad \text{Kapital am Ende des } k\text{-ten Jahres} \tag{23}$$

$$Z_k = (n - k + 1) \cdot T \cdot i \qquad \text{Zinsen für das } k\text{-te Jahr} \tag{24}$$

$$Z_0 = K_0 - T \cdot \frac{q^n - 1}{q - 1} \cdot \frac{1}{q^n} \qquad \text{Barwert aller Zinszahlungen} \tag{25}$$

Annuitäten-Tilgung

$$A = A_k = T_k + Z_k \qquad \text{Annuität (gleich bleibend)} \qquad (26)$$

$$A = K_0 \cdot (i + t) \qquad \text{Prozent-Annuität} \qquad (27)$$

$$K_0 \cdot q^n = A \cdot \frac{q^n - 1}{q - 1} \qquad \text{EULER'sche Tilgungsgleichung} \qquad (28)$$

$$K_0 = A \cdot \frac{q^n - 1}{q - 1} \cdot \frac{1}{q^n} \qquad \text{EULER'sche Tilgungsgleichung} \qquad (29)$$

$$A = T_1 \cdot q^n \qquad \text{Annuität (gleich bleibend)} \qquad (30)$$

$$T_k = T_1 \cdot q^{k-1} \qquad \text{Tilgungsrate für das } k\text{-te Jahr} \qquad (31)$$

$$K_k = K_0 \cdot q^k - A \cdot \frac{q^k - 1}{q - 1} \qquad \text{Kapital am Ende des } k\text{-ten Jahres} \qquad (32)$$

$$n = -\frac{\ln\left(1 - \frac{K_0}{A} \cdot (q - 1)\right)}{\ln(q)} \qquad \text{Laufzeit} \qquad (33)$$

$$n = \frac{\ln(i + t) - \ln(t)}{\ln(q)} \qquad \text{Laufzeit} \qquad (34)$$

Investitionsrechnung

Bezeichnungen

C_0	Anschaffungswert / Herstellungskosten
n	Laufzeit der Investition in Jahren
C_k	Überschuss am Ende des k-ten Jahres
i	Jährlicher Zinssatz
q	Jährlicher Aufzinsungsfaktor
K_0	Kapitalwert
i^*	Interner Zinssatz

Kapitalwert

$$K_0 = C_1 \cdot \frac{1}{1 + i} + C_2 \cdot \frac{1}{(1 + i)^2} + C_3 \cdot \frac{1}{(1 + i)^3} + \ldots + C_n \cdot \frac{1}{(1 + i)^n} - C_0 \qquad (35)$$

Interner Zinssatz

Der Zinssatz i^*, für den der Kapitalwert K_0 den Wert null annimmt, heißt interner Zinssatz:

$$0 = C_1 \cdot \frac{1}{1 + i^*} + C_2 \cdot \frac{1}{(1 + i^*)^2} + C_3 \cdot \frac{1}{(1 + i^*)^3} + \ldots + C_n \cdot \frac{1}{(1 + i^*)^n} - C_0 \quad (36)$$

Abschreibungen

Bezeichnungen	
B_0	Anschaffungswert / Herstellungskosten
n	Abschreibungszeitraum in Jahren
B_k	Buchwert am Ende des k-ten Jahres
a	Abschreibungssatz

Lineare Abschreibung

Abschreibungsbetrag am Ende des k-ten Jahres

$$\frac{B_0}{n} \quad (37)$$

Buchwert am Ende des k-ten Jahres

$$B_0 - \frac{B_0}{n} \cdot k \quad (38)$$

Barwert aller Abschreibungsbeträge

$$\frac{q^n - 1}{q - 1} \cdot \frac{1}{q^n} \cdot \frac{B_0}{n} \quad (39)$$

$$\frac{B_0}{n} \qquad \text{Abschreibungsbetrag am Ende des } k\text{-ten Jahres} \quad (40)$$

$$B_0 - \frac{B_0}{n} \cdot k \qquad \text{Buchwert am Ende des } k\text{-ten Jahres} \quad (41)$$

$$\frac{q^n - 1}{q - 1} \cdot \frac{1}{q^n} \cdot \frac{B_0}{n} \qquad \text{Barwert aller Abschreibungsbeträge} \quad (42)$$

Geometrisch degressive Abschreibung

Abschreibungsbetrag am Ende des *k*-ten Jahres

$$B_0 \cdot (1 - a)^{k-1} \cdot a \tag{43}$$

Buchwert am Ende des *k*-ten Jahres

$$B_0 \, (1 - a)^k \tag{44}$$

Buchwert am Ende des *n*-ten Jahres

$$B_0 \, (1 - a)^n \tag{45}$$

Barwert aller Abschreibungsbeträge

$$B_0 \cdot a \cdot \frac{q^n - (1 - a)^n}{[q - (1 - a)] \cdot q^n} \tag{46}$$

Abschreibung mit Übergang von der geometrische degressiven zur linearen Abschreibung

Ungleichung für den günstigsten Zeitpunkt x des Übergangs von der geometrisch degressiven zur linearen Abschreibung:

$$x \geq n + 1 - \frac{1}{a} \tag{47}$$

Anzahl y der Jahre, in denen linear abgeschrieben wird bei Übergang von der geometrisch degressiven zur linearen Abschreibung:

$$y \leq \frac{1}{a} \tag{48}$$

Literatur

[1] Arrenberg. *Finanzmathematik*. 3. Auflage. DeGruyter, 2015.
[2] Arrenberg. *Wirtschaftsmathematik für Bachelor*. 5. Auflage. UTB UVK Lucius, 2019.
[3] Arrenberg. *Wirtschaftsstatistik für Bachelor*. 3. Auflage. UTB UVK Lucius, 2019.
[4] Arrenberg u. a. *Vorkurs in Wirtschaftsmathematik*. 5. Auflage. DeGruyter, 2017.

https://doi.org/10.1515/9783110595116-010

Stichwortverzeichnis

https://doi.org/10.1515/9783110595116-011